결실과 발아에서 배우는 지혜,
'가르침'과 '배움'이 조응하는 교육

식물에게서 교육을 배우다

식물에게서 교육을 배우다

초판 1쇄 인쇄 2020년 8월 18일
초판 1쇄 발행 2020년 8월 31일

지은이 이차영
펴낸이 김승희
펴낸곳 도서출판 살림터

기획 정광일
편집 조현주
북디자인 꼬리별

인쇄·제본 (주)신화프린팅
종이 월드페이퍼(주)

주소 서울시 양천구 목동동로 293, 22층 2215-1호
전화 02-3141-6553
팩스 02-3141-6555
출판등록 2008년 3월 18일 제313-1990-12호
이메일 gwang80@hanmail.net
블로그 http://blog.naver.com/dkffk1020

ISBN 979-11-5930-156-8 03370

이 도서의 국립중앙도서관 출판예정도서목록(CIP)은
서지정보유통지원시스템 홈페이지(http://seoji.nl.go.kr)와
국가자료공동목록시스템(http://www.nl.go.kr/kolisnet)에서 이용하실 수 있습니다.
(CIP제어번호: CIP2020035428)

결실과 발아에서 배우는 지혜,
'가르침'과 '배움'이 조응하는 교육

식물에게서
교육을
배우다

이차영 지음

살림터

들어가는 말

　혈기가 왕성하고 한창 자랄 나이의 사람들은 보통 식물에 관심이 적
은 편이다. 그들은 대체로 전원의 자연물보다 도회지의 화려한 조명이
나 인공적인 건축물을 더 좋아한다. 자연물을 좋아하는 경우에도, 역
동적이고 움직임이 눈에 띄는 동물을 더 좋아하며 식물은 우선순위에
서 밀리는 편이다. 그러다가 좀 더 사물을 관조하는 나이가 되면 주변
의 식물들에게도 관심을 기울인다. 식물에 관심을 기울이는 경우에도,
봄꽃이 피어야만 무슨 나무인지 알던 상태에서 삭풍 속에 서 있는 나
무둥치만 보고서도 무슨 나무인지를 아는 상태로 나아간다. 모든 사람
이 이런 변화를 보이는지는 알 수 없지만, 내 주변의 사람이나 나 자신
의 모습을 보면 그렇다는 느낌을 받는다.
　식물에 대한 관심이 늘어나면서 예전에 몰랐던 새로운 사실들을 알
게 되었고, 그러면서 식물에 대해 알려 주는 말이나 글을 더 자주 접
하게 되었다. 관심이 생기면 그 대상에 대해 더 잘 알아보려 하고, 알
게 되면 또 관심이 더 깊어진다는 말이 틀림이 없다는 생각을 한다. 식
물에 대한 관심과 지식이 쌓이면서부터 언젠가 식물의 행태로부터 우

리 인간이 배울 점이 있겠다는 생각을 하게 되었다. 예를 들면, 낙엽을 떨구는 행위로부터 내려놓음과 비움의 미덕을 생각하는 것과 같은 식이다. 이런 식의 생각들을 조금씩 하다가, 그런 생각들을 정리하여 책으로 묶어 보면 좋겠다는 생각까지 하기에 이르렀다.

그런데 나의 이런 생각과 달리, 다른 한편에서는 자연에서 관찰한 바를 애써 인간사회에 적용하여 의미를 찾는 일을 경계해야 한다는 생각도 있다. '자연주의적 오류naturalistic fallacy'라는 것이 있다. 영국 철학자 조지 에드워드 무어George Edward Moore, 1873~1958가 창안한 개념으로, '현상'에서 '당위'로 비약하는 오류를 말하는 것이다. 현상을 곧 당위라고 받아들이거나 주장하면 오류라는 지적이다. 예를 들면, 약육강식은 자연의 원리이므로 인간사회에서 약자를 보호하고 배려하는 것은 강건한 사회를 만드는 데 방해가 된다는 식의 생각이 오류라는 것이다. 맞는 지적이라고 본다. 그러나 이 오류를 경계해야 한다는 생각을 극단까지 밀고 가면, 수많은 비유와 그 적용으로 이루어진 삶의 지혜와 교훈을 놓치기 쉽다. 이를테면, 형제의 우애를 유훈으로 강조하기 위해 임종을 보러 온 자녀들에게 나뭇가지를 묶어서 분질러 보라 했다는 이야기나, '너희는 세상의 소금처럼 살아야 한다'는 식의 당부, 또는 상선약수上善若水라는 경구 등이 통용되는 것은, 앞서 말한 자연주의적 오류와는 별개로, 자연에서 배울 지혜와 교훈이 여전히 존재한다는 점을 알려 준다.

로마시대의 정치가 키케로는 『노년에 관하여』란 책을 썼다. 노년에 대해 잘 알지도 못하면서 쓸 수는 없는 책일 것이다. 물론 오래 산다고 노년에 대해 잘 아는 것은 아니지만, 키케로는 63세까지 살았다고 하니 당시 나이로는 노년까지 살았다고 봐야 한다. 적어도 노년에 대해 말할 수 있는 한 가지 조건은 갖춘 셈이다. 이 책에서 그는 앞 시대의 정치가였던 마르쿠스 카토를 주인공으로 삼아, 인생에서 노년기를 어떻게 해야 아름답게 만들 수 있는지를 안내하고 피력하는 일을 했다. 카토는 당대 로마인들로부터 지혜로운 사람으로 통했는데, 카토는 자신의 지혜가 이렇게 만들어졌다고 고백했다. 즉, "자연을 최선의 지도자로 삼아, 자연이 마치 신이라도 되는 것처럼 여기면서, 그 자연의 질서와 교훈에 따르는" 삶을 살아 보려고 했다는 것이다.

자연의 질서에 따라 자연스럽게 사는 것이 지혜의 근본임을 강조한 말이라고 볼 수 있다. 그러나 별생각 없이 나이만 먹는다고 하여, 그것을 자연의 질서에 따르는 삶이라고 할 수는 없을 것이다. 나이가 지혜를 보장하는 것은 아니기 때문이다. 지혜는 무엇이 사실인지, 무엇이 바른 것인지를 끊임없이 살피는 노력을 통해 만들어지는 것이다. 카토는 관찰과 사유의 대상을 자연으로 삼았던 사람이다(자연 말고도 다른 것을 살펴 지혜를 얻을 수 있을 텐데 그것은 물론 각자의 자유다).

그런데 지혜를 군이 노년에 이르러서야 갖출 수 있는 것이라고 생각할 필요는 없다. 조금이라도 젊었을 시절에, 여러 가지 활동을 많이 하는 시기에, 지혜를 갖추고 또 그 지혜를 발휘한다면 그의 삶이나 그가 속한 사회의 모습이 훨씬 나아질 것이기 때문이다. 무지와 독선과 불통 때문에 얼마나 많은 사람들이 고통받고 힘들게 살게 되는지를 우리는 주변에서 쉽게 볼 수 있다. 그걸 보면서 저러지 말아야지 하지만 쉽지 않다. 그래서 수양도 중요하고 교육도 필요할 것이다. 교육의 힘과

가능성은 사람들이 굳이 노년에 이르지 않더라도 그러한 지혜를 갖추
도록 돕는 데 있다.

　내 나이 오십하고도 조금의 시간이 더 흐른 어느 날, 내 인생을 완전
히 뒤바뀌게 한 사건이 일어났다. 당시 나는 꽤 오랜 역사와 특성화된
분야를 자랑거리고 삼던 한 대학에서 일하는 보직교수였는데, 몇 주
전부터 일 때문에 정신없이 바쁜 나날을 보내고 있었다. 그날도, 일정
에 따라 급하게 처리할 일들에 우선순위를 두고 일을 처리하고, 밤에
는 낮에 처리한 일들을 되돌아보고 다음 날 할 일을 어떻게 할 것인가
에 대한 계획을 세우고 했을 것이다. 그러다가, 정말 그러다가 잠깐 바
람 쐬러 숙소 앞 공터에 나가 이런저런 생각을 했다. 내가 선명하게 기
억하는 건 여기까지다.
　그런데 다음 날 회의에 내가 불참했고, 불참 사실을 의아히 여긴 사
람들에 의해 곧장 숙소에서 쓰러진 채로 발견되었고, 이후 신의 은총
과 여러 사람의 도움으로 기적처럼 생환하였다. 그 위기와 시련이 내게
무엇을 가져다주었는가? 내가 생각하기에 엄청난 변화가 찾아왔다. 가
장 큰 변화는 가족의 의미가 매우 중요하고도 가깝게 다가왔다. 꽤 오
랜 기간의 병원 생활을 통해 아내와 아이들을 괴롭게 하고 걱정하게
만들었다. 그 괴로움과 걱정이 객관적 사실이라면, 그를 통해 가족이
더욱 가까워지고 가족 간의 정이 두텁게 되는 놀라운 변화가 나타났
다. 이 변화는 주관적 해석이다. 이러한 사실과 그에 대한 해석을 통해
오늘의 내가 있다.
　이 책도 그러한 사실과 해석을 가능하게 하는 한 가지 중요한 계기

가 된다. 이 책의 내용은 몇 년 전부터 준비해 왔고, 원고의 형태로 정리해 오던 것이었다. 지금의 모양과 같은 책이 된 데에는 가족의 도움이 결정적이었다. 또 이 세상의 모든 선생님과 아이들에게 진정한 배움과 기쁨을 주는 책을 만들고자 하는 출판사 '살림터'의 도움으로 원고는 책이 되었다.

식물은 자연의 일부이고 교육은 인간의 일이라, 식물의 행태로부터 교육의 시사점을 끌어내는 것이 그렇게 쉽지만은 않을 것이다. 이 책의 어떤 부분은 사실과 다른 설명을 했을 수도 있고, 또 어떤 부분은 견강부회의 논리로 보일 수도 있을 것이다. 그렇지만 잘못을 알면서도 그대로 두지는 않았다. 특히 식물의 행태에 대해서는, 천리포수목원의 이사장으로 계셨던 이은복 교수님으로부터 도움과 점검을 받았다. 원로 식물학자로부터 이렇게 과분한 관심과 도움을 받은 것은 오직 그분의 헌신적인 마음 덕분이다. 그럼에도 불구하고 이 책에 부족한 부분이 있다면, 그것은 오직 나의 잘못이고 책임이다. 눈 밝은 분들의 지혜로 그 부족한 부분이 언제든 보완되기를 기대한다.

이렇게 책을 앞에 놓고 보니, 지난 시절의 위기와 시련, 그 위기와 시련을 견디게 해 준 가족의 정, 곡절을 겪으면서도 좋은 결과를 가져다주는 주변의 도움이 새삼 따뜻하고 감사할 따름이다. 이 책을 디딤돌 삼아 더 좋은 책들이 나오리라 믿는다.

2020년 8월

이차영

차례

제3부 식물 일반

제1부
식물의 각 기관

모든 식물은 여러 기관으로 구성된다. 대개의 식물은 뿌리, 줄기, 가지, 잎 등의 다양한 기관을 가지고 있다. 각 기관이 하는 일은 서로 다르지만, 그 일의 총화는 해당 식물의 생존과 성장에 기여하는 것이다. 여기에서는 그 여러 기관들 가운데, 관심을 끄는 몇 개의 기관에 한정하여 각 기관이 하는 일과 그로부터 알게 되는 교육적 의미를 찾아보려 한다. 관심을 두는 기관은 뿌리, 줄기, 꽃, 열매와 싹이다.

1.
뿌리의 근본주의
근본이 튼튼한 교육

    모든 식물에서 뿌리가 차지하는 비중은 매우 크다. 이는 뿌리가 수행하는 기능 때문이다. 뿌리의 작용은 보통 네 가지로 말한다.

    첫 번째는 지지 작용이다. 자기 몸체를 지탱하는 구실을 한다는 뜻이다. 뿌리의 모양에 따라 곧은 뿌리와 수염뿌리로 구분하기도 하지만, 어떤 뿌리든 자기 몸을 잘 지탱하도록 만들어져 있다는 점에서는 매일반이다. 곧은 뿌리란 원뿌리가 있고 그 곁에 곁뿌리가 많이 나 있는 것을 말하는데, 민들레나 감나무 같은 대부분의 쌍떡잎식물 뿌리가 이에 해당한다. 수염뿌리란 남자의 코 밑이나 턱에 자라는 수염처럼 원뿌리와 곁뿌리의 구분이 없는 뿌리로서, 벼나 억새 같은 외떡잎식물의 뿌리가 이에 해당한다. 몸체의 부피나 무게에 비해 뿌리가 부실한 식물은 비바람에 넘어지거나 뿌리 뽑히기 쉽다. 반면 지탱해야 할 몸체에 비해 과도하게 풍성한 뿌리는 비효율적이다. 대부분의 뿌리는 과부족이 없이 자기 몸통과 생육 환경에 맞게 자란다.

    뿌리의 두 번째 작용은 흡수 작용이다. 뿌리를 통해 물과 양분을 흡수한다는 뜻이다. 뿌리에 붙어 있는, 맨눈으로는 볼 수도 없는 무수한 뿌리털을 통해 이 흡수가 일어난다. 이 무수한 뿌리털은 흡수하는 표면적을 넓게 하는 구실을 한다. 뿌리털에서 흡수된 물과 양분은 표피와 내피를 거치고 줄기의 물관을 거쳐 잎맥으로 전달된다. 뿌리가 이 작용을 멈출 때 식물 전체가 성장을 멈추거나 고사하게 되는 것은 당연한 이치이다. 뿌리는 이 외에도 호흡 작용과 저장 작용을 한다. 식용의 고구마나 약용의 인삼은 뿌리에 저장된 영양이 풍부하다. 그렇지만 뿌리의 호흡 작용과 저장 작용은 제 스스로를 위한 것에서 머무르지 않고 제 몸 전체를 위한다. 이렇게 식물의 뿌리는 제 몸 전체를 지탱하고 성장시킨다.

동대구로의 히말라야시다 나무

뿌리의 이러한 작용이 방해를 받았을 때 나무 전체가 심각한 위기에 처한다는 점을 우리는 히말라야시다 나무의 사례를 통해 배울 수 있다. 히말라야시다는 이름 그대로 세계의 지붕인 히말라야산맥이 고향인 나무다.[1] 대체로 히말라야라고 하면 눈 덮인 만년 빙하를 상상하기 쉽지만, 산맥의 끝자락은 습하고 따뜻한 아열대에 가까운 지역이 많다. 인도에서는 서북쪽의 따뜻한 땅에 수만 년 전부터 둥지를 틀었다.

나무 하나하나에는 땅에 거의 닿을 듯이 아래로 늘어진 가지가 사

---

1. 박상진(2011).『문화와 역사로 만나는 우리 나무의 세계 2』. 김영사, 163-165쪽.

방으로 길게 뻗어 있으며, 위로 갈수록 차츰 짧아져서 전체적으로 원뿔 모양의 아름다운 자태를 만든다. 히말라야시다는 자연 상태 그대로도 충분히 아름다운 '자연미인'일 뿐만 아니라 사람들이 가지를 마음대로 잘라 주어도 별 탈 없이 다시 가지를 뻗고 잎을 내밀어 원하는 모양을 만드는 특징이 있다. 나무의 이런 특성은 고향인 인도에서만 사랑을 받는 것이 아니라, 정원수로서 추운 지방을 제외하면 세계 어디에서나 심고 가꿀 수 있게 하였다. 우리나라에는 1930년경에 수입되어 대전 이남의 따뜻한 지방에서 주로 심고 있다. 물론 지금은 서울에서도 충분히 자란다.

대구의 동대구로에 심은 히말라야시다는 우리나라에서 이 나무를 가장 잘 가꾸어 놓은 사례로 유명하다. 박정희 정권 시절, 대통령이 이 나무를 좋아한다고 알려지자 그때 처음 조성된 동대구로에 가로수로 심어 오늘날의 히말라야시다 거리로 만들었다. 그러나 최근 나무가 크게 자라면서 바람에 잘 버티지 못하고 큰 덩치가 맥없이 넘어져 버리는 경우가 많다. 가장 큰 원인은 천근성淺根性 나무로 뿌리가 옆으로만 뻗고 깊이 들어가지 않기 때문이다. 원산지에서야 무리 지어 자라므로 설령 센바람이 분다고 해도 서로 의지하여 잘 버텨 주고, 원뿔형의 나무 모양은 무게중심이 거의 땅에 있어서 뿌리가 얕아도 별다른 문제가 없다.

하지만 가로수로 심은 히말라야시다는 통행하는 자동차나 사람에게 방해가 되지 않도록 아래쪽 가지를 자꾸 잘라 버려 무게중심을 잡지 못한다. 게다가 집단 자람의 특성도 무시하고 한 나무씩 심어 두었으니 바람에 버틸 힘도 없다. 궁여지책으로 긴 쇠파이프 말뚝으로 받

사진 출처: cafe.daum.net/ussansuyu[2]

침대를 만들어 주었지만, 미관상으로도 안 좋고 태풍이라도 지나갈 때면 사람들의 애간장을 태운다. 아무리 인위적으로 관리해 주는 가로수라도 자기가 자라던 상태 그대로 가장 가까운 모양을 유지해야만 잘 자랄 수 있다는 평범한 진리를 지켜 주지 않은 탓이다. 한마디로 말하면 가로수로서 히말라야시다는 적당하지 않다. 샘이 깊은 물이 가뭄에 마르지 않는 것처럼, 뿌리 깊은 나무라야 바람에 쉬 쓰러지지 않는 법이다.

　가로수 말이 나왔으니 말인데, 사실 나무의 입장에서 보면 가로수로 자라는 것은 그리 행복한 일이 못 된다. 일생을 오롯이 혼자서 외롭고 쓸쓸하게 목숨을 이어 가야 한다. 숲속에서 동료들과 함께 자라는 것에 비해, 여름엔 더위에 겨울엔 추위에 그대로 노출될 수밖에 없고 거

---

2. 이 글에 등장하는 모든 사진은 온라인에 공개된 사진이며, 출처가 분명한 경우, 사진의 출처를 밝혔다.

센 바람을 온몸으로 맞으며 견딜 수밖에 없다. 자연적으로 형성된 영양분이 풍부하고 뿌리가 숨을 쉴 수 있는 부드러운 흙이 가득한 숲에 비하면, 사람과 차가 다니는 길가는 악조건투성이다. 부식토를 만드는 미생물들도 숲에 비해 현저히 적다. 숲은 뿌리가 잘 뻗어 나가고 또한 잘 자라도록 부드러운 부식토가 풍성하고 항상 촉촉하며 부슬부슬한 흙을 준비해 주지만 길가의 땅은 그렇지 않다. 땅속에 묻힌 온갖 관과 케이블은 뿌리의 진행을 방해한다. 차와 사람과 각종 공사로 다져져 시멘트처럼 딱딱해진 땅과 흙은 뿌리에게 혹독한 조건이다. 더욱이 도시의 도로는 아스팔트와 시멘트로 덮여 있어 비가 와도 뿌리를 적시기 어렵게 되어 있고, 밤에도 열기를 뿜어내어 나무를 괴롭게 한다. 자동차의 배기가스도 견뎌야 한다. 겨울에 살포된 제설제의 염화칼슘이 도로 위를 달리는 자동차의 타이어에 의해 튀어 올라오면 옆에 서 있던 가로수가 그것도 뒤집어써야 한다. 사람들이 눈을 치운다고 하면서 염화칼슘이 섞인 눈 무더기를 가로수 밑동에 긁어모아 놓더라도 그것을 꼼짝없이 받아 내야 한다. 이래저래 뿌리를 괴롭히고 옥죄어 놓았으니, 태풍 앞의 가로수들이 우르르 쓰러지는 것은 굳이 히말라야시다만이 아니라도 어쩌면 당연한 일이 아니겠는가?

아래로 자라는 뿌리

뿌리의 작용을 아는 것도 중요하지만 뿌리의 성질을 아는 것도 중요하다. 뿌리의 성질 중 하나는 아래로 자란다는 점이다. 뿌리가 왜 아래쪽으로 자라는지를 설명하기 위해 중력 개념이 동원되기도 한다. 식물의 씨앗이 발아하면, 줄기와 잎은 위쪽으로 자라고 뿌리는 아래쪽으로 자란다. 그렇다면 문이 닫힌 냉장고 안처럼 빛이 없는 장소에 둔 양파의 새싹과 뿌리는 어떤 방향으로 자랄까? 두어 보면 알겠지만, 냉장고 안에서도 역시 싹은 위로 뿌리는 아래로 뻗는다. 뿌리에 중력을 감지하는 무언가가 있음을 짐작할 수 있다. 뿌리 끝에 있는 특정 세포에 녹말로 된 작은 알갱이들이 있다고 한다.[3] 이를 보통 녹말립綠末粒이라고 하는데, 모양이 돌 알갱이처럼 생겼고 평형을 잡는 역할을 한다고 해서 평형석平衡石이라고도 부른다.

돌쇠뜨기말이라는 이름을 지닌 물풀의 헛뿌리 세포는 완전히 투명한데, 현미경으로 보면 그 세포 내부에서 작은 입자들이 이리저리 떠밀려 다니는 모습을 볼 수 있다. 헛뿌리 말단 부위에는 갈색이 도는 평형석 12개가 굴러다닌다. 이 평형석은 세포 말단부 전체에 퍼져 있는 신축력이 높은 분자 끈 망 속에서 움직인다. 이 헛뿌리는 빠른 속도로 자란다.

이제 이 헛뿌리 세포를 가로로 돌려서 수평이 되게 놓으면, 그 말단 부위에 있던 평형석들은 새로운 방향을 가리키는 중력을 따라 움직인다. 아래쪽 세포벽을 향해 가는 것이다. 평형석들이 아래쪽 세포벽에 도착하면, 헛뿌리 말단부는 지금까지 자랐던 방향에서 벗어나 하강곡선을 그린다. 좌우로 가거나 주저하지 않고 곧바로 아래로 향한다. 그에 따라 평형석들이 미끄러져 내려가고 헛뿌리 말단 부위가 수직으로

---

3. Arzt, V.(2009). Kluge Pflanzen. 이광일 옮김(2013). 『식물은 똑똑하다』. 들녘, 30-48쪽.

방향을 틀면서 한동안 밑으로, 즉 지구 중심을 향해 나아간다. 수평으로 돌려놓았던 헛뿌리는 이렇게 2시간 만에 다시 수직이 된다. 식물의 시간관념으로 보면 엄청 빠른 속도다.

그렇다면 뿌리 끝은 평형석이 갑자기 무중력 상태가 됐을 때 어떤 반응을 보일까? 휘어져 자라고 있는 도중에 평형석에 미치는 압력이 중단된다면 어떤 일이 벌어지는가? 뿌리도 휘어짐을 멈출까? 그렇다면 그것은 평형석의 무게 때문일까? 이 의문에 답하기 위해 무중력 상태 실험이 필요하다. 무중력 실험의 결과는 평형석의 무게 때문에 뿌리가 아래로 휘어져 자라는 것이 아님을 보여 준다. 무중력 상태에서도 평형석이 몰려 있는 세포벽의 아래쪽으로 뿌리가 계속 휘어져 자란다는 것이다. 그렇다면 성장 신호는 평형석의 압력으로 발생하는 것이 아니라 세포벽과의 접촉만으로도 충분하다는 얘기다. 무중력 실험은 비용이 많이 드는 실험이긴 하지만 식물의 방향 탐지라는 해묵은 수수께끼의 답에 한 걸음 다가가는 기회가 된다.

결국, 식물의 중력 감각은 에너지와 양분이 있는 곳을 알려 주는 방향 지시자이다. 식물은 평형석을 토대로 뿌리를 아래로 뻗어 땅속의 물과 양분을 섭취하는 데 비해, 지상부는 중력의 반대 방향으로 생장해 발아 후 토양을 뚫고 계속 위쪽으로 자라는 것이다. 식물이 중력에 대해 반응하도록 하는 조절인자와 그 인자들 사이의 상호작용 관계는 앞으로도 더욱 자세히 규명해야 할 생물학자들의 과제이겠지만, 중력에 반응한다는 점만은 분명해진 셈이다. 그런데 뿌리가 중력에 반응한다는 점은 하등 신기할 것 없는 자연 현상인가? 그렇지 않다. 만약 물과 양분이 땅속으로 스며들지 않고 지표면에 머물러 있기만 한다면,

식물의 뿌리가 땅속으로 내려가는 일은 제 몸통을 지탱하는 것 말고는 쓸데없는 일이 될 것이다. 그렇지만 다행스럽게도 물이 양분과 함께 땅속으로 스며들기 때문에 거기 있는 뿌리가 흡수 작용을 할 수 있게 된다. 좀 더 냉정하게 말하면, 뿌리가 중력에 반응하기 때문에 물과 양분이 뿌리를 위해 땅속으로 스며드는 게 아니다. 오히려 거꾸로다. 물이 영양분들을 품고 중력에 반응하여 땅속으로 스며들기 때문에, 뿌리는 그것을 찾아 중력에 반응하도록 만들어진 것이다. 이것이 뿌리가 가는 길이고 식물이 사는 길이다. 뿌리의 지혜가 놀랍다.

사람에게는 근본이 중요하다

식물에게 뿌리가 중요한 것처럼 사람에게는 근본이 중요하다. 이 근본이라는 말 자체에 이미 뿌리라는 말이 비유적으로 들어 있는 것을 보면, 예로부터 식물의 뿌리 개념이 인간사에도 폭넓게 활용되었음을 알 수 있다. 인간사 가운데에서 사람의 근본을 튼튼하게 하는 것, 이것이 곧 교육의 과업이다. 교육에서 중시해야 할 근본의 문제를 좀 더 깊이 생각해 보자.

최근 우리나라의 청년 실업 문제는 심각하다. 많은 젊은이들이 안정적인 일자리를 찾는 데 어려움을 겪거나 실패하여 고통을 겪고 있다. 과거처럼 경제성장이 가파르게 이루어지던 시기를 지나 성장이 둔화되는 시기에 살고 있으며, 성장이 이루어지는 경우에도 자동화 등으로 '고용 없는 성장'이 추세로 자리 잡았기 때문에, 이 실업 문제의 해결이 어렵다. 상황이 이러니 구직자들은 취업에 조금이라도 도움이 될까 하는 마음으로 온갖 종류의 자기 능력 입증 자료를 구비한다. 이를 소위 '스펙'이라고 부른다. 대학의 졸업장, 우수한 성적표, 높은 외국어 시험 점수, 해외 봉사활동 경험, 인턴 경력 등 세월이 갈수록 스펙specification은 스펙터클spectacle해진다. 다른 경쟁자보다 돋보이게 만들 자료면 무엇이든 확보해 두는 게 유리할 테니까.

이 스펙 경쟁은 끝없이 펼쳐질 수 있는데, 문제는 그러한 경력이나 자격증 상당수가 취업 후 업무에 별 소용이 없다는 점이다. 그런데도 구직자는 강박증으로 그것을 준비하고, 인력 활용 업체에서는 관례나 객관성을 이유로 그것을 선발의 자료로 삼아 온 것이다. 이 관행을 끊자는 생각에서 나타난 것이 국가직무능력표준NCS: National Competency Standards이다. 이 표준 설정의 기본 아이디어는 불필요한 스펙 경쟁을 줄이고, 각 직업 분야의 매 직무마다 그 직무를 수행하는 데 꼭 필요한 능력들을 표준화하여 직무와 인력 사이의 적합성을 높이자는 것이다. 이 표준이 잘 갖추어지면 인력을 활용하는 입장에서는 직무 적합성이 높은 사람들을 뽑을 수 있고, 구직자 입장에서는 자기 진로에 적합한 직무 능력을 구비할 수 있게 되고, 교육기관 입장에서는 산업체에서 요구하는 인력을 준비·양성할 수 있게 되는 효과를 거둘 수 있다. 요컨대 교육과 취업 사이의 불일치(미스매치, mis-match) 해소가 NCS의 목표다.

이 NCS가 잘 정착될 경우 무분별한 스펙 경쟁보다 인력 양성과 인력 활용에 효과적일 것은 분명하다. 그러나 그 범위를 넘어서서, NCS가 교육의 기준이고 나아가 성공적 교육의 표준이라도 되는 것처럼 생각하는 것은 문제다. 잘 교육받은 결과로 그에 합당한 직업을 갖는 것은 바람직한 일이지만, 교육을 받는 목적이 직업을 얻는 데 국한되는 것은 아니기 때문이다. 예컨대 문학적 감수성과 예술적 감식안을 갖추는 것은 그 사람의 직업의 유무나 직업의 종류와 상관없이 인간다운 삶을 누리는 데 필수적인 요소다. 교육의 효과를 오직 경제적인 관점에서 보자면 직무 수행과 직접 관련되지 않는 예술교육, 직무 수준을 초월하는 문학교육은 불필요하거나 비효율적인 것으로 보일 수 있다. 그러나 그것을 교육적인 관점에서 보자면 인간으로 살아가는 데 필요하고도 필수적인 요소다.

또 NCS에 입각한 교육마저도 그 교육의 장기적 효용은 의심스럽다. 직업기술의 변화가 빠르게 일어나는 경우, 예전 직업기술은 새로운 직업과 직무에 적합하지 않다. 기계가 대신할 수 있는 일, 컴퓨터에 맡기면 더 잘할 수 있는 일, 인공지능과 빅 데이터로 더 잘 처리할 수 있는 일에 매달리느라, 정보를 습득하고 지식을 축적하고 기술을 연마할 필요가 없어지고 있다. 혹자는 제4차 산업혁명 시대에 맞는 교육의 방향은 소프트웨어 교육이나 코딩 교육이라고 주장하지만, 이러한 대응은 마치 주산과 재봉틀이 한때의 유행이었던 것만큼 효용이 길지 않을 것이다. 역설적이지만, 직무에 대한 효용이 직접적인 교육 내용일수록 직업구조가 바뀌면 그 내용의 효용은 금세 끝난다. 그리고 그런 내용들은 대부분 인간의 고등 정신능력을 형성하는 것과 무관하거나 인간성의 심층을 이해하는 것과도 관계가 없다. 직무에 직접 관련된 내용보다는 오히려 지금 당장은 직무와 관련 없는 것처럼 보일지라도 장기적으로 보면 직무 수행에 더 도움이 되는 능력들이 있다. 예를 들면, 인간의 마음을 이해하는 능력, 사물의 본질과 현상의 원리를 이해하는 능력, 시대의 흐름을 아는 능력, 새롭게 생각하고 그 생각을 잘 표현하는 능력, 타인과 소통하고 공감하는 능력들이 그것이다. 이런 능력을 잘 갖추어 놓으면 어떤 직무에 종사하든 발전적으로 성장할 수 있고 직업기술이 변화하는 시대에도 잘 적응할 수 있다. 즉, 당장은 무용無用해 보여도 알고 보면 대용大用인 것, 이것이 기초교육, 소양교육, 핵심교육, 토대교육, 인문교육의 가치다. 이들 교육이 비유컨대 뿌리를 튼튼하게 하는 교육이다.

뿌리의 중요성을 소홀히 취급하고 무게중심을 높였을 때 무너지는 것이 비단 히말라야시다에 국한되지 않는다. 세월호 참사도 이것으로 설명할 수 있다. 이 사건은 2014년 4월 16일 전남 진도 부근 해상에서 여객선 세월호가 침몰하여 304명이 사망·실종된 대규모 참변이다. 이 사건 원인은 다양하나, 배 아래쪽에서 무게중심과 평형을 잡아 주는 평형수를 충분히 채우지 않은 채로 화물 등을 과적한 것이 중요하게 작용했다. 실린 화물을 단단히 고정하지 않아 배가 기울 때 화물들이 함께 쏠려 복원력을 잃은 점, 노후 선박을 증·개축하면서 배의 안정성이 취약해지는 것에 둔감했던 점도 한몫을 했다. 배가 기우는데도 승객의 탈출을 가로막는 선내 방송을 내보낸 것, 해양경찰이 출동하고서도 판단착오와 컨트롤타워의 부재로 인명구조의 골든타임을 놓친 것, 이 모두가 토대가 취약하고 기본을 소홀히 한 데에서 따라 나온 참담한 결과들이다. 이 참사 이후에 우리나라를 휩쓴 탄핵 정국은 능력과 자질에 비해 과도하게 무거운 책무를 지닌 정치인이 어떻게 무너지는가를 보여 준 또 하나의 참변이었다. 미흡한 자질에 과중한 책무는 부족한 평형수에 과적 화물과 흡사하다. 무너진 세월호와 무너진 정치인, 그 무너진 정치인에 부역하다 함께 무너진 인간 군상群像들 모두 뿌리의 중요성을 일깨우는 반면교사들이다.

2.
덩굴 줄기의 탐색
삶을 탐색하는 진로교육

영국의 삼림지대에서 이동성이 가장 큰 식물 중 하나가 검은딸기이다.[4] 하나의 개체가 일단 자리를 잡으면 즉시 새로운 생활영역을 찾아나선다. 검은딸기는 이때 탐색용 줄기를 뻗는다.

탐색용 줄기는 중심뿌리에서 위쪽으로 휘면서 자라 올라, 줄기 끝이 마치 뭔가를 찾는 것처럼 좌우로 파도치듯이 천천히 움직이면서 뻗어 나간다. 이 줄기가 다른 식물의 줄기나 물체에 닿게 되면 움직임에 변화가 생긴다. 탐색 줄기는 이때부터는 목표를 향해서 직선으로 움직이기 시작한다. 이러한 줄기의 움직임은 육안으로는 관찰할 수가 없다. 왜냐하면 식물로서는 대단히 빠른 이 탐색 줄기의 운동속도가 하루에 불과 5센티미터 정도이기 때문이다. 그러나 이 탐색 줄기의 동작을 카메라로 장시간 촬영하여 관찰하면 놀랄 만치 적극적이라는 사실을 알 수 있다. 탐색 줄기에 날카롭고 끝이 뒤로 굽어 있는 갈고리가 있어 땅의 표면에 달라붙거나 다른 식물들을 움켜잡는다. 이 줄기는 통

---

4. Attenborough, D.(1995). The private life of plants. BBC Books. 과학세대 옮김 (1995). 『식물의 사생활』. 도서출판 까치, 11-13쪽.

나무 줄기를 타넘고 바위 위를 기어간다. 위로 솟는 줄기는 다른 식물들의 줄기를 감으며 기어 올라가서 압도해 버린다. 때때로 줄기가 지면에 닿으면 이 침략자는 작은 뿌리를 내려 자신의 입지를 단단하게 한 다음 새로운 영토에서 자양분을 즉각 빨아들이기 시작한다. 침략에 대단히 효과적인 전진 수단이었던 가시갈고리들은 참견하는 짐승의 발이나 주둥이 혹은 사람의 손에 심한 상처를 입힐 만큼 강력한 방어무기로 이용되기 때문에 검은딸기의 줄기를 제거할 수 있는 짐승은 얼마 안 된다. 이로써 검은딸기는 자신의 제국을 이룩한다.

덩굴식물들의 영토 확장 전략

검은딸기의 영토 확장 전략과 비슷한 행동을 우리는 많은 덩굴식물에서 확인할 수 있다. 유럽 담쟁이는 줄기의 한쪽 면 어디에서나 뿌리를 낼 수 있다.[5] 담쟁이의 뿌리는 대단히 가늘어서 미세한 돌출부만 있어도 달라붙을 수 있다. 인동은 다른 나무의 줄기를 덩굴로 감으면서 올라간다. 열대 아프리카와 아시아의 글로리릴리는 잎의 끝 부분이 길어진 가는 실 같은 부분이 움직이면서 어디든 의지할 것을 찾아서 달라붙을 수 있다.

미국 담쟁이의 덩굴손 끝에는 작은 점착 부위가 있어서 돌이나 나무껍질에 단단히 달라붙을 수 있다. 덩굴손은 극도로 예민하다. 호리

---

5. 앞의 책, 61-163쪽.

병박속 식물들의 덩굴손은 표면에 양털 한 오라기 걸쳐 놓는 정도의 자극에도 반응한다. 그뿐만 아니라 덩굴손이 의지할 만한 물체에 닿았을 때 그 표면이 너무 미끄러워서 안정적으로 달라붙는 데 필요한 도드라진 부분이 없을 경우 덩굴손은 그 물체를 풀어 주고 다시 암중모색을 하듯이 다른 의지할 물건을 계속 찾는다. 일단 적합한 의지처를 발견하면 덩굴손은 그 물체에 단단히 달라붙는다.

탐색 줄기처럼 기생근寄生根, haustorium을 뻗어 숙주의 줄기에 기생하는 새삼과Cuscutaceae 식물은 우리에게 친숙하다.[6] 이들은 노랑-주황색의 실같이 생긴 식물로, 콩을 비롯하여 많은 식물을 칭칭 감아 이들이 닿는 곳마다 기생근을 숙주에 꽂아 영양을 빨아 먹고 산다. 이들이 기생한 농작물은 거의 소출을 내지 못해 옛날에는 그 피해가 컸으나 요즘엔 농약 때문인지 거의 찾아보기 힘들다. 성숙해서 꽃이 필 무렵이면 실 같은 줄기는 없어지고 주로 기생근 근처에서 꽃들이 피고 삭과 열매를 맺는데 떨어진 열매의 씨앗은 다음 해 같은 식물이 자랄 때 발아하여 줄기를 감기 시작한다. 우리나라에는 새삼Cuscuta japonica, 실새삼C. australis, 갯실새삼C. chinensis 3종이 난다.

실새삼의 일종으로 특히 토마토에 많이 기생하는 미국실새삼Cuscuta

왼쪽 사진 출처: http://www.floristtaxonomy.com/tag/cuscuta-pentagona
오른쪽 사진 출처:http://blog.naver.com/PostView.nhn?blogId=darun7&logNo=140187975096&parentCategoryNo=1&categoryNo=&viewDate=&isShowPopularPosts=false&from=postView

6. 이상태(2010). 『식물의 역사: 식물의 탄생과 진화 그리고 생존전략』. 지오북, 233-235쪽.

pentagona이 자신의 숙주식물인 토마토를 찾아내는 능력을 보면 놀랍다.[7] 실새삼의 새싹은 아주 짧은 시간 안에 사느냐 죽느냐 하는 문제를 해결해야 한다. 3~4일 안에 숙주식물을 찾아야 하는 것이다. 그것이 토마토라면 제일 좋다. 그러나 기생할 식물을 찾지 못하면 결론은 죽음이다. 실새삼에게 사흘이라는 짧은 기간의 말미밖에 안 주는 까닭은 씨앗으로부터 공급받을 수 있는 에너지와 양분이 극히 제한적이기 때문이다. 새싹은 이파리를 만들지 못하기 때문에 햇빛으로 광합성을 할 수 있는 것도 아닌데다 위로 끊임없이 실을 뻗는 데 모든 힘을 쏟는다. 결국 실새삼의 새싹은 최대한 빨리 토마토를 찾아서 그 즙을 빨아먹는 수밖에 없다. 실새삼은 오로지 숙주식물의 수액을 자양분으로 삼는다. 그러나 숙주식물을 지나치게 착취해서는 안 된다. 토마토의 죽음은 결국 자신의 죽음으로 이어지기 때문이다.

실새삼에게 가장 가까운 토마토가 어디에 있는지를 알아내는 능력이 있을까? 만약 그런 능력이 있다면 자신의 운명을 우연에 맡기지 않고 생존 가능성을 한층 높일 수 있을 것이다. 실새삼 새싹 하나를 어린 토마토 옆에 자라게 하고 그 자라는 과정 전체를 촬영하면 기생 과정을 알 수 있다. 저속 촬영한 화면을 압축시켜 재생하면, 토마토의 줄기는 숨을 쉬듯이 리드미컬하게 천천히 위로 뻗어 올라간다. 실새삼의 새싹은 하얀 싹을 내밀고 싹의 끝부분을 뱅뱅 돌리면서 뭔가를 더듬는 듯 위쪽 방향으로 자라다가, 어느 순간 마치 누구의 부름을 받고 달려가듯이 방향을 옆으로 틀어 토마토가 있는 쪽으로 일로매진하여

---

7. Arzt, V.(2009). 앞의 책, 90-99쪽.

토마토 줄기를 휘감는다. 토마토의 존재를 인식하고 적극적으로 이동을 한 것이다.

여기서 당연히 생기는 의문은 실새삼이 어떻게 토마토를 인식하는가 하는 것이다. 종이로 토마토와 꼭 같은 모양을 만들어 놓았을 때 실새삼은 아무 반응도 보이지 않는다. 토마토 색깔이 나는 유리잔에도 아무 반응을 보이지 않는다. 실새삼은 토마토의 냄새를 맡는다. 식물의 표면에는 수백만 개의 작은 기공이 있어서 외부와 공기 교환을 한다. 이 기공이 코 역할을 하면서 냄새 입자를 지각하는 것이다. 이를 입증하는 실험 장면을 보자.

창문이 없는 실험실에 어린 토마토를 빛을 최대한 많이 쪼이는 상황에 배치한다. 천장에 달린 램프는 실내를 눈이 부실 만큼 환하게 만든다. 거기다가 종 모양의 유리병을 일렬로 늘어놓아 빛이 최대한 반사되게 만든다. 불빛과 유리 반사광으로 번쩍번쩍하는 실내는 토마토 향을 수집하는 장치 역할을 한다. 종 모양의 유리병 속에서 토마토는 쑥쑥 자라면서 특유의 방향물질을 배출한다. 이것을 고무관으로 계속 포집해서 숯 필터에 통과시킨다. 하루 이틀 지나면 통과된 방향물질은 불순물은 걸러지고 몇 방울의 액체로 농축된다. 말하자면 '토마토 향수'다.

이제 실새삼 새싹 하나를 두 개의 고무 용기 사이에 배치한다. 한쪽 용기에는 토마토 향 추출물이 있고, 또 한쪽은 추출물이 없는 빈 용기이다. 실새삼은 빈 용기 쪽은 거들떠보지도 않고 추출물이 있는 용기 쪽으로만 쑥쑥 뻗어 간다. 냄새로 숙주식물을 찾는다는 것은 의심의 여지가 없다. 식물에게 후각이 있다는 점은 초식동물의 공격을 받는 나뭇잎이 내뿜는 향기가 동료 나무들에게 바람을 타고 전달되어 그 동료들이 방어 전략을 구사하게 된다는 사실을 통해서도 이미 입증된 바 있다.

토마토는 실새삼이 가장 좋아하는 먹이이지만 먹이로 삼을 수 있는 대상이 다른 숙주식물인 경우도 있다. 예를 들면 어린 밀 같은 것을 들 수 있다. 상황이 이렇게 되면 메뉴 선택이 어려워질 수 있다. 실새삼 화분 하나를 정확히 어린 토마토와 어린 밀 중간에 놓고 싹을 틔우면, 예상대로 실새삼 새싹은 제일 좋아하는 먹이 쪽을 선택하고 밀은 거들떠도 안 본다(대개는 그렇다는 얘기다. 식물에도 괴짜는 늘 있다).

창턱에 실새삼이 제일 좋아하는 토마토 대신 선호도가 떨어지는 밀만 놓아 두면 어떻게 될까? 녀석의 반응은 우리가 동물 또는 심지어 인간에게 기대할 수 있는 반응과 같다. 실새삼은 이렇게 말하는 듯하다. "쫄쫄 굶는 것보다야 밀이라도 먹는 게 낫지." 녀석은 이렇게 차선의 선택에 만족한다. 궁하면 밀이라도 먹어야 한다.

인간의 진로 선택 능력은…

덩굴을 뻗어 살 길을 찾고 영토를 확장하는 이런 식물들의 행태를 보고 진로교육의 중요성을 금방 연상할 수 있다. 실새삼을 비롯한 덩굴식물들이 본능적으로 자신의 생존에 가장 유리한 진로를 선택하는 능력을 갖추고 있는 데 비하면, 인간의 진로 선택 능력은 그보다 제한적인 것 같기도 하고 주변의 도움에 의지해야 하는 한계가 있는 것 같기도 하다.

많은 부모들은 당대 사회에서 생각하는 소위 인기 직업을 자녀들이 갖기를 원한다. 그리고 많은 교사들은 학생들이 명망 있는 상급 학교로 진학하면 자기 직무에 충실한 결과를 얻은 것으로 생각하는 경향이 있다. 다수의 학생들 역시 자신의 소질이나 적성을 정확하게 파악하지 못한 채 주변 상황에 맞추어 진로를 선택한다. 진로 선택은 학생 시절의 문제로만 국한되지 않는데, 직업을 찾거나 재취업을 시도하는 성인의 경우에도 자신에게 적합한 진로를 발견하는 데 애로를 겪는다.

오늘날의 사회는 노동시장의 변화가 급격하게 이루어지므로, 개인은 평생을 통해 학습하면서 변화하는 사회에 유연하게 대응하고 자신만의 진로를 개척할 수 있어야 한다. 한 번 선택한 직장에 평생 근무하는 시대는 빠르게 지나가고 있으며, 개인의 일생에서 직종과 직업의 변화가 수차례 일어날 가능성이 높은데, 이때마다 진로 개발 능력을 발휘해야 하는 상황이 도래하고 있다. 이러한 상황에서 이제 모든 사람은, 학교 재학 기간 중에는 일생 동안의 진로 개발을 가능하게 하는 기초 역량을 갖추어 향후의 필요에 대비하고, 학령기 이후에는 변화하는 사회와 자신에 대한 바른 진단을 토대로 자기 진로를 개척하는 능력을 갖추어야 한다. 그리고 학교와 사회와 국가는 개인이 자기 진로역량을 잘 개발하고 발휘할 수 있도록 지원하는 일에 힘을 모을 필요가 있다. 이 과제들을 조금 더 자세히 살펴보자.

진로교육은 개인의 일생에서 보면 삶의 시작 단계에서부터 마감 단계에 이르기까지 전 생애에 걸친 계획, 준비, 적응을 지원하도록 해야 한다. 학령기에 국한된 지원 방식에서 나아가 수직적 시간 축이 더욱 확대된 지원으로 이행해야 한다는 뜻이다. 그리고 개인의 진로 관리는 직업과 일의 선택에만 국한된 것이 아니라 여가, 취미, 학업 및 가정생활의 전 영역에 걸쳐 그와 연계하면서 이루어질 필요가 있다. 예컨대, 복합적 문제를 겪는 취약 계층 청소년에게 직업 알선만으로는 해결책이 되지 못한다. 직업 알선을 전후하여 교육 훈련 기회의 제공, 정서문제 해결을 통한 자신감 회복, 기초생활 지원 등의 서비스가 종합적으로 강구되어야 진로 지원의 효과가 나타날 수 있다. 말하자면, 삶의모든 시기에 걸쳐 수직적으로 연계되고, 삶의 모든 영역에서 수평적으로 연계된 통합적 진로교육 혹은 진로역량 개발 지원이 필요하다는 뜻이다.

통합적 진로교육, 진로역량 개발 지원이 필요하다

국가 수준에서 진로교육과 진로역량 개발 업무를 담당하는 부처[8]들은 분산되어 있다. 먼저 교육부는 학령기 학생들을 대상으로 하는 진로교육이 잘 이루어지도록 계획을 세우고 정책을 개발한다. 고용노동부에서는 학령기에서 고령자에 이르는 사람들을 대상으로 직업 정보생성 및 보급, 직업능력 개발 및 직업지도 서비스 등이 원활하게 이루어지도록 하는 일을 맡고 있다. 보건복지부는 전 국민에 대한 건강 증

---

8. 이하에 등장하는 정부 부처들의 명칭은 정권마다 다양하게 변하기도 한다. 하는 일이 실제로 달라져서이기도 하지만 업무들을 붙였다 떼었다 해서 달라지는 경우도있고, 정권의 정책 의지를 나타내기 위해 이름만 바꾸는 경우도 있다. 그렇지만 이대목에서 그 이름이 무엇인가 하는 것은 그렇게 중요하지 않다.

진과 사회복지의 향상에 관심을 기울임으로써 직업능력 개발의 토대를 튼튼히 하고, 취약 계층(장애인 및 고령자)의 직업 기반 구축을 직접 지원하고 있다. 이 외에도 여성가족부, 국방부, 산업통상자원부, 미래창조과학부 등에서 부처별 사업과 관련하여 부분적으로 진로 개발 지원 업무를 수행하고 있다.

이들 업무들을 통합 조정하는 새로운 부처를 설치하는 것은 쉬운 일이 아니다. 그리고 각 부처가 이미 정책 대상 집단과 정책의 중점을 달리하는 가운데에서 진로역량 개발 업무를 각각 수행하고 있는 처지이므로 그 업무들의 소관 부처를 변경하는 것은 행정의 연속성과 전문성을 고려할 때 바람직한 것도 아니다. 다만, 국가 수준의 종합적인 진로교육 정책을 개발하고, 진로교육에 관련된 부처 간 상호 보완적 연계를 강화하며, 진로교육과 진로역량 개발 지원 업무 전반에 대한 모니터링 체제를 구축할 필요는 있다. 이를 위해서는, 교육부 장관이 사회부총리로서의 역할을 하게 되어 있으므로 교육부가 중심이 되어 관계 부처의 진로교육 및 진로역량 개발 업무를 총괄 조정하는 일을 실질화할 필요가 있다.

국가 수준에서 해당 업무를 담당하는 부처들이 분산되어 있는 것과 마찬가지로, 지역 수준에서 진로지도 서비스를 제공하는 기관들 역시 분산되어 있다. 중앙행정 부처의 지역 조직이 해당 지역에서 각 부처별 업무를 분산 처리하는 것은 현행 조직상 당연하다. 그렇지만 그 업무들을 서로 연계하면서 시너지 효과를 도모할 필요는 있다. 우선, 지역의 여러 학교들이 협의체를 구성하여 필요한 정보와 인력을 교류하고 업무의 효율을 높이면 좋을 것이다. 여기에는 동급의 학교끼리 맺는 협력뿐만 아니라 고등학교와 대학처럼 학교 급을 달리하는 협력까지 포함된다. 학교별 인력과 프로그램의 장점이 확산되고 단점이 보완되는 계기가 될 것이다.

다음으로, 지역 내의 직업역량 개발 관련 기관들이 협력할 필요가 있다. 예를 들면 중소기업청의 지방 조직과 노동부의 지역 조직 및 지역 산업체 등이 서로 연계하여 지역 특성에 적합한 정보를 생성하여 제공하고, 필요한 자료와 프로그램을 공유한다면 보다 효율적으로 서비스의 질을 높일 수 있을 것이다. 그리고 학교와 학교 밖의 기관들이 서로 도움을 주고받는 관계를 만들어 진로지도의 효과를 높일 수 있다. 예를 들면, 진로교육 전문 인력(진로상담교사, 직업상담사, 청소년상담센터의 상담원, 민간 고용서비스업체의 전문가, 대학의 인력개발본부나 취업정보실 책임자 등)의 교류, 정보의 교류, 기술 및 노하우의 교류 등과 같은 여러 방면의 협력이 가능하다.

교과통합형 진로교육

학교 안에서 이루어지는 진로교육은 '진로와 직업' 등과 같은 몇몇 교과를 별도로 만들어 실시할 것이 아니라, 다양한 교과 속에 진로 직업적인 요소를 포함시키는 교과통합형 진로교육을 강화할 필요가 있다. 진로교육이 진로상담교사와 같은 일부 교사의 업무나 일부 교과에서 대응할 일로 제한되는 것이 아니라, 학교에서 다루는 모든 교과의 교육과 진로지도를 연결함으로써 학생들은 일반 교과의 학습 동기를 강화하고 진로 개발 역량을 폭넓게 강화할 수 있다. 일반 교과에 담긴 지식과 정보들은 대부분 이론적, 추상적 성격을 띠고 있기는 하나 그것이 탄생된 생활과 일의 맥락에 대해 무관한 것은 아니다. 탈맥락화한 지식과 정보를 수업을 통해 재맥락화하면 그것은 얼마든지 생활과 일에 종사하는 사람들에게 자신의 진로에 관한 지혜를 제공하는 토대가 된다. 그러므로 수업 상황에서 교과의 내용을 그것이 추출된 생활 사태와 연결시켜 이해하는 학습을 하게 함으로써, 교과 학습과 학습자의 진로 탐색이 동시에 이루어지도록 지도하는 것이 중요하다.

만약 학교가 이러한 지도에 성공한다면, 비교적 최근에 실시하기 시작한 소위 '자유학기제'와 같은 별도 제도는 불필요하게 된다. 자유학기제는 중학교 과정 중 한 학기 동안 학생들이 시험 부담에서 벗어나 꿈과 끼를 찾을 수 있도록 토론·실습 등 학생 참여형으로 수업을 개선하고, 진로탐색 활동 등 다양한 체험 활동이 가능하도록 교육과정을 유연하게 운영하는 제도를 말한다. 이 제도는 통상의 교과 수업에서 학생의 소질을 계발하거나 진로 탐색 등 다양한 체험활동이 불완전하게 이루어진다는 점을 전제로 하여, 한 학기만이라도 별도 제도를 통해 그 불완전함을 부분 보완하려는 제한적, 과도기적, 잠정적 조치로 마련된 것이다. 학생의 소질 계발이 중학교 과정의 한 학기, 나아가 한 학년만으로 충분한 것은 아니어도, 그리고 진로 탐색 활동이 통상의 교과 수업 부담에서 벗어났을 때 비로소 효과적으로 전개되는 것도 아니다.

진로지도의 현장성이 중요하다면, 향후에는 다양한 분야와 영역에서 활동하는 인적 자원을 온/오프라인으로 학교에 초빙하여 그들의 직업

생활에서 어떤 이론적 지식과 직업능력이 요구되는지를 학교의 교과
내용과 연결시켜 설명하게 함으로써, 학령기 전체에 걸쳐 교과교육과
진로교육의 통합을 도모하고, 교사로 제한된 진로직업 모델의 다변화
를 꾀하는 방향이 더 바람직할 것이다.

3.
꽃의 인고 忍苦
삶의 역경을 이겨 내는 힘을 기르는 교육

식물이 생존하고 성장하는 데 필요한 조건이 늘 안정적으로 제공된다면 식물 입장에서야 편안하고 좋겠지만 그렇지 않은 게 자연의 이치다. 식물의 한살이에나 사람의 인생에나 호조건이 있는가 하면 악조건도 있다.

식물이 악조건에 대응하는 방식을 먼저 보자. 식물의 꽃은 적당한 양분으로만 피는 것은 아니다. 꽃이 피는 데 필요한 조건이 더 있으니 스트레스다. 식물학자들은 이를 두고 '스트레스 개화 이론'을 말한다. 고사 위기에 처한 소나무일수록 작은 솔방울을 많이 매단다. 대나무는 꽃이 피고 나면 죽는다. 자신이 죽을지도 모르는 위기 상황을 맞아 자신의 유전자가 사라지기 전에 한시바삐 번식을 해야 한다는 다급한 마음을 먹어서 그럴 수도 있고, 열심히 꽃을 피우느라 에너지를 소모하여 병에 취약해져서 그럴 수도 있다.

병충해의 습격에 대해 보통의 식물은 적극 저항을 한다. 하지만 꽃을 피우는 데 가진 에너지를 모두 쏟아 낸 식물은 저항의 기력이 얼마 남아 있지 않아 당하고 있을 수밖에 없다. 건강한 개체들은 그나마 견디지만, 그렇지 못한 개체들은 결국 굴복하여 죽기도 한다. 폭염과 가뭄으로 극심한 고통의 여름을 보낸 나무들이 이듬해 봄에 모두 함께 꽃을 피우는 것도 극한의 상황을 겪은 식물에게서 나타나는 번식 본능의 결과이다.

죽을지 모른다는 절박함으로 피는 꽃

'꽃 중의 꽃'이라는 난을 대량으로 키우는 농장에 가 보면 쉽게 이해할 수 있다.[9] 배아에서 어린싹이 나면, 농부는 화분에 옮겨 심고 온실에서 정성껏 보살핀다. 찬바람이 불면 감기 들세라 온실의 온도를 높이고, 날씨가 더워지면 온실 문을 활짝 열고 대형 선풍기까지 동원한다. 물 주기와 비료 주기도 제때 챙긴다. 난은 농부의 노고에 보답이나 하듯 잎의 기세가 하늘을 찌를 듯하다. 이런 정성은 출하를 앞둔 여름까지 계속된다.

그런데 늦여름 밤바람이 서늘해지면 농부는 갑자기 심술쟁이로 돌변한다. 쌀쌀한 밤에도 온실을 활짝 열어 놓고 비료는커녕 물 주기도 거르기 일쑤다. 애지중지하던 난에게 절박한 고통, 즉 스트레스를 준다. 농부가 난을 살피는 품도 예전과는 사뭇 다르다. 어쩌면 이렇게 속삭일 성싶다. "넌 머지않아 죽을지 몰라. 그러니까 이제 새끼를 남겨야 돼!"

얼마 지나지 않아 놀라운 일이 벌어진다. 난의 분마다 꽃대가 쑥쑥 오르고, 이내 꽃망울을 소담스레 맺는다. 그리고 꽃대 사이로 새싹이 돋는다. 난은 어렵사리 후세를 남기게 되었지만, 농부는 오로지 꽃대와 새싹의 촉이 몇 개냐에 관심을 둘 뿐이다.

집이나 사무실에서 키우는 난에서 꽃을 보기란 쉽지 않다. 이유는 간단하다. 제대로 보살피지 않았거나, 아니면 너무 잘 보살핀 탓이다. 보살피지 않은 난은 뿌리가 부실하여 꽃대를 밀어 올릴 힘이 없기 때

---

9. 박중환(2014). 『식물의 인문학: 숲이 인간에게 들려주는 이야기』. 한길사, 15-21쪽.

문이다. 잘 보살핀 난은 꽃을 피워야 할 제철인데도 편안하니 그냥 그대로 지내려는 것이다. 여러분의 사무실 구석에 있는 난의 꽃을 피게 하려면 여름까지 잘 보살피고 찬바람이 불면 홀대하라. 그러면 머지않아 그윽한 난향을 즐길 수 있을 것이다. 식물은 철철이 아름다운 꽃을 피워 자태를 뽐내는 듯하지만, 기실은 죽을지 모른다는 절박함으로 꽃을 피우는 것이다.

같은 꽃이라도 스트레스를 견딘 꽃은 그 향기 또한 남다르다. 유럽의 발칸반도 동남부에 위치한 불가리아는 장미로 유명하다. 유럽에서 생산되는 장미 기름 가운데 절반 이상은 불가리아에서 생산된다. 장미가 주로 생산되는 곳은 '장미 계곡'이다. 불가리아산 장미가 유명하게 된 배경에는 기후가 있다. 불가리아의 장미 계곡은 발칸산맥과 스레드나고라산맥 사이의 고원 지대로 온난하고 건조한 기후가 장미 재배에 적합하여 오뉴월에는 수천만 송이의 장미 정원이 펼쳐진다. 일조량이

오른쪽 사진 출처: http://www.climatestotravel.com/climate/bulgaria

풍부하기도 하지만, 주변이 산으로 둘러싸여 있어 일교차가 크다. 큰 일교차는 장미에게 스트레스인 셈인데, 장미는 그 스트레스를 통해 풍부하고 질 좋은 기름을 만들어 내는 것이다.

순지르기의 지혜

난이나 장미를 기르는 원예 작업에서뿐만 아니라 가지나 호박을 기르는 채소 농사에서도 스트레스를 활용하는 농사법이 있다. 이른바 순지르기라는 작업이다. 순지르기란 초목의 곁순을 잘라 내는 일을 말한다. 초목의 웃자람을 방지하고 원하는 열매를 크게 맺게 할 목적으로 곁가지의 순들을 잘라 내는 농법이다. 이 농법을 몰랐던 한 작가가 이 농법을 알고 있었던 농부 시인으로부터 깨달음을 얻는 다음 장면은 인상적이다.[10]

시인은 우선 밭에 가서 호박을 땄다. 우리가 조선호박이라고 부르는 아기 머리통처럼 동그랗고 윤기 나는 호박 말이다. 내가 물었다.

"이상하게 나는 호박을 못 키워. 매년 호박이 안돼."

그러자 호박을 따서 씻던 시인이 무심히 대답했다.

"거름이 부족한 게지."

---

10. 공지영(2016). 『시인의 밥상』. 한겨레출판, 22-23쪽.

"아니야. 심기 전에 퇴비 주고 고양이 똥 삭힌 거랑 우유 남은 거 이런 거 주는데 잎만 무성해서 무슨 칡덩굴처럼 2층 창까지 올라갔어."

그러자 시인이 피식 웃었다.

"첫 순을 따 버려야지."

내가 의아한 표정을 짓자 평상에 앉아 따박따박 호박을 썰던 시인이 다시 대꾸했다.

"거름이 너무 많아도 농사가 안돼. 쉽게 말하면 먹을 게 많은데 왜 애쓰며 꽃을 피우고 열매를 맺겠느냐고. 순지르기라는 걸 해서 첫 번에 세상이 녹록지 않다는 걸 확 보여 줘야 하는 거야. 그러면 '아, 세상이 그리 녹록지 않구나. 우리 세대는 힘들 것 같으니 다음 세대에 기대를 해 보자.' 하고 호박이 꽃도 피우고 열매도 맺지. 사람하고 똑같아."

(중략) 순간 기분이 아주 이상했다. 고통, 역경… 이런 것들이 우리 생에 필요하다고, 심지어 아주 중요하다고, 반드시 그것을 통해서만 우리는 성숙한다고 나는 누누이 썼고, 말해 왔다. 그런데 심지어 성장의 거름이 고통이라는 진리가 사람이 아니라 식물, 호박에까지 이르는 우주적 원리였단 말인가. 호박에게도 고통은 정녕 필요했단 말인가.

이 일화를 보고 순지르기 한답시고 식물의 순들을 다 따 버리는 일이 유행하지 않기를 바란다(내심으로는 이걸 걱정할 정도로 이 책이 널리 읽혔으면 좋겠다는 바람도 솔직히 있다). 순지르기에도 적절한 시기와 요령이 있어서 무턱대고 하다가는 식물을 망쳐 버리는 결과로 이어지기 때문이다. 사람에 대한 스트레스도 마찬가지 아닐까? 어쨌든 이 작가가 얻었던 경험은 인간사의 지혜가 식물에게도 적용된다는 점을 알고서 생긴 놀라운 깨달음일 것이다. 그런데 생각의 흐름이란 자유분방해서 앞의 흐름 방향과는 반대로, 식물의 세계에 대한 이해를 바탕으로 인간사의 지혜를 깨닫는 경우도 얼마든지 있을 것이다. 아마도 눈 밝은 작가와 사려 깊은 농부는 이렇게 서로 다른 생각의 흐름을 거쳐 같은 깨달음에 이르렀을지도 모른다. 식물이 스트레스를 받아 그것을 꽃을 피우거나 열매 맺기로 승화시키는 것을 보면, 사람이 악조건을 어떻게 받아들이고 대처해야 할 것인지에 대한 교훈을 얻을 수 있다.

고난과 시련 앞에 선 인간의 마음

우리 인간의 삶은, 생존의 조건이 가혹했던 원시 부족사회나 첨단장비로 무장한 현대사회나 상관없이, 고락이 함께하고 있다. 귀족의 삶에도 괴로움과 아픔이 없을 수 없으며, 청빈한 삶에도 여유와 복락이 깃들 수 있다. 그런데도 대부분의 사람들은 자기 앞의 인생에서 고통이 사라지고 복락만이 찾아오기를 소망한다. 그러나 이 소망은 하늘의 별 따기만큼이나 어렵다.

예고 없이 찾아오는 자연재해는 우리의 소중한 것들을 앗아 간다. 사람 사이에서 생기는 그리움, 헤어짐, 불신, 오해, 시기와 질투, 감정노동은 남과 더불어 살아가는 데에서 생기는 괴로움이다. 혼자 있을 때에도 질병과 번민과 욕망은 어김없이 찾아와 평온한 몸과 마음을 흔들어 놓는다. 이 모든 위험하고 괴로운 일들이 적어도 나에게는, 그리고 내 사랑하는 가족에게만큼은 생기지 않는다면 얼마나 좋겠는가? 각종 재해와 고난과 위험에 대비하는 것은 이런 점에서 지혜로운 일이다. 설마하면서 당하느니 혹시 하면서 안전책을 강구하고, 자신에 대해 자만하거나 방심하기보다 늘 경책하면서 조심하고, 인간관계에서 역지사지하는 것 모두 그러한 지혜의 소산이다. 그렇지만 아무리 잘 대비하고 조심한다고 해도 닥치는 역경은 닥치게 되어 있다. 역경 없는 삶이란 불가능한 꿈이다.

일단 역경을 피하고 싶지만 그것이 불가능하다는 것을 알면, 그다음으로 생기는 마음이 그 역경을 이겨 낼 힘을 갖추었으면 하는 것이다. 자동차에게 범퍼나 에어백이 장착되어 있어 차체와 탑승자를 보호하는 것처럼, 사람에게도 외부에서 주어지는 충격을 완화하거나 견디는 힘을 갖추는 일이 중요하다. 생명을 지키는 의술과 각종 안전장치 및 재해를 예측하는 과학기술 등은 몸을 지키는 힘이다. 그리고 각종 지혜와 심리적 방어기제는 우리의 마음을 지키는 힘이다. 절대자에게 의지하는 것도 한 방편이 된다. 기독교의 경전에서 발견하는 다음의 한 구절은 고난과 시련을 피하거나 능히 감당하게 되기를 바라는 인간의 마음을 잘 표현하고 있다.

사람이 감당할 시험 밖에는 너희가 당한 것이 없나니, 오직 하나님은 미쁘사 너희가 감당하지 못할 시험당함을 허락하지 아니하시고, 시험당할 즈음에 또한 피할 길을 내사 너희로 능히 감당

하게 하시느니라. _고린도전서 10:13

고난과 역경에 잘 대비하여 안전을 도모하는 것, 불가피하게 역경을 만날 땐 그를 감당하거나 이겨 낼 힘을 갖추는 것, 이것이 우리가 갖는 보통의 바람이고 소망이다. 역경과 고난을 극복하고 거기서 인간 승리의 장면을 보여 주는 것은 자고로 많은 영화의 소재이기도 했다. 하반신 마비 혹은 전신 마비를 극복하고 인간승리의 모습을 보여 주는 영화 〈나의 왼발〉, 〈프리다〉, 〈잠수종과 나비〉 등은 많은 사람들의 주목을 받은 바 있다.

상처를 행운으로 만들어 내는 기적의 변신

고난과 역경을 이겨 내는 것과는 다른 차원에서, 그 고난과 역경의 순기능에 주목한 경구들이 우리에게 주는 울림도 크다. 한 정원 디자이너garden designer가 전하는 다음 보고[11]에 주목해 보자.

1987년 10월 15일, 영국에서도 오래된 정원이 많기로 유명한 남서쪽 지역을 최대 시속 195킬로미터에 이르는 폭풍우가 관통했다. 이 폭풍우로 무려 1억 5,000만여 그루의 나무가 뿌리째 뽑혔다. 그리고 20년 후인 2007년 10월, 정원 관련 잡지들은 20년 전의 자연재해가 무엇을 남겼는지를 과학적으로 분석하였다. 그 결과, 폭풍우가 남긴 긍정적 효

---

11. 오경아(2008). 『소박한 정원』. 디자인하우스.

과가 알려지기 시작했다. 사람들은 그 폭풍우를 통해서, 나무의 뿌리가 어느 정도 깊어야 강풍에 견딜 수 있는지를 알게 되었고, 야생에서 자란 나무가 온실에서 자란 뒤 옮겨진 나무보다 훨씬 강인하다는 사실도 알게 되었다. 다른 나무가 다 쓰러져도 끄떡없이 살아남은 목련나무를 통해 생존의 비밀을 풀었고, 해안가 방풍림의 유연성이 얼마나 대단한지도 증명했다. 더불어 폭풍우로 인해 토양의 성분이 비옥해지고 그것이 정원과 농경지를 살찌운다는 점도 알아냈다. 종합적으로 따져 보니 놀랍게도 손실보다 이익이 많았다는 것이다. 우리의 삶에도 시련과 절망이 종종 찾아온다. 하지만 시간이 흘러 뒤돌아보면 신기하게도 그때의 시련이 참 좋은 약이 되었다는 사실을 알 수 있다.

　폭풍우가 쓸고 간 피해에 집중하기보다 그 속에 들어 있는 선한 의미를 포착하는 것이 중요하다는 교훈으로 읽힌다. 고열高熱의 풀무질을 통해 불순물이 제거된 정금精金이 탄생하듯, 슬기로운 사람은 고난을 자기 성숙의 계기로 삼는다. 아프리카 속담에 '훌륭한 사공을 만드는 것은 고요한 호수가 아니라 물결치는 바다'라는 말이 있다. 지혜가 담긴 말이다. 깊이 뿌리내리는 큰 나무는 비바람을 벗한다. 그런데 여기서 한 가지 오해가 없기를 바란다. 이 대목에서 말하는 폭풍우와 비바람은 나무가 자초한 것이 아니란 점이다. 자기의 자만과 나태, 방심과 불손, 부도덕과 범죄로 인해 주어지는 고통과 자기책임이 아닌데도 자신에게 부지불식간에 닥치는 시련을 구분해야 한다는 뜻이다. 죄의 대가로 주어지는 벌은 달게 받는 것이 당연하다. 그런데도 그 벌을 받으면서 마치 순교자라도 되는 양 자신을 기만하고, 책임져야 마땅한 자를 비호하고 동정을 유도함으로써 타인을 기만하는 것은 가증스러울

따름이다.

클로버라고도 불리는 토끼풀은 보통 잎이 3장씩 달린다. 간혹 네 잎 클로버도 있는데, 사람들은 그것이 행운을 뜻한다고 믿는다. 그런데 네 잎 클로버는 사실 토끼풀이 무성하게 우거져 자라는 비옥하고 안전한 장소보다 길가나 운동장처럼 사람들에게 자주 밟히는 척박하고 위험한 곳에서 많이 나온다. 네 잎 클로버가 생기는 원인 가운데 하나가 생장점에 상처를 입는 것이기 때문이다.[12] 네 잎 클로버에 대한 인간의 통념을 기준으로 해석하자면, 상처를 행운으로 만들어 내는 놀라운 기적의 변신을 몸으로 보여 주는 녀석이 바로 네 잎 클로버임을 알 수 있다.

'죄 없는 나에게 왜 이런 시련이?'라는 생각이 드는 상황에서 그 시련의 의미를 포착하는 것이 귀하다. 그것이 왜 귀한가 하는 점을 압축하여 설명한 글로, 나는 『보왕삼매론』에 나오는 다음의 구절 이상을 알지 못한다. 수행의 지표로 삼기 적합하다는 판단에 다소 길지만 참고로 인용한다.

　　身念不求無病 身無病則 貪欲易生

　　몸에 병 없기를 바라지 말라. 몸에 병이 없으면 탐욕이 생기기 쉽나니,

　　是故聖人說化 以病苦爲良藥

　　그래서 성현이 말씀하시되 "병고로써 양약을 삼으라." 하셨느니라.

---

12. 양종국(2016). 『역사학자가 본 꽃과 나무』. 새문사, 19쪽.

處世不求無難 世無難則 驕奢必起

삶에 곤란 없기를 바라지 말라. 처세에 곤란함이 없으면 교만이 생기나니,

是故聖人說化 以患難爲逍遙

그래서 성현이 말씀하시되 "근심과 곤란으로써 유유자적 세상을 살라." 하셨느니라.

究心不求無障 心無障則 所學躐等

마음공부를 하는 데에 장애 없기를 바라지 말라. 장애가 없으면 배우는 것이 넘치나니,

是故聖人說化 以遮障爲解脫

그래서 성현이 말씀하시되 "장애 속에서 해탈을 얻으라." 하셨느니라.

立行不求無魔 行無魔則 誓願不堅

수행하는 데에 마 없기를 바라지 말라. 수행에 마가 없으면 서원이 무르게 되나니,

是故聖人說化 以群魔爲法侶

그래서 성현이 말씀하시되 "마귀의 무리로써 수행의 벗을 삼으라." 하셨느니라.

謀事不求易成 事易成則 志存輕慢

일을 도모하되 쉽게 되기를 바라지 말라. 일이 쉽게 되면 뜻이 경솔하고 교만해지나니,

是故聖人說化 以留難爲成就

그래서 성현이 말씀하시되 "어려움 가운데에서 일을 성취하라." 하

셨느니라.

交情不求益吾 交益吾則 虧損道義

친구를 사귀되 내게 이롭기를 바라지 말라. 내가 이롭고자 하면 도의를 상하게 되나니,

是故聖人說化 以潔交爲資糧

그래서 성현이 말씀하시되 "순결한 사귐으로써 자산과 곡식을 삼으라." 하셨느니라.

於人不求順適 人順適則 心必自矜

남이 내 뜻대로 순종해 주기를 바라지 말라. 남이 순종하면 마음이 필시 교만해지나니,

是故聖人說化 以逆人爲園林

그래서 성현이 말씀하시되 "내 뜻에 맞지 않는 사람들로써 이웃을 삼으라." 하셨느니라.

施德不求望報 德望報則 意有所圖

공덕을 베풀고서 보답을 바라지 말라. 보답을 바라면 도모하는 뜻을 가지게 되나니,

是故聖人說化 以布德爲棄

그래서 성현이 말씀하시되 "덕 베푸는 것을 헌신짝처럼 버리라." 하셨느니라.

見利不求沾分 利沾分則 癡心亦動

이익을 분에 넘치게 바라지 말라. 이익이 분에 넘치면 어리석은 마음이 생기나니,

是故聖人說化 以疎利爲富貴

그래서 성현이 말씀하시되 "적은 이익으로써 마음의 부귀를 얻으라." 하셨느니라.

被抑不求申明 抑申明則 怨恨滋生

억울함을 당해서 밝히려고 하지 말라. 억울함을 밝히려면 원망하는 마음이 생기나니,

是故聖人說化 以屈抑爲行門

그래서 성현이 말씀하시되 "억울함을 당하는 것으로써 수행의 문을 삼으라." 하셨느니라.

이 내용들은 한결같이 보통 사람들의 통상적 처세법을 완전하게 뒤집고 있다. 다들 피하고자 하는 것을 오히려 기꺼이 맞아 자기 수양의 토대로 삼으라는 권고이다. 장애가 있는 곳에 머묾으로써 도리어 통하게 되고, 통하는 문처럼 보이는 것에 얽매임으로써 도리어 막히게 되는 역설적 이치를 깨달으라는 권면이다. 그렇지만 이러한 이치는 깨닫기도 어렵고, 겨우 깨닫는다 하더라도 실행하기 어렵다. 그렇지 않다면야 이 성현의 말씀이 수천 년이나 이어져 왔을 리 없을 것이다. "여러 가지 시험을 당하거든 온전히 기쁘게 여기라. 시련이 인내를 만들고, 인내가 너희를 온전하게 하리라"야고보서 1:2-4는 말씀도 마찬가지다.

공동체의 정의, 내일을 이야기하다

역경을 자기 수양의 토대를 삼으라는 권면은 참으로 실행하기 어렵

다. 마찬가지로, 공동체의 정의를 위해 일신의 고난을 감수한다는 것 역시 어려운 일이다. 어떻게 보면 자기 수양의 결과는 자신의 인품 향상이라는 직접적 효과를 자신에게서 기대할 수 있는 것인 반면, 공동체의 정의는 체득하는 효과의 직접성이 떨어지기 때문에 기대하기 어려워 보인다. 예수의 제자 베드로가 다음의 편지 글을 썼을 때도 분명 이러한 점을 알고 있었을 것이다.

> 의를 위하여 고난을 받으면 복 있는 자니… 선을 행함으로 고난 받는 것이 하나님의 뜻일진대 악을 행함으로 고난을 받는 것보다 나으니라. _베드로전서 3:14-17

역경을 만날 때 환경과 남을 탓하기보다 그것을 자기 발전의 계기로 삼고, 자신이 속한 공동체의 내일을 위해서라면 고난도 달게 받는 자세가 소중하다. 이 기준에 비추어 우리가 어떤 위치에 있는지는 모르나, 내 개인적인 고백을 하자면 아직 한참이나 멀었다. 그렇지만 그 수준에 다다르고 싶은 마음은 있다. 이런 마음을 먹을 수 있는 것 자체도 어쩌면 나의 노력이라기보다는 선조로부터 물려받은 유전자 덕분인지 모른다. 오래전 본 글이라 출처는 희미하나, 누군가 한국인의 인생관 혹은 세계관을 다음과 같이 압축해 놓은 걸 본 적이 있다.

- 삶의 행복은 불행을 현명하게 받아들이는 데 있다.
- 개인은 집단에 비추어 그 실체가 규정된다.
- 죽음은 삶의 의미를 부각시키며, 이 점에서 삶의 연장이다.

• 우주의 질서는 음양의 대립과 조화로 표현되며, 인간의 삶은 이 질서에 합치된다.

읽고 또 읽고 그 의미를 곱씹어 볼수록 깊이가 느껴지는 말이다. 서로 다른 것을 가리키는 말 같지만, 큰 뜻에서는 통하는 점이 있다. 대립하는 것처럼 보이는 것이 실은 표면과 이면을 이루는 한 실체라는 것, 그리고 그 표면과 이면이 서로에 의해 규정된다는 것이다. 앞의 네 문장으로 표현된 지혜 가운데, '꽃의 인고'라는 이 주제에 가장 부합하는 문장은 첫째 것이다. 꽃의 아름다움 이면에 인고가 있듯이, 행복의 이면에 불행이 있다.

당대當代 교육의 중요한 한 기능은 위와 같은 선조의 지혜와 유훈을 받들고 실현하도록 서로 돕는 것이다. 그리고 후대後代 교육의 주요 과업은 그 일이 대를 이어 이어지도록 돕는 일이다. 이렇게 교육을 통해 전통이 형성되고 역사로 이어진다.

4.
결실과 발아의 줄탁동시

'가르침'과 '배움'이 조응하는 교육

식물에게 결실(열매 맺기)과 발아(싹 틔우기)는 생명활동의 핵심이다. 이 활동의 주된 출발점은 꽃가루받이다. 식물은 움직이지 못하므로 꽃가루받이(일명, 수분)를 하기 위해서는 매개체가 필요하다. 이 매개체에는 바람, 물 등 비생물체도 있지만, 곤충, 새, 박쥐와 같은 생물체도 있다. 그런데 꽃의 모양이나 피는 시기 등과 매개체의 특성 사이에는 긴밀한 관계가 있다. 예컨대, 풍매화는 바람이 없는 지역에 자리 잡지 않는다. 풍매화는 일반적으로 꽃이 작고 꽃에 향기와 꿀샘이 없는 것이 많다. 또, 꽃가루는 작고 가벼우며 점질성이 없어 바람에 날아가기 쉽다. 수매화는 물의 흐름을 이용하거나 물의 성질을 활용하여 수분을 한다.

생물 매개체로 가장 흔한 것이 벌과 나비 같은 곤충이다. 충매화는 대개 곤충을 유인하기 위해 꽃이 화려하고 진한 향기가 있다. 새가 수분을 매개하는 조매화도 있고, 박쥐가 수분을 매개하는 복매화蝠媒花(아직 많이 쓰이는 말은 아니나, 굳이 이름을 붙이자면)도 있다. 꽃은 매개체에 맞추어 수분이 잘 일어나도록 진화되어 왔다. 그리고 매개체

가운데 생물 매개체는 자기들이 주로 매개하는 꽃의 특징에 맞추어 진화한 면이 있다. 이처럼 꽃은 매개체에 맞추어, 그리고 생물 매개체는 또한 꽃에 맞추어 함께 진화하고 서로 진화하는데, 이 특성을 공진화共進化 또는 호진화互進化라고 부른다.

공진화 또는 호진화

공진화의 예는 다양하다.[13] 벌은 평면 구조나 입체 구조를 잘 인식하지 못하는 대신 선은 잘 인식한다. 그래서 벌에 의해 수분되는 꽃들은 꿀 안내선nectar guide을 갖는다. 그리고 인간에게는 보이지 않아도 벌에게는 잘 보이는 선들을 많은 꽃들이 갖고 있다.

나비에 의해 수분되는 꽃들은 나비가 화분을 먹지 않으므로 화분보다는 꿀을 더 많이 준비하고 있다. 꿀은 좁은 관 속에 들어 있어 나비가 긴 혀로 빨아 먹는다. 가늘고 긴 관 형태의 꽃은 나비의 가느다란 흡관에만 적합하다. 나비의 꽃들은 거의 꿀 안내선을 갖지 않는다.

나방도 중요한 매개체인데 나방의 대부분은 야행성이지만 낮이나 해질 무렵 활동하는 종류도 있다. 나방의 활동 시간대에 따라 밤에 피는 꽃은 색이 옅고, 낮에 피는 꽃은 눈에 잘 띈다. 밤에 피는 꽃은 어둠에도 잘 보이도록 대개 흰색 꽃을 피운다. 나방이 매개하는 꽃은 공통적으로 화관이 튜브 모양이고 강한 향을 낸다. 몸집이 크고 대사 작용을

---

13. 이상태(2010). 앞의 책, 167-176쪽.

많이 하는 종류의 나방에 의존하는 꽃은 그만큼 꿀 생산량도 많다.

　드물기는 하지만 개미에 의한 수분도 있다. 개미에 의해 수분되는 꽃들은 개미가 옮겨 다니기 편한 위치에 꽃들을 배열한다. 꽃이 피는 모양을 일정하게 만들거나, 식물의 키를 같은 높이로 정연하게 배열하거나, 개미들이 좋아하는 적갈색의 꽃을 식물밑동에 꽃자루 없이 달아놓기도 한다.

　아마도 가장 극단적인 공진화의 예는 새와 박쥐의 경우일 것이다. 새는 붉은색을 잘 보는 성질이 있으므로 꽃 색깔을 붉게 만들고, 새 주둥이는 뾰족하므로 화관을 좁고 길게 만들며, 새의 몸집에 맞게 꿀을 많이 만들고, 새가 냄새를 못 맡으므로 꽃의 냄새를 없애 에너지 소모를 줄였다. 한편 새는 체구를 줄였고, 꽃이 약해 나비처럼 내려앉을 수 없으므로 그 자리에서 고정해 날 수 있는 방법을 개발해야 했다. 우리가 아는 벌새가 바로 그들인데, 그 종류가 엄청나게 많다. 그리고 벌새의 주둥이 크기와 모양은 화관의 크기나 모양과 밀접한 관계가 있어서 서로 맞는 것들끼리만 수분이 이루어진다. 벌새들은 공통적으로 크기가 매우 작고 몸이 가벼우며, 관처럼 길고 가느다란 주둥이와 신축성이 뛰어난 혀를 지니고 있다. 이 주둥이와 혀로 꽃 속 깊숙한 곳의 꿀까지 빨아 먹을 수 있다. 벌새들은 꽃 앞에서 정지한 채 공중에 머무를 수 있는데, 이는 벌새들이 극도로 빨리 날갯짓을 할 수 있기 때문이다. 하늘을 나는 방식까지 꿀 채집에 꼭 들어맞게 진화한 것이다.

　박쥐는 열대우림지역에서 매개체로 적당하다. 우림지역에서 벌이나 나비는 무성한 나무숲을 통과해 날아다니며 꿀을 찾기엔 그리 효과적이지 않기 때문이다. 박쥐는 야행성이므로 꽃도 밤에 핀다. 박쥐는 꿀을 새보다 많이 먹으므로 꽃의 꿀 생산량도 더 많고, 에너지도 더 필요하니 화분에 영양분을 듬뿍 넣었다. 박쥐는 무게가 있어 벌새처럼 공중에 정지해서 날 수가 없으니 꽃은 꽃자루와 꽃잎을 튼튼하게 만들어 박쥐가 내려앉아 꿀을 빨아 먹는 동안 박쥐를 지탱할 수 있게 해놓았다. 무엇보다도 꽃은 박쥐를 유혹하는 페로몬 냄새를 풍겨 박쥐를 끌어들인다. 시각이 약한 박쥐에게 잘 보이게 하려고 꽃을 수관으로부터 떨어져 매달리게 하든지 수관 위로 불쑥 올라오게 핀다. 한편, 박쥐는 몸체가 큰 데 비해 꽃은 작으니 다른 박쥐들보다 크기가 작아졌고, 주둥이는 다른 박쥐들보다 뾰족하며, 혀가 길고 혀끝에 역방향으로 난 돌기가 있어 꿀을 잘 핥아 먹을 수 있게 되었다. 열대지방에서는 꽃이 사철 피므로, 박쥐는 곤충을 잡아먹을 걱정 없이 영양이 풍부한 꽃에서 영양을 취하고 꽃이 없을 때는 과일을 먹는다.

오른쪽 사진 출처: http://humanflowerproject.com/index.php/weblog/comments/floral_long_necks_and

이처럼 식물은 자신의 수분을 돕는 동물과 협력관계를 통해 동물을 유익하게 하면서 자신을 번성하게 만든다. 식물은 동물에게 풍부한 영양분을 공급하고, 그 대가로 동물은 식물의 꽃가루를 암술머리까지 옮겨 준다. 이는 바람과 같은 우발적인 자연 현상에 기대는 것보다 훨씬 효과적인 방법이다. 이렇게 함으로써 식물은 자신의 씨앗을 아낄 수 있으며, 확실하게 그 씨앗을 목적지까지 보낼 수 있다. 이런 과정은 너무나도 정교하게 세련된 방식으로 이루어지기 때문에 진정한 의미에서의 지능이 개입된 것이 아닌가 하는 의문이 들 정도이다.[14] 꽃은 매개체에 맞추어, 그리고 생물 매개체는 또한 꽃에 맞추어 진화함으로써 꽃가루받이가 효과적으로 이루어지도록 정교하게 상호작용하고 있다. 이렇게 해서 수분과 결실의 효율과 확률을 높인다.

700년의 세월을 견뎌 비로소 싹을 틔운 아라홍련

식물과 환경 사이의 상호 적응은 결실의 단계에서만 나타나는 것이 아니라 발아의 단계에서도 작동한다. 씨앗은 보통 싹을 틔울 내적 조건을 충분히 가지고 있지만, 적합한 외적 조건을 만나야만 비로소 싹을 틔운다. 긴 세월을 건너뛰어 싹을 틔운 씨앗으로 경남 함안의 '아라홍련'이 유명하다.[15] 2009년 5월 국립가야문화재연구소가 옛 가야의 땅이었던 경남 함안군 성산산성 터에서 발굴 조사를 하던 중 땅속에 묻

---

14. Brosse, J.(1990). La Magie des Plantes. 양영란 옮김(2005). 『식물의 역사와 신화』. 갈라파고스, 73-74쪽.

 혀 있던 옛 연 씨를 수습하였
다. 그중 두 알을 한국지질자원
연구원에 의뢰하여 연대를 측
정한 결과, 약 700여 년 전, 즉
고려시대의 연 씨로 밝혀졌다.
함안박물관과 농업기술센터는
공동으로 연 씨의 싹을 틔우기
위해 씨담그기를 하였고, 그중
세 알에서 싹을 틔우는 데 성
공하였다. 이후 분갈이 등 많은
시도 끝에 2010년 7월 첫 꽃을
피움으로써, 고려시대의 연꽃이 700년의 세월을 견뎌 다시 피게 된 것
이다. 길고 캄캄한 어둠의 시간을 견디고 잠에서 깨어나 꽃을 피운 세
그루의 아라홍련은 이후 몇 해 만에 무더기로 불어나 함안박물관 연
못을 채우게 되었다는 이야기이다.

사실 연꽃만이 아니라 대부분 식물들의 씨앗은 온도나 빛, 수분 등
외부의 환경 조건이 발아에 알맞게 충족될 때까지 발아가 정지되는

---

15. KNS뉴스통신(2016). 정준희 기자의 「함안군, '아라홍련'의 향연」. 2016년 6월 16일.
이와 유사한 사례는 이집트의 대추야자에서도 발견할 수 있다. "2005년 이스라엘의
사해 근처, 마사다의 한 황폐한 요새에서 오래된 대추야자 씨가 발견됐는데, 탄소 연
대 측정 결과 약 2천 년 전 것으로 밝혀졌다. 여기에 물과 비료를 붓고 호르몬을 처
리한 끝에 하나가 발아에 성공했다. 이 어린싹은 수나무인데, 현존하는 유일한 유대
대추나무다. 사람들은 이 나무에 므두셀라(구약성경에서 가장 장수했다고 알려진
인물)라는 이름을 주고 이스라엘의 생활공동체인 키부츠에 심었다. 이제 이 므두셀
라 대추야자가 암나무와 짝짓기하는 것이 모두의 희망이다." 조너선 드로리. 『나무의
세계』. 조은영 옮김(2020). 시공사, 84쪽.

휴면기를 거친다. 이 시기는 짧게는 며칠에서 길게는 수백 년에 이르기도 한다. 다음 세대로 자신의 생명을 전하는 절박한 임무를 씨앗이 품고 있음에도, 서두르거나 모험하지 않고 적절한 때를 이렇게 기다리는 것이다. 그렇게 맞는 조건을 만났을 때에야 비로소 준비된 씨앗이 싹을 틔운다.

식물 측에서 보는 결실과 발아가 그 주변 환경과 맺는 관계는 이렇게 절묘하다. 꽃이 주변 매개체와 힘을 합쳐 열매를 맺고, 씨앗이 주변 환경 조건과 힘을 합쳐 싹을 틔우는 이 현상은 교육의 성공 조건을 연상하게 한다.

가르치고 배우는 자의 상식

학습은 학습자 혼자서도 할 수 있는 일이지만, 교육은 학생과 교사가 함께 이루어 가는 일이다. 그런데 학생은 다양하다. 우선 연령대에서 나는 차이는 교육의 가능성과 한계에 중요한 영향을 미친다. 교사는 이 점을 중요하게 고려해야 한다. 사람의 인지능력, 정서적 특성, 도덕성 등이 연령대에 따라 어떻게 달라지는지는 일찍부터 발달심리학자들의 관심사였고 그 분야에서 주목할 만한 연구들도 많이 축적되어 왔다. 피아제Piaget, J., 프로이트Freud, S., 에릭슨Erikson, E., 콜버그Kohlberg, L. 등은 이 분야의 일류 심리학자들이다. 이 연구들로부터 학습자의 발달단계에 맞는 교육의 방법에 관한 여러 시사점을 얻을 수 있다. 브루너Bruner, J.는 동일한 학습 내용을 학습자의 수준에 따라 어떻게 다양한 표현양식으로 번역하여 제시할 수 있는지를 보여 준 일류 교육학자이다. 상식적으로 말하자면, 구체적인 것에서 추상적인 것으로, 개별적인 것에서 일반적인 것으로, 현실적인 것에서 초월적인 것으로, 표피적인 것에서 심층적인 것으로 교육의 내용과 그 제시 방법을 점진적으로 바꾸어야 한다는 시사점이 될 것이다. 평생교육의 시대에 성인 학습자가 갖는 특성을 고려한다는 점 역시 이 맥락에서 이해할 수 있다.

학습자는 발달단계뿐만 아니라 흥미, 적성, 진로 계획 등에서도 다양하다. 인간이라면 당연히 갖추어야 할 기본적이고 공통적인 내용의 교육도 있어야 하겠지만, 그러한 교육의 바탕에서 개인의 적성과 진로 계획에 부합하는 개별적이고 특수한 교육도 마땅히 있어야 한다. 학습자에게 맞지도 않고 불필요한 내용의 교육을 강요할 권리는 누구에게도 없다. 여기서 한 가지 오해가 없어야 할 점은, 학습자의 흥미와 적성에 맞춘다는 것이 어떤 흥미와 적성이든 그것을 존중하고 손대지 말아야 한다는 뜻은 아니다. 단편적이고 천박하며 순간적인 관심은 좀 더 전체적이고 고상하며 지속적인 관심으로 바뀌도록 도와야 한다. 요컨대 학습자 중심 교육이란, 학습자의 입맛에 맞는 교육이라기보다는 학습자가 더 훌륭한 인간으로 성장하는 데 도움이 되는 교육을 말한다.

학습자는 연령과 적성 등에서도 다양하지만 학습의 속도에 있어서도 다양하다. 어떤 학습자는 일찍 꽃피지만 어떤 학습자는 늦게 꽃핀다. 늦게 핀다고 하여 가치가 떨어지는 것이 아니다. 회양목이나 산삼은 성장의 속도가 더딘 것으로 유명한 식물들이다. 그렇지만 제각각 존재의 가치를 지니며 쓰임의 가치 또한 다르다. 교사는 학습자의 이 꽃

필 수 있는 시기를 잘 포착해야 하고, 그 시기가 도래할 수 있도록 조력해야 하는 임무를 지닌다. 그 시기가 아닌데도 불구하고, 또 그 시기가 도래하도록 조력하기도 전에, 가치 있는 내용이라는 이유로 억지로 (또는 조급하게) 학습하게 하면, 학습에 백발백중 실패한다. 명상의 고수에게 어울릴 호흡법은 하수에게 치명적이고, 선승禪僧에게 어울릴 물욕의 버림이 세속인에겐 삶의 기반을 위협하는 것으로 받아들여질 수 있다. 준비될 때를 기다리고, 준비되도록 면밀히 자극하고 도우면서 때를 보아 가르치는 것, 이것은 지혜라고 할 것까지도 없는, 가르치는 자의 상식이다.

학습자의 발달단계, 흥미, 성장 속도에 부합하는 교육이란 한마디로 학습자에게 맞는 교육이다. 학습자에게 맞는 교육이란 골프에 비유할 수 있다. 골프는 단순한 운동이다. 공이 놓여 있는 곳으로 가서 막대기로 공을 쳐 목표지점의 구멍에 그 공을 집어넣는 운동이다. 공이 놓여 있는 곳이란 학습자가 위치한 곳이다. 공을 치는 일은 그곳에서 시작되어야 한다. 공이 놓인 곳도 아닌데 치기 좋은 곳이라고 거기서 막대기를 휘두를 수는 없다. 교사는 겸손하게 학생이 있는 곳으로 가야 한다. 그러나 공이 있는 곳이 목표지점이 아니라 출발점인 것처럼 학생의 현 위치는 그 자신의 교육적 유익을 향해 떠나야 할 지점이다.

학생이 다양한 것처럼 교사 역시 다양하다. 성격, 성장 배경, 잘 가르치는 교과, 자주 동원하는 지도의 방법 등에서 서로 다르다. 다양한 학생들과 다양한 교사들이 만나 희로애락을 겪는 곳이 학교다. 학창 시절을 회고하는 동문 모임에서는 거의 빠짐없이 자기 삶을 바꾼 운명의 선생님들이 추억으로 소환된다. 그런데 그 교사상 역시 다양하고 때로는 상충적이기까지 하다. 어떤 선생님의 내밀한 배려 덕분에 성장기 우울증을 극복했다는 보고가 있는가 하면, 그런 내밀한 배려가 나중에 알려져 친구들에게 따돌림당했기 때문에 공평무사를 위한 반면교사로 삼았다는 보고도 있다. 청소년기에 흔히 있을 수 있는 가벼운 일탈에 대해 과도한 체벌을 가했던, 잊어버리고 싶은데 잊히지 않는, 치 떨리는 선생님으로 기억하는 친구 옆에, 그 선생님 덕분에 자신이 새사람이 되었노라고 힘주어 말하는 동문도 있는 법이다. 어쩌겠는가? 사람 사이의 인연이 그처럼 예측하기 어려울 정도로 오묘한 것을. 그러나 한 가지 분명한 점은 있다. 손이 마주쳐야 손뼉이 된다는 것, 줄탁동시啐啄同時라야 병아리가 나온다는 것, 연때가 맞아야 배필도 만나고 사제師弟도 된다는 것.

'조화하는 인간'의 길을 찾아서

교육의 성공이 교사와 학생의 상응으로만 충분히 이루어지는 것은 아니다. 특히 제도 교육에서는 그 교육의 전개 양상에 중요한 영향을 미치는 변수로 교육정책을 생각하지 않을 수 없다. 좋은 정책은 교육의 성공을 촉진하지만, 나쁜 정책은 그것을 오히려 방해한다. 이 점에서 교육정책을 어떻게 만들고, 그 정책을 어떻게 추진할 것인가가 중요하다.

교육을 흐르는 물에 비유한다면 교육정책은 그 물을 흘러가게 하는 물길에 비유할 수 있다. 물은 물길을 따라 흐른다. 그럼, 교육의 물이 어떤 길로 흐르게 하는 정책이 필요할까? 우리의 교육이 지나온 물길을 살펴보면 크게 보아 두 가지 특징적인 길을 거쳐 온 것으로 보인다.

첫째는 '대량생산의 길'이었다. 이 길이 열리게 된 배경은 다양하다. 일제 강점기에 억압되었던 교육 기회의 허용, 우리 사회의 높은 교육열, 사립학교들의 규모 확장 욕구, 산업화 시기 인력 수요의 증대, 국가 발전을 위한 국민 형성의 필요 등이 복합적으로 작용하여 교육 기회가 확대되고 문호가 적극 개방되었다. 학교를 짓고 교사를 채용하고 2부제, 3부제 수업에 한 학급에 60~70명의 학생을 받아 배출하는 과업들이 공장에서 상품 찍어 내듯이 대규모로 이루어졌다. 이 대량생산은 학교급별로 차이는 있지만 초등학교에서 대학교에 이르기까지 대략 1950년대부터 2000년대까지 순차적으로 이루어졌다.

둘째는 '경쟁력 강화의 길'이었다. 교육은 투자의 대상이고, 교육의 효과는 경쟁력을 갖춘 인력의 배출로 확인되었다. 교육을 통한 학습자 사이의 지위 경쟁을 넘어, 이제 교육 공급자 사이의 경쟁을 통해 유능한 교사와 사회적 책무를 다하는 학교를 만들고, 나아가 국가 간 첨단 인력 확보 경쟁에서 우위를 점하는 것이 교육정책의 중점이 되었다. 교사 평가와 성과급 연계, 학교 평가와 행·재정 지원의 연계, 학생 학력과 대학 및 국가 경쟁력의 국제 비교 등에 대한 정책적 관심이 증폭되었다. 예전에도 이런 방향의 관심이 없었던 것은 아니지만, 본격 대두한 것은 1990년대 중반부터이며 지금도 교육정책의 주된 흐름을 형성하고 있다.

지금까지 거쳐 온 이 두 가지 길을 지나 향후에 만나게 될 교육의 세 번째 흐름으로 '조화하는 인간'의 길을 예견한다. 여기서 '인간의 길'을 부각시키는 이유는, 과거 대량생산 시기의 수단적 인간관에서 탈피하고 경쟁력 강화 시기의 활용 중심 인간관에서 벗어나, 목적적 인간관을 확보하고 개별 인간의 존재 가치를 향상시키는 교육 본질을 강조하고자 함이다. 개성, 다양성, 창의력을 인정하고 고무하는 교육의 내용과 방법이 더욱 강조될 것이다. 평생교육, 대안학교, 사이버 학습, 인공지능 등은 이 변화를 반영하고 또한 촉진하는 현상을 나타내는 말들이다. 세 번째 흐름에서 이 인간의 길과 함께 '조화의 길'을 부각시키는 이유는, 교육을 통한 사회적 연대의 형성이 자유로운 개인들의 조화로운 결합으로 이루어진다는 점을 강조하고자 함이다. 개인 간 자발적 결합의 조화로운 공동체는 대량생산 시기 '물리적 경계 안의 숙명적 공동체'나 경쟁력 강화 시기 '각자도생하는 찢어진 개인' 모두를 극복하는 개념이다. 이 인간화와 자발적 조화가 합쳐진 '조화하는 인간'이란 미래상은 희망 섞인 예견이다. 시대의 흐름은 이 방향을 가리키고 있지만, 그 실현 여부는 장담하기 어렵다. 그래서 그 실현을 돕는 정책, 곧 정책의 시대적 적합성이 중요하다.

정책의 방향도 중요하지만 그 정책을 추진하는 방법도 중요하다. 이 추진 방법은 크게 세 가지 모델로 구분해 볼 수 있다.

하나는 관료제 모델이다. 이 모델에서는 정부가 정책을 정하고 현장에서는 그 정책이 통용되게 한다. 전통적 모델이다. 그러나 이 모델은 현장에서 발생할 수 있는 정책 저항, 정책 왜곡 문제를 소홀히 취급한다. 교육정책은 대부분 학교 현장에서 구현될 수밖에 없는데, 교사나 학부모가 동의하지 않는 정책은 성공할 수 없다.

또 하나는 시장 모델인데, 정부 부문의 비효율과 강제력을 보완 혹은 대체하는 방법으로 시장의 운영원리를 동원한다. 공교육제도의 운영에 수요, 공급, 경쟁의 원리를 도입하여 효율성과 자발성을 확보하겠다는 것이다. 그러나 이 모델은 시장 실패의 문제 앞에서 취약하다.

그다음은 네트워크 모델인데 정부, 학교, 시민사회단체들의 협치協治에 의해 공교육제도를 영위하고자 하는 것이다. 관료제의 비효율과 강제력 및 시장의 실패를 다양한 집단의 협력에 의해 극복한다는 이상을 추구한다. 하지만 현실에서는, 그 이상과 달리 갈등의 노출과 조정의 어려움이 예상되기도 하는 모델이다.

정책의 추진 방법에 관한 이 세 가지 모델은 앞에서 말한 정책의 방향에 관한 세 가지 흐름과 각각 부합하고 있음을 알 수 있다. 말하자면, 관료제 모델은 대량생산의 길과 어울리고, 시장 모델은 경쟁력 강화의 길과 잘 부합하며, 네트워크 모델은 조화하는 인간의 길에 보다 적합하다는 뜻이다.

요컨대 교육의 성공은 교사와 학생의 상응相應, 정책 방향과 시대적 요구 사이의 대응對應, 정책 당국과 교육 현장 사이의 조응照應이 모두 갖추어졌을 때 비로소 이루어진다. 학생에 맞는 교사와 교육 방법, 시대에 맞는 교육정책, 현장에 맞는 정책 추진 방식이 필요하다. 꽃이 자기에게 맞는 곤충과 새를 불러 열매를 맺고, 씨앗이 자연조건에 맞추어 싹을 틔우는 것처럼.

대기설법, 학습자 맞춤형 교육

줄탁동시啐啄同時가 어미닭과 병아리가 때를 맞춘 공조共助를 통해 부화에 성공하는 것에 착안한 교육 비유어라면, 대기설법對機說法은 좀 더 직접적인 학습자 맞춤형 교육을 이르는 불가佛家의 용어이다.

대기설법에 대한 가장 보편적인 해석은 상대방의 근기根機에 대응하여 그에 맞는 내용과 방법으로 설법한다는 것이다. 사람의 근기란 가르침을 이해하거나 소화할 수 있는 '능력의 수준'을 가리키는 말로 흔히 알려져 있다. 탄허呑虛선사가 『논어』와 『도덕경』의 특징을 청자聽者[16]의 근기에 비추어 비교한 다음의 평가는 주목할 만하다.

『도덕경』 5천언 가운데 제1장이 제일 중요하듯이 『논어』도 제1장이 중요하다. 『논어』 1장에서 말한 '학學'은 실은 '도道'와 동일한 것인데, 듣는 대상이 상·중·하 모든 근기의 제자들이기 때문에 '도'라 하지 않고 '학'이라 한 것이다. 이와 대조적으로 『도덕경』 1장은 '도道'가 첫 문장에서부터 등장하여 대기설법이나 방편설법이 아니라 본론으로 곧장 직입해 들어간 것이다. '도道'는 우주의 핵심체로 말이 끊어지고 생각이 끊어진 자리로서 언어·문자의 세계를 여읜 것이므로 상근기 대중만이 알아들을 수 있는 불교의 선禪과 같은 것이다. 『논어』의 '학이시습'은 교학敎學에 해당하고 『도덕경』의 '도가도 비상도道可道 非常道'는 선법문禪法門에 해당한다. 노자는 상근기 수제자 하나라도 건지기 위해 최상승 법문을 설했고, 공자는 전체 대중을 위해 방편설법으로 설한 것이다.[17]

탄허의 이러한 해석과 평가 자체에 대해서는 깊은 연구가 별도로 필

---

16. 오늘날의 입장에서는 '독자(讀者)'라 해야 하겠으나, 공자와 노자가 그 내용을 발설할 당시의 입장으로는 '청자(聽者)'가 맞을 것이다.

17. 탄허 강설(2002). 동양사상특강(CD 18장). 교림. 이 가운데 CD9의 내용을 녹취하여 재구성한 권기완(2017). 「탄허선사의 유교 경전에 대한 불교적 해석-『논어』를 중심으로」, 『한국불교학』 81. 한국불교학회, 225-226쪽.

요하겠지만, 그 과정에서 언급된 근기의 의미는, 상근기니 하근기니 하는 말에 이미 들어 있듯이, 가르침을 이해하거나 소화할 수 있는 능력의 수준을 나타내는 말로 쓰였음이 분명하다. 그렇다면, 근기를 능력의 수준으로 이해하는 것은 탄허(1913~1983) 같은 현대 불자의 독특한 해석인가? 그렇지 않다. 예를 들면, 붓다가 능가산에서 대혜大慧를 위해 설한 가르침을 모은 『능가경楞伽經』에서는 붓다 설법의 네 방식을 일향一向, 반문返問, 분별分別, 치답置答으로 유형화했는데, 이를 한역漢譯하고 주석한 『주대승입능가경注大乘入楞伽經』에서는 질문자의 근기에 따라 붓다가 대화를 이어 간 방식이라고 해석하고 있다.

근기는 사람의 '인지능력'만을 의미하는 데 국한되지 않고, '성품이나 의지 및 동기' 등을 가리키는 말로 사용되기도 하였다. 익히 알려져 있듯이 성품, 의지, 동기는 각각 서로 다른 것을 가리키지만, 모두 인간의 '정서적 상태'에 포함된다는 점에서 공통적이다. 붓다가 상대방의 심성이나 성품의 성숙 정도에 맞추어, 그 의지의 강인함이나 유약함을 고려하여, 그 동기의 높고 낮음을 고려하여, 또한 설법을 들을 마음의 준비를 살펴, 그 각각에 적합한 방식으로 설법하였음은 잘 알려져 있다.

이렇게 근기라는 말은 붓다의 대화 상대방 혹은 불법佛法에 노출되는 일체 중생의 심리적 특성을 가리키는 말로 사용되었다. 심리적 특성 가운데에서는, 근기라는 말이 사용되는 맥락에 따라, 인간의 이해 능력, 성품, 의지, 동기, 준비도 등을 가리킨다.

대기설법에서 기機의 의미가 꼭 사람의 근기根機만을 가리킨다고 볼 이유는 없다. 대화나 가르침 혹은 설법은 상대방의 심리적 특성에 맞추어서도 이루어지지만, 그 상대방이 중요하게 생각하는 문제에 맞추어서, 상대방이 처한 형편이나 처지에 비추어, 대화가 이루어지는 시간이나 장소의 특징과 같은 환경적 조건에 맞추어서도 이루어지기 때문이다.

이처럼 문제, 형편, 처지, 장소, 때, 조건 등에 맞추어 설법이 이루어지는 것을 가리켜, 상황적 특성으로서의 계기契機에 대응對應하는 설법說法이라는 의미로 대기설법이라 할 수 있다. 다시 말하자면, 대기설법이란 말은 '사람의 근기에 따른 설법'이라는 의미와 함께, '상황의 계기에 따른 설법'이라는 의미도 아울러 가진다.

지금까지의 논의는 대기설법對機說法에서의 기機를 근기根機 혹은 계기契機로 해석할 수 있다는 점을 밝힘으로써 대기對機의 의미를 명확히 했다는 데 의미가 있다. 즉, 대기란 대화 상대방의 심리적 특성인 근기에 대응하거나, 대화가 이루어지는 상황적 맥락인 계기에 대응하는 것이다.

다음으로 살필 문제는 대기와 설법의 관계이다. 대기와 설법의 관계를 여러 가지로 생각할 수는 있겠지만, 가장 일반적인 관계 양상은 대기를 설법의 방편으로 삼는 것이다. 즉, 대기하되 그 대기하는 까닭을 설법하는 데 두는 것이다. 설법이 목적이고 대기는 그 목적에 이르기 위한 방편이다. 대기의 이유는 인간적 유대와 돈독함의 강화 그 자체에 있는 것이 아니라 효과적인 깨달음에 있다. 설법을 하지 않는다면 대기의 의미는 삭감된다. 대기하지 않는 설법은 효과가 없고, 설법하지 않는 대기는 단순한 친목과 유대 강화에 그치게 된다. 요컨대, 대기설법에서 대기란 설법을 위한 방편이다.

대기가 설법의 방편이란 점은 교육, 특히 교과교육에 대해 중요한 시사점을 제공한다. 설법의 법은 가르치는 내용이 되고, 이는 곧 교육 내용을 담고 있는 교과와 연결된다. 그런데 교육학 분야에서는 어떤 내용이 교과로 적합한가에 대해 대립하는 관점이 존재한다. 하나는 보수적 관점으로서, 전통적 교과가 지닌 도야적陶冶的 가치를 중시하는 입장이다. 이 입장에서는, 그러한 전통적 교과의 내용이 모두 인류의 위대한 문화유산이 집적·응축된 것일 뿐만 아니라, 오랜 세월의 흐름 속에서 검증되고 비판을 거친 것이기 때문에 모든 학습자에게 교육적으로 유익한 내용이라고 인정한다. 그리고 그 교과의 도야적 가치란 해당 교과의 내용을 학습함으로써 학습자에게 나타나는 효과를 말한다. 여기서 중요하게 생각하는 효과는 자연과 인간 삶의 이치에 대한 깊은 이해를 바탕으로 하여 학습자 인격의 통합적 향상에 기여하는 것이다.

이에 상대되는 낭만적 관점에서는, 학습자의 요구와 사회의 필요에 부응하는 내용이 교과가 되는 것이며, 그 교과의 내용을 학습함으로써 실제 생활에서의 유용성을 확보하는 것이 교육의 효과라고 본다. 이 관점에서는 학습자의 진로 희망을 실현하는 데 도움이 되거나 실생활에서 당면하는 문제를 해결하는 데 도움이 되는 내용이라면 무엇이든지, 그 내용을 필요로 하는 학습자에게는 그것이 유용한 교과가 된다는 입장을 취한다. 그러므로 이러한 실제적 교과는 학습자에 따라 얼마든지 달라질 수 있다고 보며, 이 점에서 다양성과 선택의 가치를 중시한다.

전통적 교과와 실제적 교과, 그리고 도야적 가치와 실용적 가치를 둘러싼 논쟁은 화해하기 어렵다. 세계관과 가치관이 다르고, 그것이 교과관에도 반영되어 있기 때문이다. 이 논쟁의 와중에 상대편 진영에서 발견되는 부정적 현상을 그 관점 자체의 취약점이라고 주장하는 비판까지 가세한다. 그 부정적 현상의 한쪽에는, 도야 가치의 중요성에 과잉 헌신하여 학습자의 자발성과 이해를 소홀히 하는 문제들이 있다. 그리고 반대쪽에는, 그 가치가 명백하게 의심스러운 내용까지 무분별하게 교과라는 이름을 달고 등장하는 것을 허용하는 문제들이 있다.

　설법에서의 법은 인간 정신의 각성에 관한 주제들을 교육 내용으로 삼고 있다는 점에서, 도야적 가치를 중시하는 전통 교과의 내용과 맥을 같이한다고 할 수 있다. 그럼에도 붓다는 그냥 설법이 아니라 대기설법을 취함으로써, 보수적 관점을 취하는 진영에서 현실적으로 드러낼 수도 있는 부정적 현상인 학습자 억압의 문제를 극복하고 있다. 법의 가치에 과잉 몰입하여 구도자의 근기와 계기를 무시한 채로 설법하는 것이 무의미한 것처럼, 전통 교과의 가치를 준비 안 된 학습자에게 억지로 주입하려는 것은 강압과 마찬가지다.

　한편, 학습자 맞춤형 교육의 한 방식으로, '전통적 주지교과의 학습'에서 벗어나 '학습자가 흥미 있어 하는 것이면 무엇이든' 그것을 배워 꿈을 펼치게 도와주는 것이 '교육'의 새로운 방향이 되어야 한다는 주장이 있다. 일반적으로 학교교육에 잘 적응하지 못하는 학생들은 전통적인 교과교육에 실패하는 학생들이 대부분인데, 그들을 위한 교육의 일환으로 다시 전통 교과의 학습을 강조하는 것은 그들에게 도움이 되지 않는다는 것이다. 그들을 진실로 돕고자 한다면 전통적인 교과 학습으로 학습자를 다시 끌고 들어갈 것이 아니라, 학습자의 처지를 이해하고 그가 원하는 것을 교육의 목표로 삼아 그 목표 달성에 필요한 내용을 교과로 구성하는 발상의 전환이 필요하다는 주장이다. 그렇지만 그 주장에 따르는 교육이 취약 계층과 학업 부적응 학생들의 처치를 실질적으로 개선시켜 교육 격차에 따르는 사회 불평등을 완화할 수 있을지는 의문이다.[18]

붓다의 대기설법에서 대기의 목적은 설법이다. 설법을 목적으로 하지 않는 대기가 의미가 없는 것처럼, 교과의 학습이나 학업으로 연결되지 않는 가르침은 교육이 아니다. 설법이 없는 대기를 통해 얻을 수 있는 것이 '구도자 이해하기'에 그치듯, 교과의 학습이나 학업으로 연결되지 않는 학습자 존중은 '학습자와 함께하기'에 그친다. 구도자를 이해하고 학습자와 함께하는 것은 물론 설법자와 교육자의 자세로서 소중하지만, 그들의 본무本務는 어디까지나 설법과 교육이다. '구도자에게 맞는 설법'이 법의 내용보다 법을 전하는 방법에 관한 교훈인 것처럼, '학습자 존중의 교육' 역시 교육의 내용보다 그 방법에 관한 교훈으로 보아야 할 것이다.

---

18. 가리야 다케히코(苅谷剛彦)가 2001년에 쓴 책(階層化日本と教育危機-不平等再生
産から意慾格差社會へ. 東京: 有信堂, 189-208쪽)은 일본의 현대 교육 상황을 실
증적으로 진단하면서 학습 의욕의 계층 간 격차가 확대되고 있음을 밝혔다. 그가
밝힌 바에 따르면, 1990년대 이후 일본에서 비교적 낮은 계층 출신의 학생들이 '학
교공부 열심히 해서 성공하는 이야기'에서 이탈하여, '자기 하고 싶은 것 하며 지내
기'를 통해 자신감을 형성하는데, 그렇게 형성된 자신감이 오히려 그들을 더욱 학습
에서 멀어지게 만드는 메커니즘이 작동하기 시작했다고 한다. 이 진단과 설명이 지
금의 한국 사회에 얼마나 부합할지는 아직 확언할 수 없다. 하지만 교육에서 전통적
인 교과의 학습이나 지식의 가치를 폄훼하면서, 학습자의 꿈을 키우고 그 꿈의 실현
을 돕는다는, 다소 낭만적이고 모호한 대안을 선택하는 것이, 결코 학습자의 학업
에도 사회의 불평등 완화에도 도움이 되지 않는다는 지적은 주목할 필요가 있다.

제2부

개별 식물

식물은 각 기관들로 구성되지만 우리 눈에 먼저 들어
오는 것은 개별 식물이다. 이끼, 채송화, 소나무, 굴참
나무 등이 그것이다. 우리 주변에는 지역마다 계절마
다 수많은 식물들이 자기 존재감을 뽐내며 시선을 끈
다. 그 엄청나게 많은 식물들 가운데, 여기에서는 몇
몇 식물들에 한정하여 그 식물들이 살아가는 방식과
그로부터 알게 되는 교육적 의미를 찾아보려 한다.
관심을 두는 식물은 질경이, 연꽃, 갈대와 아카시아,
얼레지, 대나무, 버섯이다. 마지막의 버섯은 좀 느슨
하게 식물에 포함시킨 것이다.

5.
질경이의 개척
미지의 세계를 함께 열어 가는 교육

우리가 일상에서 흔히 보는 식물 가운데 질경이가 있다.

식물백과사전에 보면 질경이과에 속하는 여러해살이풀로 나와 있다. 줄기는 없고, 타원형의 잎이 뿌리에서 바로 나온다. 잎 가장자리는 약간 주름져 있으며 뚜렷하지 않은 톱니들이 있다. 꽃은 6~8월경 잎 사이에서 곧게 나온 꽃자루 끝에 이삭 모양을 이루며 하얗게 무리 지어

핀다. 열매는 삭과蒴果로 맺히는데, 삭과란 익으면 껍질이 벌어져서 씨가 튀어나오는 열매를 가리키는 말이다. 껍질의 중간이 갈라지며 검은색 씨들이 밖으로 튕겨 나간다. 양지바른 길가나 들에서 흔히 자라는 풀이지만, 봄과 여름에는 어린순을 캐서 나물로 먹고, 가을에는 씨를 햇볕에 말려 이뇨제·치열제로 쓰는 차전자車前子를 만들어 사용한다. 차전자라는 말은 질경이가 사람의 통행이 잦은 길에서도 자라 수레나 자동차 앞에서도 살아남는 특성을 잘 나타내고 있다.

길에서 자라는 질경이, 블루오션을 선택하다

질경이라는 이름은 질기고 질겨서 사람이나 짐승이나 수레나 자동차가 밟고 지나가도 쉬 죽지 않기 때문에 얻어진 이름이라는 설도 있지만, 길에서 살기에 질경이라는 설도 있다. 지금도 일부 지방에서는 '길'을 '질'로 발음한다. 길에서 자라려면 사람이나 탈것 등에 밟히고 깔려서 몸의 일부가 눌리고 찢겨 나가는 것을 감수해야 한다. 질경이는 숲속에서 다른 생물들과 경쟁하면서 심한 스트레스를 받는 것보다 몸의 일부가 눌리거나 찢기더라도 스트레스를 덜 받는 쪽을 택한 것이다. 질경이는 자신을 누르고 짓밟는 사람이나 동물의 발에 혹은 수레바퀴에 의해 쉬 굴복당하지 않을 뿐만 아니라, 오히려 그런 억압적 환경을 이용하여 자기 씨앗을 퍼뜨린다.

질경이가 씨앗을 퍼뜨릴 때에는 주로 비를 이용한다. 촉촉하게 스며드는 비가 아니라 강하고 세게 내리는 비가 유리하다. 강한 비는 질경이의 씨앗이 껍질 밖으로 튀어 나가도록 하는 일을 도울 수 있다. 또한 많은 빗물이 수레나 자동차가 지나간 바퀴자국을 따라 도랑처럼 흐를 때 씨앗을 함께 싣고 흘러가 그 씨앗들을 멀리 퍼뜨리는 구실을 하기도 한다. 이 비가 만약 숲에 내린다면 질경이 같은 식물의 씨 퍼뜨리기에는 불리할 것이다. 숲에는 키 크고 잎 많은 나무들이 들어차 있어서 비가 세차게 내리더라도 곧장 바닥으로 내리꽂히는 것이 아니라 잎과 줄기, 가지를 타고 여유 있게 떨어진다. 그리고 숲의 부드러운 흙은 빗물을 흡수하여 땅속으로 스며들게 하므로 단시간에 빗물이 시내를 이루게 하는 경우가 거의 없다. 그러니까 숲에서는 비가 질경이 같은 식물의 씨앗이 밖으로 튀어 나가도록 때리는 힘도 줄어들게 되고, 씨앗을 실어 보낼 물길을 만들기도 어렵게 되는 것이다. 반면에 도로는 상황이 다르다. 질경이를 덮고 있는 다른 식물은 거의 없다. 하늘을 향해 열려 있어서 비를 직접 맞을 수 있다. 땅은 단단하고 흙은 다져져 있어서 조금만 비가 많이 와도 씨앗을 실어 보낼 물길이 금방 만들어진다.

이렇게 자라는 질경이를 보고서 가장 먼저 깨닫는 점은 경쟁이 심하고 생존이 보장되지 않는 곳에서 심한 스트레스를 받고 근근이 사느니, 새로운 변경을 개척하는 과감한 도전정신으로 살아 볼 필요도 있다는 점이다. 우리는 흔히 레드오션red ocean이니 블루오션blue ocean이니 하는 말을 한다. 레드오션이란 이미 많은 사람들에게 잘 알려져 있는 시장으로서, 생존을 위해서는 말 그대로 피 튀기는 경쟁을 거쳐 살아남아야 하는 공간을 말한다. 레드오션 시장은 산업의 경계가 이미 정의되어 있고 경쟁자 수도 많기 때문에, 같은 목표와 같은 고객을 가지고 치열하게 경쟁할 수밖에 없다. 반면, 블루오션이란 사람들에게 잘 알려져 있지 않은 새로운 시장으로서, 경쟁이 치열하지 않은 대신 새롭게 개척해야 하는 부담이 따르는 공간이다. 블루오션에서는 시장 수요가 경쟁이 아닌 창조에 의해 얻어지며, 여기에는 높은 수익과 빠른 성장을 가능케 하는 엄청난 기회가 존재한다. 질경이는 숲속의 다른 식물들과 치열하게 경쟁해야 하는 레드오션을 택하는 대신 상대적으로 다른 식물들이 별로 살지 않는 블루오션(사람이 많이 다니는 길 복판이나 가장자리)을 생존의 터전으로 삼는 선택을 한 것이다.

식물들이 숲을 선택하는 데에는 물론 이유가 있다. 풍부한 영양, 적당한 빛과 바람, 인간이 발생시키는 위협적 환경(오염, 직접 공격)으로부터의 격리 등이 숲이 지닌 장점이다. 그래서 대부분의 식물들은 숲에서 산다. 그러나 생존을 위해 식물끼리 치열한 경쟁을 벌이고 거기서 살아남아야 한다는 부담 또한 떨칠 수 없다. 반면, 숲에서 벗어난 식물은 숲에서 자라는 식물이 갖는 장점과 부담을 거꾸로 갖는다. 결국 모든 점에서 유리하거나 불리한 것은 아니니, 선택을 해야 하는 문제이다. 많은 식물들은 숲을 선택하는 반면, 질경이 같은 소수의 식물들이 숲을 벗어나는 길을 선택한다.

사람도 마찬가지일 것이다. 많은 사람들은 다른 사람들이 시행착오를 거쳐 다져 놓은 길을 안전하게 선택하는 반면, 소수의 사람들은 남들이 가지 않은 새로운 길을 개척하면서 미지의 영토를 확장하거나 떨어져 죽거나 한다. 이 역시 선택의 문제이다. 개척된 미지의 영토라 할지라도 그곳의 생존 조건이 차츰 입증되기 시작하면 사람들이 몰려들게 된다. 말하자면 한때의 블루오션이 세월이 지나면 레드오션이 될 수 있다는 뜻이다. 다방뿐이었던 커피 시장에 처음 나타난 커피 전문점 시장은 블루오션이었겠지만 지금은 레드오션이 된 것과 마찬가지다. 또한 한 지역에서는 레드오션으로 취급되는 것이 다른 지역에서는 블루오션이 될 수 있다. 오션 사이의 구분이 절대적이지도 고정되어 있지도 않다는 뜻이다. 여기서 우리의 관심은 남들과 비슷한 길을 선택하는 다수의 사람이 아니라 새로운 길을 찾아 나서려는 소수의 사람이다. 그런 사람들은 개척정신 혹은 모험심이 강한 사람들이거나, 남들과 비슷하게 사는 것을 좀 따분하게 생각하는 사람들이다.

존재의 가치냐 현실의 쓸모냐

사람의 교육에 대해서도 비슷한 생각을 해 볼 수 있다. 교육의 이유를 '존재의 가치'에서 찾지 않고 '현실의 쓸모'에서 찾는 것이 속세의 풍조다. 교육이 사람의 존재 가치를 높이는 데 머무르지 않고 현실적으로 쓸모 있게 된다면 그것은 교육의 유용성을 말하는 것이다. 산업역군 양성이나 좋은 일자리 취업은 교육의 사회적, 개인적 유용성을 나타내는 예다. 교육의 현실적 쓸모 가운데 취업은 이제 교육 목적의 전부인 것처럼 취급받고 있다. 그런데 사람들이 찾는 그 현실의 쓸모는 대부분 레드오션 시장으로 향하고 있다. 명망도가 높은 상급 학교에 진학하는 것이 중고등학교 교육의 목표가 되고 있다. 또한 대학 교육까지 보편화된 우리나라의 상황에서 졸업생들은 신분과 급여가 안정적으로 보장되는 일자리에 취업하는 것을 지상의 과제로 삼고 있다. 공무원 시험과 유명 기업 입사 시험의 경쟁률이 수백 대 일에 이를 정도로 이런 시장은 이미 레드오션이다.

다음의 통계청 자료를 보자. 2016년 5월 현재 청년층(15~29세) 비경제활동인구 중 취업 시험 준비자는 65만 2,000명인데, 취업 시험 준비 분야는 '일반직공무원'(39.3%)과 '일반 기업체'(21.5%)가 1, 2위를 차지

[표 1] 비경제활동인구의 취업 시험 준비 분야

단위: 천 명, %

		2015년 5월			2016년 5월		
		청년층 비경제활동 인구	남자	여자	청년층 비경제활동 인구	남자	여자
전체		5,130	2,619	2,511	4,980	2,535	2,445
지난 1주간 취업 시험 준비자		633	316	317	652	350	302
		(12.3)	(12.1)	(12.6)	(13.1)	(13.8)	(12.3)
취업 시험 준비 분야 *	일반 기업체	(18.9)	(19.5)	(18.3)	(21.5)	(23.3)	(19.4)
	언론사·공영기업체	(8.5)	(9.4)	(7.6)	(9.0)	(9.0)	(9.0)
	교원 임용	(5.1)	(3.2)	(6.9)	(5.0)	(2.9)	(7.4)
	일반직공무원	(34.9)	(39.2)	(30.6)	(39.3)	(42.2)	(36.1)
	고시 및 전문직	(9.8)	(9.4)	(10.1)	(8.7)	(9.5)	(7.8)
	기능 분야 자격증 및 기타	(22.9)	(19.2)	(26.5)	(16.5)	(13.2)	(20.3)

*취업 시험 준비 분야의 구성비는 「지난 1주간 취업 준비자」 기준임.
*출처:통계청(2016). 「2016년 5월 경제활동인구 조사 청년층 및 고령층 부가 조사 결과」. 통계청 사회통계국 보도자료(2016. 7. 21), 18쪽.

하고 있다. 취업 준비자 65만 2,000명 가운데 25만 6,000명이 소위 공시족(공무원 시험 준비족)이고, 14만 명이 일반 기업체 취업 준비자인 셈이다. 한 해 전에 비해 기능 분야 자격증 등을 준비하는 비중이 줄어들고, 공무원 시험과 일반 기업체 취업을 준비하는 비중이 늘었다.

대부분의 사람들이 이런 안정된 터전을 희망하는 데에는 그만 한 이유가 있다. 중소기업이나 비정규직 종사자들의 근무 조건은 열악하고 신분의 안정성도 취약하다. 불안한 고용 조건을 희석시켜 줄 사회적 안전망도 부실하다. 대기업이 골목시장까지 점령한 마당에 창업은 어렵고 창업해도 대부분 실패할 가능성이 높다. 이런 여러 이유를 감안하면, 청년들이 그나마 불안하지 않게 일하고 일한 대가를 받는 직업을 가지려 하는 것은 지극히 자연스럽다. 그렇지만 자신의 소질과 적성을 살려 과감하게 새로운 분야를 개척하려는 시도가 아쉽다. 인류 문명의 발전은 그런 개척자들의 새로운 시도에 힘입은 바 크다.

사람들이 미지의 세계를 개척하는 일에 적극 나서지 못하는 것은 위험과 두려움 때문이다. 새로운 분야에 경쟁이 없다고 해서 그것이 안온한 삶을 보장하지는 않는다. 개척에는 언제나 위험이 따른다. 이 위험을 극복할 실력이 없거나 그 위험을 감수할 용기가 부족하면 그 길을 택할 수 없다. 길로 뛰쳐나간 질경이가 맞는 역경 역시 간단하지 않다. 사람에게 밟히고, 경운기에 짓눌리고, 자동차 바퀴에 몸의 일부가 찢겨 나간다. 그렇지만 이렇게 가혹한 조건에 놓이더라도 질경이는 그 길을 선택한 것이다. 용기 있게 길바닥을 선택했을 뿐만 아니라, 짓이기고 찢기더라도 그것이 자기의 생명 자체에 영향을 주지 않도록 위험을 분산시키는 실력까지 갖추었다. 나아가 자신을 괴롭히는 그 가혹한 조건들을 오히려 역으로 이용하여 자신의 씨앗을 퍼뜨리는 기회로 삼는 지혜까지 갖추었다. 부모나 교육자가 자녀나 학습자에게 해야 할 일은 변경의 개척을 위한 용기와 실력과 지혜를 갖추도록 돕는 일이다. 얼마나 아프냐, 네 맘 이해한다, 따뜻한 내 품에 머물라, 하는 식의 동정과 연민과 과보호가 아이와 젊은이들을 나약하게 만든다.

개척정신의 부재를 개인의 탓만으로 돌리기는 어렵다. 정부는 스무 살 시절의 대학입시 한 번으로 인생이 판가름 나지 않도록, 어느 한 시기에 실패하더라도 그 실패를 거울삼아 재기하고 부활할 수 있는 다양한 기회의 통로를 만들어 주는 것이 중요하다. 한 번의 실패가 영원한 실패를 의미하지 않는 사회안전망이 갖추어져 있고, 자신이 필요한 상황에서 언제든 양질의 교육 서비스를 받을 수 있는 조건이 갖추어져 있을 때, 강인하게 도전하는 질경이들이 늘어날 것이다.

창의인력에 대한 희망적 메시지

사회생활이나 경제생활에서 새로운 아이디어나 기술을 개발하는 일에 관계하는 사람을 창의인력이라고 한다. 창의인력을 학술적으로 정의하고 분류한 캐나다 토론토대학의 리처드 플로리다 교수에 의하면 창의인력은 크게 세 그룹으로 구분된다.[19] 창의핵심인력creative core, 창의전문인력creative professionals, 문화예술인력bohemian이 그것이다. 창

---

19. Florida, R.(2004). The rise of the creative class and how it is transforming leisure, Community and everyday life. New York: Basic Books.

의핵심인력은 새로운 아이디어와 콘텐츠, 기술 등을 직접 생산하는 집단이며, 창의전문인력은 복잡한 지식체계를 활용하여 문제해결을 위한 접근법을 개발하는 집단을 말하고, 문화예술인력은 다른 두 범주의 창의인력을 끌어들이는 역할을 수행하는 집단이다.

이 세 집단의 각각에 해당하는 사람들을 좀 더 구체적인 직종별로 분류해 보면 [표 2]와 같다.

[표 2] 창의인력의 종류와 직종별 분류

	내용	직종별 분류(표준직업분류 중분류 기준)	
창의핵심인력 (creative core)	새로운 아이디어와 콘텐츠, 기술 등을 직접 생산하는 집단	21	과학 전문가 및 관련직
		22	정보통신 전문가 및 기술직
		23	공학 전문가 및 기술직
		24	보건·사회복지 및 종교 관련직
		25	교육 전문가 및 관련직
창의전문인력 (creative professionals)	복잡한 지식체계를 활용하여 문제해결을 위한 접근법을 개발하는 집단	11	공공 및 기업 고위직
		12	행정 및 경영 지원 관리직
		13	전문 서비스 관리직
		14	건설·전기 및 생산 관련 관리직
		15	판매 및 고객 서비스 관리직
		26	법률 및 행정 전문직
		27	경영·금융 전문가 및 관련직
문화예술인력 (bohemian)	창의 계층의 일부이면서 도시의 관용적 문화를 상징하고, 다른 두 범주의 창의 계층을 끌어들이는 중요한 역할을 수행	28	문화·예술·스포츠 전문가 및 관련직

*출처: 김영수(2013). 「창의 계층의 산업별·지역별 추이와 정책적 시사점」. 산업연구원 보고서.

이 직종 구분을 기준으로 하여, 우리나라의 창의인력 현황이 어떠한 가를 분석한 산업연구원의 보고서[20]를 보면, 창의인력에 대한 희망적 메시지를 일부 확인할 수 있다. 2008-2014년 창의인력의 연평균 증가율이 3.7%나 된다는 점, 2014년 한국의 창의인력은 592만 명으로 전체 취업 인구의 23.1%였고, 2003년보다 7.9%포인트 늘어났다는 점 등이 희망적 메시지의 내용이다. 그렇지만 미국이나 유럽 국가들의 해당 인력 비중(30~37%)에 비해 아직 낮은 점은 개선점을 말해 주는 대목이기도 하다.

　그런데 앞의 직종 분류 코드에서 11-15 및 21-28에 포함되는 모든 취업자를 창의인력으로 볼 수 있는가는 의문이다. 그리고 이 분류 코드에 해당하지 않는 사람, 예컨대 어째서 농업인은 창의인력이 될 수 없는가 하는 점 역시 의문이다. 창의인력을 좀 더 엄밀하게 정의한다면 그것은 어떤 '자세'로 일하는가에 달린 문제이지 어떤 종류의 일을 하는가에 달린 문제는 아니다. 예를 들어 말하자면, 법률 전문가라 할지라도 관습적 업무 처리에 빠져 있는 사람이 있는가 하면, 농업인이라 하더라도 창의적으로 농사짓는 사람이 얼마든지 있을 수 있다는 뜻이다. 그럼에도 불구하고, 앞의 직업분류표를 제시하면서 한국의 창의인력이 전체 취업 인구의 23%를 넘는다고 하니, 이는 다소간 부정확할 뿐만 아니라 창의인력의 비중에 대한 온정적 계산법이라고 보아야 할 것이다.

---

20. 김현우(2016). 「지역의 창의인력 현황 및 성장 요인」. 산업연구원 편. 『산업경제』 (2016. 8), 33-42쪽.

질경이 같은 사람을 만나다

사실, 남들에 의해 안정적 생존이 보장된다고 알려진 길을 가는 사람을 창의인력이라고 말하기는 어렵다. 오히려 위험을 무릅쓰고라도 전인미답의 길을 가려는 사람이 창의인력이다. 그런 사람이 질경이 같은 사람이다.

나는 어느 쪽에 더 가까울까? 우리에게 잘 알려져 있는, 거창고등학교의 직업선택 10계명을 보자. 이 계명에 따를 수 있는 사람의 비중이 우리 사회에 얼마나 될까? 안전하게 말하여 10% 이내일 것이다. 이들이 질경이다.

거창고등학교 직업선택 10계명

1. 월급이 적은 쪽을 택하라
2. 내가 원하는 곳이 아니라 나를 필요로 하는 곳을 택하라
3. 승진의 기회가 거의 없는 곳을 택하라
4. 모든 조건이 갖춰진 곳을 피하고 처음부터 시작해야 하는 황무지를 택하라
5. 앞다투어 모여드는 곳에는 절대 가지 마라, 아무도 가지 않은 곳으로 가라
6. 장래성이 전혀 없다고 생각되는 곳으로 가라
7. 사회적 존경을 바라볼 수 없는 곳으로 가라
8. 한가운데가 아니라 가장자리로 가라

9. 부모나 아내나 약혼자가 결사반대하는 곳이면 틀림없다, 의심치 말고 가라

10. 왕관이 아니라 단두대가 기다리고 있는 곳으로 가라

6.
연蓮의 자립
자녀의 자립을 도와주는 교육

연[21]은 수생식물로서 연못 등지에서 자란다. 주변에서 흔히 볼 수 있는 식물인데, 진흙에 뿌리를 두고 있으면서도 고결하고 소담스럽게 꽃을 피운다 하여 불가에서 성속聖俗의 비유로 많이 차용하기도 한다. 연꽃의 속성을 이르는 말로 처염상정處染常淨이란 말이 있는데, 이는 오염된 곳에 처하여도 깨끗함을 잃지 않는다는 뜻이다. 맑은 본성을 간직하면서 자신이 뿌리를 둔 세상을 정화한다는 말인데, 연꽃의 성격을 나타내는 말로 많이 쓰인다. 대개의 연은 열대 아시아가 원산지로 농가에서 재배하기도 하지만, 연못에 관상용으로 더 많이 심는다.

잎은 뿌리줄기에서 나와 잎자루 끝에 달리고, 잎 표면에는 눈에 잘 띄지 않는 잔털이 촘촘히 나 있어 물이 떨어지면 둥글게 뭉쳐 굴러다닐 뿐 물에 젖지 않는다. 넓은 잎은 수면 위에 펼쳐져 햇빛을 받는 데 유리하다.

---

21. 국가표준식물 목록에는 연이 아니라 연꽃이 정명(正名)인 것으로 되어 있다. 그러나 연꽃은 꽃만을 가리키는 말로 오해할 여지가 있고, 일상생활에서는 연이라는 말도 흔히 사용하므로, 여기에서는 학술적 엄밀성보다는 일상적 활용의 편리함을 따라 연이라고 한다.

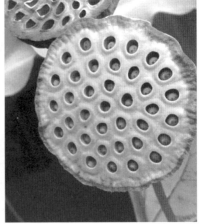

꽃은 꽃대 한 개에 한 송이씩 핀다. 보통 사흘 정도 피었다가 오므라들고 하는데, 한창때 피는 꽃은 화려한 색깔과 모습뿐만 아니라 아름다운 향기까지 피어 낸다. 꽃이 물 위로 피어나기 때문에 육상식물처럼 바람이나 곤충을 이용해 꽃가루받이를 한다. 꽃받침은 녹색이고, 해면질의 꽃받기花托는 원추를 뒤집은 모양으로 길이와 높이가 제법 크며 윗면은 편평하다. 꽃받기의 편평한 윗면 구멍에 여러 개의 씨앗이 파묻혀 있다. 이 씨앗을 연실蓮實, 연밥, 연자蓮子라고 부른다. 때가 되면 씨앗은 익어 꽃받기의 구멍에서 빠져나와 번식을 위한 준비를 한다. 씨앗은 대추나 도토리 모양이고 제법 큰데, 육질의 씨껍질種衣에 싸여 있다. 꽃이 지고 난 뒤에 열매가 맺히는 대부분의 열매식물과는 달리, 연은 꽃과 열매가 동시에 맺혀 화과동시花果同時라고 한다.[22] 불가에서는

---

22. 민태영·박석근·이윤선(2011). 『경전 속 불교 식물』. 한국학술정보, 54-55쪽.

이 화과동시에 대해, 깨달음을 얻고 난 뒤에야 이웃을 구제하는 것이 아니라, 자비심으로 이웃을 위해 사는 것 자체가 바로 깨달음의 삶이란 것을 알려 주는 메시지로 이해한다.

모체로부터 되도록 멀리 떨어져 번식하는 식물의 지혜

연의 생태와 깨달음의 관계에 대한 이야기는 일찍이 불가에서 많이 만들어졌고 또한 전해져 왔다. 앞에서 말한 처염상정이나 화과동시란 말도 그러한 배경을 갖고 있다. 그렇지만 여기서 주목하고자 하는 것은 연의 번식에 관련된 지혜이다.

연의 씨앗이 익으면 하늘을 향하던 꽃받기가 자연스럽게 고개를 숙이고 꽃받기의 구멍에서 씨앗이 떨어져 나온다. 그러나 꽃받기로부터 씨앗이 떨어져 나왔다고 하여 그 씨앗이 금방 땅에 떨어져 발아하지는 않는다. 연이 자라는 곳은 물결의 흐름이 거의 없는 연못 등지이기 때문에, 씨앗이 떨어져 금방 물속으로 가라앉으면 바로 모체 아래에서 싹을 틔워야 하는데, 이렇게 해서는 모체가 오히려 새로운 개체의 자람을 방해하게 된다. 사람에 비유하여 말하자면, 부모가 자식의 생존과 성장을 가로막는 것이 된다. 이런 까닭으로, 연실은 물에 떨어져서도 금방 가라앉는 것이 아니라 한참 동안을 물속에 머물면서 미세한 물결과 바람의 영향에 의해서라도 가급적 모체로부터 멀리 떨어진 곳에 자리를 잡고 싹을 틔우게 설계되어 있는 것이다. 씨앗을 감싸고 있는 단단한 껍질과 물속에 오랫동안 머물게 되어 있는 씨앗 표면의 임시 방수 기능은 그러한 설계를 반영한 작품이다.

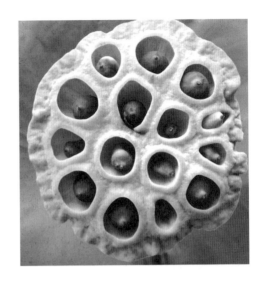

모체 바로 아래에 떨어진 씨앗들은 연의 관점에서 볼 때 씨뿌리기에 실패한 것이다. 그 씨앗들은 싹이 나기 어렵고 싹이 나더라도 크게 자랄 수 없다. 그 까닭은 모체의 그늘에 있을 뿐만 아니라, 모체가 이미 뿌리내린 땅에서는 충분한 영양을 얻기 힘들기 때문이다. 씨앗이 모체로부터 멀리 떨어진 곳으로 이동한다는 것은 사실 연에만 국한되는 현상이 아니다. 많은 식물의 씨는 자신에게 적합한 이동의 수단을 확보하고 있다. 날개를 달아 하늘을 날고, 흐르는 물에 몸을 맡겨 먼 거리를 이동하고, 사람들의 바짓가랑이나 양말에 들러붙고, 동물들의 소화기관을 통과하여 한 무더기의 거름과 함께 새로운 땅에서 싹을 틔우는 것이다.

날개로 하늘을 나는 것의 예로 단풍나무 씨앗을 들 수 있다. 단풍나무 씨앗은 바람을 이용하여 공중에 보다 오래 떠다닐 수 있게 설계되어 있다. 단풍나무 씨앗이 나무에서 분리되어 나와 헬리콥터처럼 회전하는 과정에서 소용돌이(와류, vortex)를 발생시켜 날개 위쪽의 공기 압력을 낮춤으로써 공기의 흐름을 아래에서 위로 향하게 하는 것이다.

이렇게 되면 씨앗의 날개도 공기의 흐름을 따라 위로 올라가게 되고 씨앗이 공중에 체류하는 시간이 늘어나게 된다. 단풍나무 씨앗이 모체로부터 최대 100미터 정도까지 멀리 날아가 지면에 닿을 수 있는 것은 바로 이러한 공기역학을 이용하기 때문이다. 모체로부터 되도록 멀리 떨어질수록 양분, 햇볕, 물 등 생존 요소를 둘러싼 경쟁에서 자유롭게 되어 생존율이 높아지는 것은 연의 경우와 마찬가지다.

보호할 시기와 독립할 시기

연의 번식 전략으로부터 우리가 얻을 수 있는 교훈은 자녀의 자립을 위한 부모의 자세이다. 슬하에서 보호하고 양육하며 일일이 인도해야 할 필요가 있는 시기와, 독립적으로 사고하고 행동하며 그에 대해 책임질 수 있도록 도와야 할 시기를 구분할 줄 아는 자세가 중요하다.

물론 보호할 시기와 독립할 시기가 칼로 두부 자르듯 분명하게 나뉘는 건 아니다. 보호하는 시기 가운데에서도 자립의 싹이 움트고, 자녀는 자기 나름대로의 시행착오와 암중모색 및 부모의 권위에 대한 도전 등을 통해 그 자립의 싹을 조금씩 키워 나가기 때문이다. 이 자립의 싹이 잘 자라도록 고무하고 격려하며 경우에 따라서는 마음 졸이며 지켜보는 긴 세월을 거쳐 비로소 완전한 독립이 성취된다. 그리고 완전한 독립을 이룬 것처럼 보이는 시기에도 부모에 대한 심리적 의존은 남아 있다. 그렇지 않다면 백발이 성성한 자식이 노모의 죽음 앞에서 하늘이 무너지고 심리적 탯줄이 끊어지는 듯한 아픔을 느끼는 까닭을 설명할 길이 없게 된다.

또한 보호와 독립을 가르는 적절한 시기가 삶의 전 영역에서 동일하게 다가오는 것도 아니다. 예를 들면 신체적 성숙만으로 볼 때 자립의 시기는 일찍 찾아오지만, 생계 수단의 확보를 자립의 조건으로 요구하는 상황에서 그 시기는 약간 더 늦추어진다. 학문의 세계에서 박사학위를 받는다는 것은 그때에서야 비로소 독자적 연구 능력을 공인받는다는 뜻이다. 그 이전까지의 연구는 지도교수의 지도 아래에 이루어지는 연구이다. 전문 연구자로서의 자립이 경제적 생활인으로서의 자립보다 시기적으로 늦추어질 수도 있다는 뜻이다. 백발이 지혜의 상징이라는 말을 액면 그대로 받아들인다면 삶의 지혜 면에서 자립은 연구자로서의 자립보다 더 늦어질 수 있다.

이러한 여러 가지 사항을 감안하더라도, 현재 우리 사회에서 발견하는 아쉬운 점 하나는 보호의 기간이 과도하게 길어 오히려 자립의 활기를 해치고 있다는 점이다. 중고등학생의 학원 순례와 과외 팀 짜기가 어머니의 역할이고, 야간 자율학습을 마치는 때의 고등학교 주변은 자녀를 실어 나르려는 부모의 자동차로 혼잡하다. 대학의 기말고사 성적과 학점에 대한 이의 제기를 학부모가 하고, 대학생의 학업을 돕는 과외까지 등장했다. 과년한 자녀가 부모와 한집에서 지내고, 늦추어진 결혼 적령기에 따라 부모와의 동거 기간도 길어진다. 주머니에 새끼를 넣어 다니는 캥거루에 비유하여 그들을 캥거루족이라 부르기도 한다. 심지어 결혼하여 분가한 자녀가 부모 세대와 다시 합치고 이혼한 자녀가 부모 집으로 돌아오는 경우도 있다. 고향으로 회귀하는 연어의 속성을 차용하여 이들을 연어족이라 부르기도 한다. 연어족의 핑계는 부모 봉양이지만, 부모로선 늙은 자식 부양이다.

보호 기간의 연장이라는 이 사회 현상의 이면에는 물론 배후가 있다. 자녀의 학습에 관한 보호 기간의 연장 문제에 있어서는, 예전의 부모가 자녀 교육을 오직 학교에 의탁했던 데 비해, 오늘날의 부모가 그 자녀를 태릉선수촌에서 국가대표 훈련시키듯이 몰고 다니는 배후에 ① 부모의 고학력화, ② 사교육 시장의 팽창, ③ 학력을 통한 지위 경쟁의 심화라는 배경이 깔려 있다.

부모의 고학력화는 다음 그림을 통해 확인할 수 있다.

[그림 1] 각 시기별 학교 급별 교육의 확대

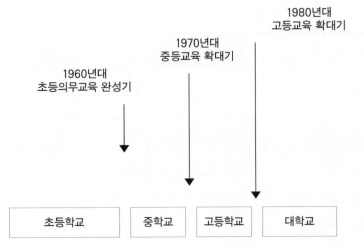

*출처: 이종재 외(2015).『한국교육행정론』. 교육과학사, 310쪽.

　이 그림은 1960년대의 초등의무교육 완성, 1970년대의 중등교육 확대, 1980년대 이후의 고등교육 확대를 그래프로 나타내고 있다. 지금의 학부모 세대는 대개 중등교육 확대기를 지나 고등교육 확대기에 접어든 시기에 고등학교나 대학교를 다녔던 사람들이다. 이전 세대의 학부모에 비해 고학력의 배경을 지닌 사람들이기 때문에 그 자녀의 교육 문제에 대하여 나름의 식견을 가지고서 학교교육이나 학교 바깥의 교육에 대해 발언하고 개입할 여지가 커졌다. 여기에 교육 기회의 남녀 격차는 거의 사라진 반면, 고용시장의 남녀 격차는 덜 해소된 상황이 보태져, 각 가정의 고학력 어머니들이 올림픽 선수촌 코치에 비유되는 역할을 담당하게 된 것이다.

　사교육 시장의 팽창은 1990년대 이후 본격화한 이래 학령인구의 감소 추세를 맞이하는 현실 속에서도 맹위를 떨치고 있는 한국 교육의 특징 가운데 하나다. 초창기 사교육의 내용은 주로 일반적인 학교교육을 통해 충족시킬 수 없는, 예체능 분야의 특기 및 소질 계발에 치중해 있었다. 그러나 사교육을 일반 학생들의 입시 전략으로 활용하려는 세력이 커지면서 일반적인 학교에서 가르치는 교과의 선행학습 혹은 반복 학습을 위주로 하는 것으로 그 내용이 바뀌게 되었다.

사교육 시장도 초창기에는 학부모의 요구에 대응하여 형성되던 특징을 보였으나, 이제는 공급이 수요를 창출한다는 '세이의 법칙Say's law'처럼 사교육을 받지 않으면 불리할 것 같고, 받으면 그나마 안심이 될 것 같은 학부모의 심리에 편승하여 사교육 수요를 만들어 내고 있다. 예를 들면, 학교의 교과 학습 진도에 앞서 배우게 하는 선행학습은 사교육 수요를 마르지 않게 하는 화수분과 같은 구실을 하는 것이고, 학생부종합전형에 대비한다는 구실의 학생이력관리 지원 서비스는 장기간에 걸친 다방면의 사교육 수요를 유지하게 하는 상품과 같다. 이러한 사교육 시장의 틀 속에서 학부모는 자녀를 맡기고 학교교육에 추가한 별도 교육을 의탁하는 것이다.

버림과 떠나보냄, 새 생명의 탄생을 위한 준비

학력을 통한 지위 경쟁의 심화는 학교를 오래 다닌 이력과 소위 명문 학교를 졸업한 이력이 높은 사회경제적 지위를 차지하는 데 유리하다는 생각 때문에 나타난다. 전근대적 신분제도가 무너지면서 사람들의 능력과 자질을 선별해 줄 새로운 선발 장치가 필요하게 되었는데, 그 장치의 하나로서 학력이 등장하였다. 학교는 학생들의 능력과 노력 정도를 평가하여 성적을 부여하고, 상급 학교와 소위 명문 학교는 그 성적에 따라 신입생을 수용하고 졸업생의 능력을 보증하는 증표를 발행하였다. 이 성적과 증표(졸업장 또는 학위)가 좋은 직장, 높은 지위와 수입을 얻는 합리적인 근거로 통용되었다. 한 예로, 학력이 개인의 수입과 어떻게 관련되는지를 다음의 학력별 임금 수준 자료를 통해 확인할 수 있다.

[표 3] 학력별 임금 수준 비교 지표의 변화

연도	중졸	고졸	전문대졸	대졸
1975	57.2	100	136.2	214.4
1985	74.7	100	129.6	226.5
1995	87.3	100	108.4	155.9
2005	83.7	100	102.3	157.8
2012	80.6	100	100.5	153.6

*출처: 김신일(2015). 『교육사회학』(제5판). 교육과학사, 205쪽.

이 표는 고졸자의 임금 수준을 100으로 했을 때 타 학력 소지자의 임금 수준을 상대적인 지수로 나타낸 것이다. 여기서 알 수 있는 바와 같이, 고졸자와 대졸자 사이의 임금 격차는 1985년 이전까지 2배 이상이었다. 이후 이 격차는 많이 줄어들었으나, 여전히 1.5배 정도의 격차를 보이고 있다. 대학 교육이 보편화되는 추세를 감안할 때 이 격차는, 고등학교가 대중화한 이후 중졸자와 고졸자의 임금 격차가 줄어든 것처럼, 더욱 좁혀질 가능성이 있다. 그렇지만 대졸자 가운데에서도 소위 명문대 졸업자의 임금 수준을 따로 추출하여 계산한다면 그 격차는 여전히 클 것이다.

이러한 상황에서 더 높은 학력과 더 명성 있는 대학의 학력을 얻기 위해 노력하는 것은 일반인의 합리적 선택이다. 높은 학력과 높은 소득이 보장되는 직업을 얻기 위한 경쟁에서 부모의 후원은 중요하다. 이 치열한 경쟁의 전선에서 부모는, 사정이 허락하는 한, 자녀를 오랫동안 지원하고 후원하는 길을 택한다. 학업과 취업 준비에 직접 연관되지 않는 모든 가사 부담에서 제외시켜 주는 것은 기본이고, 그 준비에 드는 비용까지 자녀가 장성해서도 부모가 부담해 주는 것이 유리하다고 여긴다.

앞에서 말한 것처럼, 부모의 고학력화와 사교육 시장의 팽창 및 학력을 통한 지위 경쟁의 심화라는 세 가지 요인은 복합적으로 작용한다. 이 작용으로 인해 오늘날의 부모는 과거 어느 시대의 부모보다 자녀를 보호하고 후원하고 책임지는 시기를 길게 감당하고 있다. 세상 모든 일에 대가가 없는 일이 어디에 있겠는가? 과도하게 장기화한 부모의 보호가 사회적 지위에 대한 후원적 이동을 위해 불가피한 면이 있다 하더라도, 그것 때문에 부모 부담의 과잉과 자녀 독자성의 저해라는 부작용을 초래할 수도 있다. 적당한 시기까지 씨앗을 품지만 때가 되면 홀연히 떠나보내는 연으로부터, 후원과 독립의 타이밍에 관한 자녀 교육의 지혜를 얻을 수 있다. 버림과 떠나보냄은 아픈 상실이 아니라 새 생명의 탄생을 위한 기쁜 준비다.

7.
갈대와 아카시아의 자기방어
공공성과 자율성이 공존하는 교육

식물은 동물에 비해 연약해 보인다. 세찬 비바람을 선 자리에서 그대로 맞고, 밟으면 밟히고 꺾으면 꺾일 뿐 도망가거나 저항하지 못하기 때문에 그렇게 보인다. 그러나 꼭 그렇게만 볼 것은 아니다. 어떤 식물은 벌레를 잡아먹기도 하고, 대부분의 식물은 동물보다 훨씬 강한 번식력을 보이기도 한다. 그리고 많은 식물들은 자기를 방어하는 수단도 가지고 있다.

식물의 자기방어

식물의 자기방어는 크게 물리적 방어와 화학적 방어로 구분할 수 있다.[23] 식물이 초식동물로부터 자기를 방어하기 위해 가장 많이 활용하는 물리적 도구는 가시다. 해당 식물의 어떤 부위가 변하여 가시가

---

23. 이상태(2010). 앞의 책, 240-254쪽.

되었는가에 따라 가시의 종류는 세 가지로 나눌 수 있다. 잎이 변해서 만들어진 엽침, 표피가 변해서 만들어진 피침, 어린 가지가 변해서 만들어진 경침이 그것이다. 엽침을 가진 대표적인 식물이 선인장인데, 선인장은 종류에 따라 가시의 굵기나 크기가 다양하다. 피침은 마디 사이에서 나는데 산딸기, 음나무(엄나무), 두릅나무 식물의 가시가 좋은 예이다. 경침은 잎이 나는 자리, 즉 마디에서 가시가 나는데, 탱자나무, 주엽나무, 산사나무 등의 가시가 좋은 예다. 피침은 줄기로부터 쉽게 떼어 낼 수 있지만, 경침은 줄기와 한 몸이므로 떼어 내기 힘들다.

가시 이외에, 어떤 식물은 수지, 실리카, 왁스로 잎의 표피를 싸서 질감을 변화시킨다. 예를 들어, 호랑가시나무의 잎은 딱딱하고 매끄러우며 가장자리에 가시가 나서 초식동물이나 곤충의 애벌레가 먹기 힘들고, 벼과 식물들은 실리카를 잎에 부착시켜 까끌까끌하게 만들든가 심지어는 날카롭게 만든다. 억새속 잎 가장자리의 실리카로 된 잔가시는 날카로워서 잘못하면 손을 베일 수 있다. 실리카는 초식동물의 어금니를 닳게 만드는 장기적인 작전을 구사하기도 한다.

식물의 털은 곤충 애벌레들이 뜯어 먹기 불편하게 해서 피하게 하거나 최소한 덜 선호하게 만든다. 어떤 식물은 가지나 잎의 배열을 조절함으로써 특정 종의 동물들에게 먹힐 기회를 감소시키도록 진화했다. 코코스야자는 그 열매를 여러 층으로 무장하여 보호한다. 미모사 같은 식물은 초식동물이 스치면 그 잎을 오므려 자신을 보호한다. 오므라든 잎은 펴진 잎보다 초식동물이 물리적으로 먹기 힘들고 시각적으로도 시든 잎처럼 보이기 때문이다.

이러한 물리적 방어법 외에도, 식물이 독성물질이나 소화가 안 되는 물질을 만들어서 초식동물에게 해를 입히는 식으로 자신을 방어하는 화학적 방어법을 쓰기도 한다. 이 물질들은 대개 기본적 대사활동의 부산물로 생산되기 때문에 2차 대사산물이라고 한다. 식물이 만들어 내는 2차 대사산물에는 질소화합물, 테르펜 종류, 페놀 종류 등이 있다. 벼과 식물 중에는 자랄 때 청산을 다량 함유해 자신을 뜯어 먹는 초식동물에 독을 주는 것들이 있다. 여러 식물들에서 뽑아내는 살충제는 그 식물이 벌레를 퇴치하기 위해 만들어 낸 것이다. 남아메리카 열대우림에 나는 기나나무는 자기 잎을 뜯어 먹는 나비를 퇴치하기 위해 여러 가지 알칼로이드를 만드는데, 그중 키니네는 아주 쓰기 때문에 초식동물이 접근도 하지 못한다.

만약에 토마토의 잎이 피해를 입으면 식물은 단백질 분해효소 억제제를 분비하고, 이것이 포식충의 소화기능을 흔들어 놓음으로써 더 이상 피해를 주는 행동을 못 하도록 만든다.[24] 또한 나비목의 유충이 식물체를 가해하면 이들의 천적이 되는 말벌을 유인하는 화학물질을 분비하여 천적에 의해 유충이 제거되도록 유도하기도 한다. 예를 들어 어떤 애벌레가 나뭇잎을 맛나게 갉아 먹으면, 나무는 그 애벌레를 잡아 먹는 천적을 끌어들일 수 있는 유혹 물질을 뿜어낸다. 애벌레의 천적은 나무가 뿜어내는 그 물질에 이끌려 기쁜 마음으로 달려와 그 나무를 도와준다. 이런 방법으로 나무는 자신에게 귀찮은 기생충을 쫓아버리고 성장을 도모한다. 이렇게 어떤 식물은 자신을 공격하는 초식동물에 직접 대항하는 물질을 분비하거나 그 동물과 천적관계인 다른 동

24. 이재열(2011). 『보이지 않는 질서: 생명 그리고 환경』. 경북대학교출판부, 51-54쪽.

물의 힘을 이용할 수 있는 물질을 분비함으로써 자신을 방어한다.

자신을 방어하고, 이웃을 돕는 식물의 미덕

식물이 보여 주는 반응은 다양하다. 최근에 조지아Georgia 대학의 다이어Melvin I. Dyer와 그 동료들이 연구한 바에 의하면, 메뚜기가 식물을 가해할 때 곤충의 체액은 되새김하는 것처럼 먹이와 함께 뒤섞이면서 토해 내어져 식물체에 전달되고, 식물은 이 영향으로 생장을 위한 긍정적 반응을 한다고 밝혀졌다. 메뚜기의 그 체액이 수수의 생장을 촉진하는 것으로 밝혀진 것이다.

어쨌거나 식물과 초식동물 사이에서 이루어지고 있는 여러 가지의 사실에 대해서 여태까지 밝혀지지 않은 것이 많지만 이와 같은 연구들은 생태학적인 측면에서 우리에게 전해 주는 의미가 크다. 식물은 한 장소에서 뿌리를 박고 고정되어 있으므로 움직일 수 있는 초식동물이 가해할 때에는 전혀 대항하지 못한 채 일방적으로 당하기만 할 것이라고 생각하기 쉽다. 그러나 식물이 움직이지는 못하더라도 가해자인 초식성 동물에게 대항하는 능력을 가진다는 사실은 우리에게 자연의 신비를 깨닫게 해 주는 사건이다. 식물이 긴 시간을 두고 초식동물로부터의 피해를 버티고 이겨 내며 나름대로 살아가는 방법을 고안했다는 사실은 분명히 놀라운 일이다.

식물은 초식동물의 공격에 대응하여 자신을 방어할 뿐만 아니라 이웃에 있는 동료들에게도 위험을 알려 그들이 스스로를 방어할 수 있도록 돕는 미덕을 발휘한다.[25] 40년 전 아프리카 사바나에서 나온 연구 결과가 바로 그 증거다. 아프리카의 기린은 우산 아카시아Acacia를 먹는다. 아카시아 입장에서 보면 이 대식가가 그야말로 불청객이다. 그래서 아카시아는 이 기린을 쫓아 버리기 위해 기린이 자신에게 입을 대자마자 곧바로 몇 분 안에 유독물질을 잎으로 발송한다. 그럼 기린은 그 사실을 알아차리고 다른 나무에게로 뚜벅뚜벅 걸어간다. 그런데 희한하게도 바로 옆에 있는 나무를 먹지 않고 굳이 100미터나 뚝 떨어진 곳까지 걸어간 다음 다시 식사를 시작한다. 그 이유가 정말 재미있다. 잎을 뜯어 먹힌 아카시아는 경고의 가스(이 경우 에틸렌)를 방출하여 주변 동료들에게 여기 적이 왔다는 신호를 보낸다. 그 즉시 옆에 있던 나무들도 똑같은 유독물질을 잎으로 내려보내 재앙을 방지한다. 기린은 이미 이런 시스템을 잘 알고 있고, 그래서 수고스럽지만 좀 떨어진 곳까지 가서 아직 경고를 받지 못한 나무의 잎을 뜯어 먹는 것이다. 혹은 바람의 반대 방향으로 가서 잎을 먹는다. 향기의 메시지는 공기를 타고 옆 나무로 전달되기 때문에 바람의 역방향으로 걸어가면 바로 옆에 있는 아카시아도 기린의 존재를 전혀 알아차리지 못한다. 꼭 아프리카까지 가지 않아도 된다. 우리의 숲에서도 그런 일들이 일어나고 있다.

식물이 가능한 모든 방법을 동원하면서 필요에 따라 가해자로부터의 위험과 피해를 벗어나려는 노력은 사람들이 미처 생각하지 못한 방향으로 이루어지고 있으며, 어떤 노력은 이미 성공하고 있다.

---

25. Wohlleben, P.(2015). Das geheime Leben der Bäume. 장혜경 옮김(2016).『나무수업』. 이마, 19-21쪽.

식물은 초식동물의 초식 행위가 일정 수준을 넘을 경우에 방어용 물질을 분비하여 침입자의 호흡 작용을 억제하기도 하고, 식물을 소화시키는 동물의 위 기능을 방해하기도 한다.[26] 타닌이 많이 들어 있는 식물을 먹은 곤충이나 동물은 굶어 죽을 수도 있다. 경우에 따라서는 동물들에게 감각의 둔화, 졸음, 침 흘림, 호흡곤란 떨림, 사지 기능 장애, 근육 약화, 생식 억제, 배란 장애, 난산 등이 유발되기도 하고, 심한 경우 경련이나 마비, 의식불명, 혼수상태, 심지어 사망까지 이를 수도 있다. 그러나 죽음에 이를 정도로 많이 섭취하는 동물은 없다. 심각한 부작용이 나타나기 전에 섭취를 멈추기 때문이다. 그런데 실험실이나 과밀 환경의 농장에서 사육되는 동물들은 죽음에 이르기까지 무제한적으로 식물을 섭취하는 경우가 있다.

식물은 주변 환경이나 스스로의 필요에 반응하면서 화합물의 분비량을 줄이거나 늘릴 수도 있다. 동물의 초식 행위가 적은 지역에 사는 식물들은 포식자에 저항하는 물질을 그만큼 적게 만들어 낸다. 하지만 동물들이 그들의 구역으로 들어와 약탈을 시작하거나, 동물의 약탈이 심한 구역으로 이식될 경우, 식물들은 그 즉시 이런 화합물질들을 만들어 낸다. 한 예로, 러시아에서 자라는 토끼풀은 시안계 화합물을 만들어 내지 않지만, 영국의 토끼풀은 이를 만들어 낸다. 러시아에서는 식물을 먹고 사는 달팽이나 곤충류의 개체 수가 급감할 정도로 겨울마다 기온이 떨어져 동물들의 초식 수준이 낮은 반면, 영국의 기후 조

---

26. Buhner, S. H.(2002). The lost language of plants: The ecological importance of plant medicines for life on earth. 박윤정 옮김(2013). 『식물은 위대한 화학자』. 양문, 215-222쪽.

건은 그와 다르기 때문이다.

갈대의 방어 전략

갈대의 방어 전략은 상당히 특이하다. 갈대는 다른 식물의 침입을 거의 허용하지 않고, 자기들끼리만 영역을 넓혀 가려는 욕심이 엄청나서 갈대숲에서는 갈대만 자라게 된다.[27] 갈대는 땅속에서 옆으로 뿌리를 뻗음으로써 매년 새로운 줄기를 만들어 낸다. 줄기의 성장 속도도 빨라서 갈대숲은 매년 30% 정도씩 규모가 커진다.

그러나 갈대숲은 인간이 농업에서 단종 재배를 할 때와 비슷한 문제에 부딪힌다. 특별한 보호 조치가 없으면 얼마 안 가서 해충들에게 다 뜯기고 마는 것이다. 한 종류의 식물만 자랄 때는 해충이 아무런 방해도 받지 않고 엄청나게 불어나면서 식물을 마구 뜯어 먹는다. 농사용 작물의 경우에는 주인이 농약을 쳐서 보호하지만, 갈대는 자기가 알아서 이 문제를 해결해야 한다.

예를 들면 칠성밤나방이 문제다. 이 나방의 애벌레는 갈대숲에서 갈대만 뜯어 먹고 산다. 애벌레는 규산 성분이 함유된 단단한 이파리는 거들떠보지도 않고 봄에 땅에서 솟아나는 줄기를 파고 들어가 연한 속살을 갉아 먹는다. 어린 줄기에서 시작해서 줄기 속이 활동하기에 좁아지면 바로 좀 더 큰 줄기로 이동한다. 애벌레는 줄기에 구멍을 뚫

---

27. Arzt, V.(2009). 앞의 책, 128-131쪽.

고 속이 텅 빌 때까지 파먹는다. 이런 방식으로 6차례나 다 갉아 먹어 황폐해진 줄기를 남기고 다른 줄기로 간다. 마지막으로 들어간 갈대 줄기 속(직경이 7밀리미터는 되어야 한다)에서 애벌레는 번데기로 변하고 얼마 후 성숙한 나방이 되어 떠난다. 황폐해진 흔적이 남는 것 정도는 문제가 아니다. 황폐화는 이후 몇 년 동안 들불처럼 번져 갈 수 있다. 칠성밤나방은 살던 곳 가까이에 알을 낳는 습성이 있어서 그 파괴력이 가중되기 때문이다.

대항 조치가 없으면 갈대는 급속히 종말을 맞게 될 것이다. 그러나 갈대의 응전은 효과적이면서도 값이 아주 적게 든다. 갈대는 이삼 년 동안 그냥 기다린다. 그러다가 애벌레의 공격이 진짜 '심각한 단계'에 이르면 구조에 약간의 변화를 시도한다. 매년 땅에서 줄기가 새로 솟아 나오지만 칠성밤나방 피해를 받은 지역 주변은 줄기가 눈에 띄게 가늘다. 하나같이 직경이 7밀리미터 이하다. 아주 작은 변화지만 효과는 크다. 애벌레들은 처음에는 이 줄기에서 저 줄기로 정상적인 이동생활을 한다. 그러나 끝에 가서는 들어앉아 번데기로 탈바꿈할 공간을 찾지 못한다. 아니면 전에 있던 줄기 속에 남아 있다가 줄기의 압력에 압사하고 만다. 어떤 경우든 나방으로의 변태는 봉쇄당하고, 따라서 나방의 증식은 중단된다. 갈대의 다이어트는 대성공이다.

그러나 여기까지가 이야기의 전부가 아니다. 다이어트 전략은 2차 작전으로 이어진다. 이삼 년 뒤 갈대 줄기는 다시 정상으로 돌아간다. 별것 아닌 것 같지만 이것이야말로 회심의 일격이다. 애벌레가 방어 전략을 세우지 못하게 만드는 조치이기 때문이다. 이렇게 되면 애벌레는 좁아진 줄기에 적응해서 번데기를 날씬하게 만들다가 낭패를 보게 된다.

오른쪽 사진 출처: http://www.norfolkmoths.co.uk/index.php?bf=22090

그러기에는 이제 남은 시간이 없다. 애벌레들이 적응을 하기 전에 모든 것이 다시 옛날로 돌아가는 식이다. 갈대는 단종 재배와 같은 서식 형태의 약점을 이런 식으로 극복한다.

내가 할 수 없는 일은 남이 하도록 맡기는 아카시아

갈대의 방어 전략이 특이한 것 못지않게 아카시아의 방어 전략 역시 특이하다.[28] 여기서 말하는 아카시아는 우리나라에서 흔히 보는 북아메리카 원산의 아까시나무가 아닌, 호주를 비롯해 열대와 온대 지역에 널리 분포하는 콩과 상록수를 가리킨다.

---

28. 앞의 책, 101-115쪽.

아카시아에는 나긋나긋한 깃 모양의 여린 이파리들 사이에 몇 센티미터 크기의 가시가 돋아나 있다. 주사바늘처럼 뾰족한 가시들이 이파리로 접근하는 것을 가로막는다. 멋모르고 주둥이를 들이대다가는 피가 나기 십상이다. 그러나 아카시아 특유의 방어체제는 가시의 내부에 있다. 그 가시의 내부에는 사탄개미Pseudomyrmex satanicus 떼가 살고 있다. 이 개미들은 아카시아를 공격하는 공격자가 나타나 이파리를 건드리면 그 이파리 사이의 거주 공간이었던 가시 구멍에서 몰려나와 공격자를 공격한다. 사탄개미는 강력한 턱으로 깨물기도 하고, 말벌 같은 독침을 이용하기도 하면서, 물불 가리지 않고 아카시아를 보호한다.

이러한 식물의 방어 전략의 기본은 단순해 보인다. 내가 할 수 없는 일은 남이 하도록 맡기는 것인데, 말처럼 쉬운 일이 아니다. 어떻게 개미들을 보초병으로 만들 수 있는가? 어떻게 개미들을 목숨 걸고 적과 싸우게 만들 수 있는가? 그 적은 정작 개미들에게는 나쁜 짓을 하려는 것도 아닌데 말이다. 이 개미들은 아카시아를 공격하려는 초식동물하고만 싸우는 것이 아니라, 아카시아 가지를 감고 올라가려는 덩굴식물들까지 공격하여 아카시아를 지킨다. 아카시아는 어떻게 개미들에게 덩굴식물 역시 자신의 잠재적인 적이라고 알려 줄 수 있을까?

콩과 같은 덩굴식물의 새싹이 아카시아의 가지를 감고 올라가려 하면 사탄개미는 이 콩에게도 달려든다. 녀석들은 흥분상태로 콩 줄기를 물어뜯어 무자비한 공격을 한다. 불과 몇 분 사이에 콩 줄기는 물에 젖은 실처럼 축 늘어지고 만다. 아카시아는 사탄개미를 게걸스러운 동물에게만 파견하는 것이 아니라 식물계의 경쟁자들에게도 파견한다. 실새삼 같은 기생식물은 여기서는 뼈도 못 추릴 것이다.

개미들은 자기 새끼와 자신들의 주거지와 그들의 식량 음료원을 보호하기 위해 싸우는 것이다. 아카시아의 가시 속 빈 공간은 사탄개미와 그 새끼들의 안락한 거주 공간이고, 아카시아 잎자루의 홈에서 솟아 나와 고이는 넥타(꿀물 같은 달콤한 음료)는 개미에게 수분 겸 강장제 구실을 한다. 이 넥타의 정체는 순수 포도당으로 사탄개미가 특히 좋아하는 종류지만 다른 곤충들은 썩 내켜 하지 않는 종류다. 개미들은 이 공간과 음료를 공짜로 공급받는다. 글자 그대로 아카시아에 빨대를 꽂고 사는 것이다. 그렇지만 이 공짜는 개미 입장에서 그런 것이며, 아카시아 입장에서는 개미를 이용해 적으로부터 자신을 방어할 수 있다는 점에서 양쪽 모두에게 이익이라고 할 수 있다.

개미와 진딧물의 공생

개미가 식물에게 득을 가져다주는 경로는 여러 가지다.[29] 자기가 살고 있는 곳에 침입자가 나타나면 떼로 몰려가서 그들을 퇴치하고, 기린이나 커다란 동물들에 대해서는 자신의 페로몬을 풍겨 쫓아 버린다. 어떤 개미는 가지나 꽃을 잘라 내어 다른 나무의 개미집단이 옮겨 오지 못하도록 하고, 이 전지剪枝 과정이 아카시아의 잎 끝을 자극하여 꿀을 생산하도록 한다.

개미는 토양을 기름지게 하는 역할도 한다. 개미들은 땅을 뒤집어

---

29. 이상태(2010). 앞의 책, 268-274쪽.

탄소를 풍부하게 하고 분뇨나 찌꺼기를 배출해 토양을 비옥하게 한다. 그리고 토양의 온도와 습도를 조절한다. 이로 인해 개미가 사는 땅은 다른 곳보다 늘 더 비옥하다.

중앙아메리카 열대우림의 그늘에 나는 후추Piper는 갈색개미Pheidole bicornis를 위해 음식과 살 집을 제공한다. 어린 후추는 잎이 2~3개로 잎과 가지 사이에 도마티아domatia라고 부르는 거주공간을 만들어 여왕개미로 하여금 그 안에서 알을 낳도록 한다. 식물은 개미를 위해서 잎의 안쪽에 미세한 주머니를 만들어 놓고 단백질과 지방을 분비하면 개미가 이를 빨아다가 새끼에게 먹인다. 후추의 풍부한 먹이를 먹은 개미들은 후추를 뜯어 먹는 다른 곤충들로부터 이들을 돌본다. 식물은 개미가 자신을 떠나 이주해 나가면 개미를 위한 먹이 생산을 중지한다.

식물과 공생관계를 맺고 있는 개미들은 흔히 공격적인 습성을 갖고 있다. 이들은 인간을 포함해서 포유동물들도 공격해서 큰 타격을 줄 수도 있다. 아카시아 개미들은 떼를 지어 몰려와 팔과 손을 쏘고, 만약 사람이 아카시아 근처에 바람이 불어오는 방향으로 서 있으면 사람 냄새를 맡고 나무에서 뛰어내려 사람에게 달려든다. 남아메리카 숲의 콩과 식물인 타키갈리아Tachygalia에 사는 개미가 사람의 피부를 스치면 쐐기에 쏘인 것처럼 부풀고 통증이 엄청나다. 조심해야 한다.

아프리카의 어떤 아카시아는 꿀을 생산하는데, 그 나무들 주위로 울타리를 쳐서 동물들이 못 들어가게 하면 식물들은 꿀 생산량을 줄이고, 개미들은 식물 지키기를 소홀히 해서 다른 곤충들 특히 진딧물이나 흰 깍지벌레가 들어오도록 허용한다. 대신 개미들은 진딧물이 배출하는 꿀을 먹는다. 이것은 개미와 진딧물의 공생으로 많은 개미들이 이런 습성을 갖고 있다. 이렇게 해서 개미는 식물을 친구로 대하다가 적으로 만드는 것이다. 반면에 아카시아가 꿀을 생산하기 시작하면 개미들은 다시 돌아오고 그들의 새 친구인 진딧물과 결별하고 나무를 위해 충성을 다하는 나무지기가 된다.

학교는 아카시아나무, 방과후학교는 사탄개미

식물들이 초식동물이나 다른 경쟁 식물들을 방어하는 자기만의 장치를 마련하고 있는 것처럼 학교교육 부문에서도 자기 생존을 위한 방어 장치들을 발견할 수 있다. 그 장치 중의 하나로 '방과후학교'를 떠올릴 수 있다. 방과후학교란 말 그대로 학교에서 정규 교육과정의 운영이 끝난 시간에 희망하는 학생을 대상으로 하여 별도의 교육 및 돌봄 프로그램을 추가하여 운영하는 것을 말한다.

방과후학교는 다음 몇 가지 특징을 갖는다.

① 학생과 학부모의 요구와 선택을 반영하여 이루어진다. 정규 교육과정에서도 그러한 요구와 선택이 반영되지 않는 것은 아니지만, 여기에서는 거의 전적으로 그러한 요구에 의해 프로그램이 개설되고 학생의 선택에 의해 해당 프로그램이 운영된다.

② 이 프로그램의 운영에 필요한 경비는 수익자 부담 또는 공공재정 지원으로 충당한다. 그러므로 무상교육 단계인 초등학교나 중학

교에서 이루어지는 방과후 프로그램이라 할지라도 학습자가 해당 프로그램의 운영에 드는 경비를 부담할 수 있다.

③ 방과후학교는 학교의 여건과 교육계획에 따라 학교운영위원회의 심의(자문)를 거쳐 자율적 지속적으로 운영하는 학교교육활동이다. 그러므로 학교의 교육계획에 입각하지 않은, 학생들의 자발적 학습활동이나 개별 교사의 간헐적 지도활동은 이 범위에 포함되지 않는다.

방과후학교를 실시하는 목적은 무엇일까? 학교의 임무는 정규 교육과정을 운영하는 데 있고, 만약 그 임무에 추가해야 할 일이 생기면 그것은 정규 교육과정에 추가하면 될 일이다. 방과후학교는 이처럼 정규 교육과정을 통해 대응하는 것에서 나아간 별도의 부가적 임무를 소화하기 위해서 만들어진 프로그램이다. 이 부가적 임무 가운데 가장 중요한 것이 사교육의 공세에 대응하는 것이다. 우리나라의 사교육은 철저한 수익자 부담에 입각하고 있다는 점을 제외하면, 교육 내용이나 교육 방법에서 공교육과 유사하다. 학교교육과의 유사성에 주목하면 'private education'보다는 'shadow education'이라는 명칭이 우리나라의 사교육에 더 어울린다. 그렇기 때문에 공·사교육이 굳이 경쟁적 관계에 있을 이유는 없다. 낮에 하든 밤에 하든, 학교 울타리 안이든 밖이든, 어차피 국영수 위주의 입시 준비 교육을 한다는 점에서는 별 차이가 없다는 뜻이다. 그럼에도 사교육 대응이 필요하다고 보는 까닭은 부모의 재정 형편에 따라 입시의 유불리가 과도하게 영향받는 불공정 경쟁을 억제할 필요가 있다는 점 때문이다.

방과후학교의 실시 초기에는 개설할 수 있는 교육 프로그램의 종류를 제한했다. 즉, 학교의 정규 교육과정을 통해서는 충족하기 어려운 개별화 학습과 예체능 교육의 수요를 충당하는 프로그램만 개설할 수 있게 한 것이다. 그러나 이러한 제한이 사교육 수요에 대한 대응으로 미흡하다는 판단에 따라, 소위 말하는 주지교과의 심화·보충 학습까지로 확대된 것이다. 이 확대는 과거 중·고등학교에서 성행하던 학교 주도의 입시 준비 보충 학습을 명칭만 방과후학교로 바꾼 채 부활시킨 것이라는 비판의 대상이 되기도 한다. 이 확대에 더하여, 나이 어린 학생들에 대한 돌봄 서비스 제공까지 포함함으로써 방과후학교의 목적 다변화를 도모하기도 하였다.

　방과후학교의 프로그램은 학교에 의해 일단 검증된 것이라는 믿음을 주는 효과가 있다. 나아가, 학교가 이미 구축하고 있는 시설과 인프라를 방과후학교가 활용하기 때문에 교육 프로그램의 수강료를 학교 바깥의 사교육 구매비용에 비해 저렴하게 유지할 수 있다. 이렇게 비용 대비 효과 기준으로 판단하면, 방과후학교가 사교육의 공세에 대응할 상당한 경쟁력을 갖춘 것으로 보인다. 그리고 도시의 저소득층 학생에게나 농어촌 학교의 학생들에게는 방과후학교의 수강료를 공공재정으로 지원함으로써 교육 격차를 완화하는 효과까지를 겨냥할 수 있다.

　학원이 학교에 비해 학생 개인의 수준과 적성에 맞춘 개별화 지도에 더 효과적이라거나, 인터넷 강의의 강사 실력이 학교의 교사에 비해 낫다는 식의 믿음은 사교육 기관에 유리한 믿음이다. 그러나 기관의 특성에 따라, 가르치는 자의 능력에 따라 다른 문제이기 때문에 그 믿음의 타당성을 검증하기는 어렵다. 검증하기 어려운 이 믿음 때문에, 학교의 수준별 수업을 강화하고 교사의 실력을 높이면 사교육 수요가 줄어들 것이란 대응책이 나오기도 한다. 그러나 이 대응책은 사실 효과가 없다. 아무리 학교교육의 질이 높아져도, 입시 경쟁에서 앞서기 위한 추가적 교육 수요는 여전히 존재할 것이기 때문이다. 이 추가적 교육 수요를 학교 밖의 사교육 기관에 넘기지 않고 공교육 체제의 범위 속에서 수용하려는 것이 방과후학교의 핵심 목적이다. 이 관계 양상을 비유적으로 나타내면, 학교는 아카시아나무에, 고액의 과외로 명문 학교를 선점하려는 세속 욕구는 아카시아를 감아 오르려는 덩굴식물에, 방과후학교는 사탄개미에 각각 비유할 수 있다.

아카시아가 사탄개미에게 넥타라는 수액을 제공하는, 일종의 비용을 지불해야 개미를 자기방어의 지렛대로 활용할 수 있다. 마찬가지로, 학교는 방과후학교의 운영에 시설과 교원의 관심과 공공재정이라는 공적 자원을 투입함으로써 사교육의 공세 속에서 공교육을 지키려고 한다. 이 투입은 일종의 비용이다. 방과후학교 때문에 정규 교육과정의 운영에 집중해야 할 인적·물적 자원이 분산될 수 있다. 그러나 이 비유가 올바르기 위해서는 방과후학교의 교육 양상이 공적 목적에 충실하게 영위되어야 한다. 만약 방과후학교가 입시 위주의 맹목적이고 반복적인 훈련을 답습하거나, 기존 교육 격차의 확대를 조장하는 결과로 이어진다면, 그 방과후학교는 사탄개미가 아니라 오히려 덩굴식물로도 보일 것이다.

가정학교

　공·사교육의 위와 같은 대비를 뒤바뀐 위치에서 다시 바라볼 수도 있다. 이 역전 관계의 전형은 가정학교home schooling 사례를 통해 설명할 수 있다.[30] 서양의 경우, 교육을 국가가 관리하는 공적 사무로서 공교육이라는 이름으로 관리하기 시작한 것은 근대 국민국가 출현 이후부터였다. 그 이전까지의 교육은 개인이나 가정 혹은 종교집단의 관심사였다. 그런데 우리나라의 경우에는, 국가 관리의 시기가 서양의 경우보다 훨씬 앞선다. 삼국시대부터 중앙과 지방에 교육기관을 설치하고 국가적 사업으로 인재를 양성했다는 『삼국사기』의 기록으로 보면 그렇다. 하지만 우리의 경우에도 고대국가 이전부터 개인이나 가정의 관심사로서 사교육이 먼저 존재했으리라고 안전하게 말할 수 있다. 말하자면, 어떤 문화권에서든 사교육이 공교육에 비해 발생사에서 앞선다는 뜻이다.

　그런데 국가가 국민에게 교육의 기회를 제공하는 것을 적극적 복지 정책의 일환으로 해석할 수도 있지만, 반대편 입장에서는 국가의 교육권이란 부모의 자녀 교육권이 국가에 위탁된 경우에 국한되어야 한다는 생각을 할 수도 있다. 이 후자의 입장에서 보면, 부모의 자녀 교육권이 국가의 교육권에 우선한다. 더욱이 국가가 관리하는 공교육 체제가 지닌 문제점이 비판의 대상으로 부각되기도 한다. 학생의 개성이 존

---

30. 이하에 등장하는 가정학교(home-schooling)에 대한 논의는 이차영(2002), 「학교 선택의 간과된 대안: 가정학교의 도전과 법적 과제」(『교육법학연구』, 14(2), 145-170 쪽)의 내용을 참고한 것이다.

중되지 않는 획일적 교육, 외부에서 부과되는 강제적 교육, 심각한 학교폭력, 인성교육의 부재 등이 학교의 주요 문제로 지적된다. 가정학교 운동은 이처럼 사교육의 발생론적 우선성, 국가 교육권에 대한 부모 교육권의 우선성, 공교육 체제의 문제점에 대한 비판의식을 바탕으로 하여 등장하였다.

가정학교란 취학연령의 자녀를 공교육기관인 학교에 보내지 않고 집에서 부모가 교사가 되어 교육하는 것을 말한다. 가정학교의 전형적인 형태는 부모가 자신의 자녀를 자신의 집에서 가르치는 것이다. 그러나 가정학교의 취지를 공유하는 사람끼리 조합을 결성하고 그 조합원의 자녀를 번갈아 가르치는 경우도 있기 때문에 가정학교를 꼭 부모-자녀 관계에만 국한된 것으로 볼 필요는 없다.

가정학교는 단순히 자녀를 학교에 취학시키지 않는 '미취학'과는 교육 의지의 적극성이라는 면에서 다르며, 아무 형식에 구애받지 않고 자유롭게 부모가 지도하는 '가정교육'과는 교육계획의 체계성이라는 면에서 다르다. 따라서 가정학교는 부모가 자기 자녀를 적극적으로 교육한다는 계획을 가지고 비교적 체계적인 내용과 절차를 통해 일정 기간 계속하여 가르치는 교육의 한 형태이다. 가정학교는 수업시간과 쉬는 시간의 구분이 있고, 교과와 과목을 체계에 따라 선택·조직하며, 학습 내용을 확인하고 심화시키는 등의 체계적인 절차를 따른다는 점에서 그러한 성격을 지니지 않는 '미취학' 혹은 '가정교육'과는 구분된다는 뜻이다.

공교육과 사교육-공공성과 강제성, 자율성과 사사성

우리의 교육법 체계는 국가가 제공하는 공교육기관에 모든 국민이 의무적으로 취학하게 하는 의무적 공교육을 원칙으로 하고 있다. 현행 교육기본법은 6년의 초등교육과 3년의 중등교육을 의무교육으로 정하고 있으며, 초·중등교육법은 의무교육기관인 학교에 대한 취학의무를 규정하고 있다. 이 모든 규정은 교육의 의무를 취학의 의무로 해석하고 있는 입장 위에 서 있는 것이다. 가정학교는 비록 그 속에서 초등학교 및 중학교의 교육과정에 따른 교육활동을 하더라도 현행법상의 학교로 인정되지 않는다. 말하자면, 의무취학 대상자를 학교에 보내지 않고 가정에서 가르치는 것은 법 위반이다.

다만, 의무교육 대상자가 질병 등 부득이한 사유로 취학이 불가능할 경우 교육행정 당국의 결정에 의해 취학의무의 면제 혹은 유예가 가능하다. 이 규정에 따라 가정학교 학부모는 그 자녀에게 취학시키지 못하는 부득이한 사유가 있음을 이유로 취학의무를 면제(유예)받을 수 있다. 교육 당국에서는 의무교육기관 미취학자 대부분이 정신지체, 가정결손 등이 원인일 것으로 파악하고 있다. 일부는 의도적으로 취학을 거부하고 가정에서 학습하게 하는 경우도 있다. 그러나 가정학교의 운영을 이 취학의무 면제(유예) 조항에 기대는 것은 여전히 미진하고 편법적인 방법이라 할 수 있다.

이런 미진하고 편법적인 방법 대신 아예 가정학교를 법적 학교로 인정하는 방법이 있을 수 있다. 이 방법은 가정학교에 의무교육 위반의 책임을 물을 필요도 없고 학부모로서도 취학의무 불이행이라는 부담으로부터 해방될 수 있기 때문에 확실하고 분명한 방법이라고 할 수 있다. 그러나 이 방법은 제도적인 공교육기관만을 학교로 인정하는 현행 교육 관련 법 체계를 흔드는 혼란으로 이어질 가능성이 높다.

이러한 부담과 위험을 피하는 제3의 방법은 취학의무 유예(면제) 규정에 의무교육 대상자의 신체·정신상의 장애 및 결손 가정 등 부정적이고 소극적인 경우만을 상정할 것이 아니라, 가정학교 운영과 같은 적극적인 경우를 포함시켜 가정학교의 운영이 취학의무 유예(면제) 조항에 포함됨을 분명히 하는 것이다. 이는 현행법의 근간을 흔들지 않으면서도 가정학교를 제도적으로 용인하는 길이 된다는 점에서 전술한 두 방법보다 현 단계에 더 적합하다 할 수 있다.

가정학교의 법적 위상을 어떻게 처리할 것인가 하는 문제가 이처럼 쉬운 것은 아니다. 그렇지만 가정학교를 인정하자는 측의 기본 취지는 분명하다. 즉, 부모가 자기에게 주어진 자연권적 친권의 일환인 자녀 교육권에 기초하여 자기 자녀를 성실하게 가르치겠다고 작정할 때 국가가 그를 존중할 필요가 있다는 점이다. 부모의 그러한 권리를 충분히 존중하지 않고 국가가 국가라는 이유만으로 공권력을 강제적으로 행사하는 것은 과도한 폭력으로 보일 수 있다. 요컨대 부모의 자녀 교육권을 중심에 놓고 보면, 가정학교는 국가 교육권이 친권을 압도하려는 공세로부터 자기를 지키는 방어기제에 해당한다. 이 관계 양상을 비유적으로 나타내면, 부모의 자녀 교육권은 아카시아나무에, 국가가 관리하는 공교육체계는 아카시아를 질식시킬 수도 있는 덩굴식물에, 가정학교는 부모의 교육권을 방어하는 사탄개미에 각각 비유할 수 있다.

방과후학교는 공교육을 본위에, 가정학교는 사교육을 본위에 놓았을 때 각각 비유할 수 있는 사탄개미의 예다. 공·사교육을 두고 무엇이 본위가 되어야 한다는 논쟁은 무의미하다. 공교육은 공공성과 강제성이라는 양면을, 사교육은 자율성과 사사성私事性이라는 그 반대의 양면성을 지니기 때문이다. 사탄개미를 활용해서라도 자율성과 공공성을 함께 지키는 것이 교육정책의 중요한 과제다.

8.
얼레지의 깊은 속

감추어진 본질을 헤아리는 교육

꽃말은 '바람난 여인', 별명은 '숲속의 요정', 본명은 '얼레지'. 보면 꼭 숲속의 요정이 바람난 것처럼 보인다.[31] 한 번 보면 잊기 힘든 야생화이다. 이 모든 이유가 꽃잎에 있다. 소속이 백합과라 백합하고 엇비슷하게 생겼는데, 연보랏빛 꽃잎 6장이 모조리 뒤로 확 젖혀져 있다. 그것도 6장의 꽃잎 끝이 서로 닿을 정도로. 대형 선풍기로 백합 꽃잎을 뒤로 날려 버린 것 같은 모습이다.

소설가 김훈은 그 모습이 몹시 당돌해 보인다고 했고, 한 식물학자는 '산골의 수줍은 처녀치고는 파격적인 개방'이라고 했다. 야생화를 사랑하는 한 여인은 "물속을 향해 다이빙하는 수영선수처럼 날렵하게 생겼고, 화려한 것이 압구정동 지나는 세련된 아가씨 같은 꽃이다"라고 했다. 또 누군가는 온몸을 뒤로 젖히고 한쪽 다리로 얼음을 지치는 피겨스케이트 선수를 닮았다고 보았다. 아름다운 여인의 속눈썹을 닮은 꽃 같다고도 했다. 제비꽃이 보기에는 자기보다 더 제비꽃 같다고

---

31. KBS 라디오 클래식 FM 프로그램 〈노래의 날개 위에〉 중 '에세이, 자연으로부터'. 2017년 4월 3일 방송분.

할 것 같다. 고개를 숙이고 피는 모습이 제비가 45도로 하강하는 모습과 많이 닮았다. 제비꽃하고는 같은 시기에 꽃을 피우는 돈독한 친구 사이다.

바람난 숲속의 요정

이 바람난 숲속의 요정을 서양에서는 어떻게 보았을까? 영어 이름이 'dogtooth violet', '개 이빨 바이올렛'이다. 꽃잎을 뒤집어 올린 모습에서 개의 이빨을 본 것 같은데, 꽃잎이 꺾어지는 곳에 톱니 같은 보라색 무늬가 선명하게 찍혀 있기는 하다. 꼭 영어 알파벳 W자를 써 놓은 것 같다. 이 W자를 보려면 납작 엎드려야 하니, 얼레지 또한 '숙여야 보여 준다는', 예외 없는 봄 야생화이다.

허리를 접고 고개를 숙이고 몸을 낮추면 땅에 달라붙어 있는 두 장의 넓적한 잎이 보이고, 마주보고 있는 두 장의 잎 사이로 올라온 꽃자루에 피어 있는 얼레지가 보인다. 땅에 달라붙어 있는 넓적하고 두툼한 잎에는 자주색 얼룩이 있다. 얼레기, 어루지라고 불리는 피부질환이 있다고 한다. 사람의 피부에 얼룩얼룩한 반점이 생기는 질환인데, 얼레지 잎에 난 얼룩하고 비슷하다고 해서 이름이 얼레지가 되었다고 한다.

비닐우산 변천사를 거슬러 올라가면, 1970년대와 1980년대 초까지 대나무 살에 파란 비닐을 씌워 만든 비닐우산을 만나게 된다. 바람만 좀 불었다 싶으면 꼭 얼레지 꽃처럼 뒤집어졌다. 비닐우산은 부실해서 뒤집어졌지만, 얼레지가 꽃잎을 뒤집은 이유는 '여기 꿀이 많습니다'라고 광고하기 위해서이다. 얼레지가 아침엔 오므라져 있다가 숲에 햇살이 들어야 꽃잎이 벌어진다. 꽃을 3월 하순부터 4월까지 피우는데, 잎이 나올 무렵엔 열매를 맺고 사라진 후이니 생이 짧다. 시간이 없으니 꽃잎이라도 확 젖혀서 긴 보랏빛 암술대와 수술대를 고스란히 보여주는 것이다. 그래서 바람난 여인으로 보일 뿐 생은 보기와는 많이 다르다.

백합과 소속답게 알뿌리를 갖고 있는데, 뿌리를 정말 깊게 내린다. 옮겨심기가 아주 어렵다. 가는 뿌리 하나하나를 다치지 않게 캐기도 힘들지만, 옮겨 심어도 산다는 보장이 없다. 국을 끓여 먹으면 미역국 맛이 난다고 해서 미역취라고도 불리는 얼레지. 생이 짧아서 바쁘기는 하지만, 그래도 이 말만은 꼭 전하고 싶어 할 것이다.

출처: http://www002.upp.so-net.ne.jp/himachan/nature/indexe2007.html

"뿌리만 깊고 옮겨심기만 어려운 것이 아닙니다. 씨앗을 뿌리면 이듬해 바로 싹은 나오지만, 꽃은 몇 해를 기다려야만 볼 수 있죠. 또 한 개의 알뿌리에서 한 개의 꽃을 피운답니다. 지조가 차고 넘치는데 바람이 났다니요? 모두 꽃만 보고 뿌리를 보지 않은 탓입니다. 보이는 것만이 진실은 아닙니다."

보이는 것만이 진실은 아닙니다

바깥으로 드러나는 것, 그래서 눈에 보이는 것은 직접적이고 강력하다. 그 바깥의 것을 중시하고, 꾸미고, 평가하고 평가받는 일에 익숙해져 있는 우리에게 앞의 얼레지가 전하는 마지막 말의 울림은 크다. 다른 사물이나 현상을 보는 경우 겉으로 드러나는 것에만 현혹되지 말고 그것의 내면을 살피는 일이 중요하다는 말, 자신을 보살피는 경우 외면을 가꾸는 일에만 전념하기보다 중심을 바로잡는 일이 중요하다는 말은 얼레지에서 나아가 존재 일반에 해당하는 교훈이다.

바깥으로 드러나는 것과 그 속에 있는 것 사이의 관계가 어떤지를 다음 그림을 통해 살펴보자.

이 그림에서 안에 있는 것으로 열거된 요소의 예들을 보면 학력學力, 능력, 마음, 내면, 특질 등이다. 열거된 것이 전부는 아니겠지만 중요한 것은 지목되었다고 본다. 이들 각각에 상응하는 밖의 요소들로 학력學歷, 지위, 언행, 외모, 지표 등이 나열되어 있다. 안에 있는 것으로부터 출발하여 밖에 있는 것으로 향하고 있는 화살 표시는 안에 있는 것을

[그림 2] 안과 밖의 관계

갖추어 그 결과로 밖에 있는 것이 나타난다는 '순조로운' 이행 과정을 표현하고 있다. 이를테면 학력學力, 즉 '배움을 통해 갖춘 실력'이 학력學歷, 즉 '어느 단계의 학교까지를 다녔는지에 대한 이력'으로 나타난다. 또 본인이 보유하거나 발휘한 능력에 따라 그의 사회적·경제적 지위가 결정된다. 그리고 마음속에 품고 있는 바가 지극하면 그것이 저절로 말과 행동으로 표현된다. 내면의 성정은 얼굴 표정이나 걸음걸이 등 외모로 나타난다. 사람이나 조직이 가진 특질은 그 특질을 보여 주는 여러 지표로 표시된다. 흔히 등장하는 지표에는 지능, 체질, 개방성, 과업지향성 등이 있다.

안의 것을 갖추는 데 필요한 노력의 내용은 성찰과 수양과 정진이다. 성찰은 자신의 정체를 정직하게 들여다보고 살피는 것이다. 노력은 언제나 정확한 자기 인식으로부터 출발해야 마땅하다. 수양은 자신의 내면을 닦고 기르는 것이며, 정진은 온 마음을 다해 자신의 수준을 향상시키고 전진시키는 것이다. 학업에 정진하여 학력을 기르고, 인간관계의 본질을 성찰하여 자타불이의 마음을 기르고, 자기 수양을 통해 굳세고 넓은 도량을 갖추는 것 등은 오래되고 전통적인 공부의 방법이었다. 그리고 또한 오늘날이라고 하여 그 방법이 달라질 것도 아니다.

그런데 열심히 노력하여 안의 것을 갖추고 그 갖추어진 것이 바깥으로 드러나는, 이 진행의 경로가 언제나 '순조로운' 것만은 아니다. 노력하는데도 잘 이루지 못하는 경우가 있으며, 내면의 것을 갖추었는데도 그에 부합하는 외면의 징표를 확보하기 어려운 경우가 있다. 학력學力은 학력學歷과 비례하지 않는다. 능력을 갖추었는데도 드러나기를 꺼려 하거나, 운이 없거나, 주변 여건의 호응을 받지 못하여 그에 상응하는 사회적 지위를 얻지 못한 사람도 많다. 내면의 마음을 외모나 언행으로 그대로 나타낼 수 있다면 오해받을 일도 없을 것이다. 우리가 아는 지능이란 지능검사에 의해 측정된 지적 능력의 지표일 뿐, 실제 그 사람의 지적 능력을 정확하게 표현한 것인지 확언하기 어렵다.

그럼에도 불구하고 사람들은 그 겉으로 드러난 것을 가지고 그 속의 것을 추리한다. 특정 대학교를 졸업했으면 공부를 잘했으리라고 짐작하고, 대기업의 전무이사면 그 지위에 합당한 능력을 갖추었거나 발휘했을 것이라고 짐작한다. 게양된 태극기를 향해 가슴에 손을 얹고 눈시울을 붉히는 사람의 애국심을 의심하기는 힘들다. 등판에 호랑이 문신을 새긴 남자를 목욕탕에서 만나면 그 성정의 흉포함을 예단한다. 교육행정 당국에 의해 혁신학교로 지정된 학교, 정부의 '학부교육 선도 대학 지원 사업' 혹은 소위 에이스ACE: Advanced College of Education 사업에 선정된 대학에 대해 일반인들은 그 교육기관을 좋은 학교(또는 대학)라 생각한다. 이러한 추리와 짐작은 대개의 경우 합리적이다. 어쩌겠는가? 열 길 물속은 알아도 한 길 사람 속은 알기 어려우니, 속의 것이 겉으로 드러날 것이라 믿고 드러난 것을 통해 속의 것을 추정할 수밖에.

사람들이 이렇게 겉의 것으로 속의 것을 추정한다는 점을 추정 대상이 되는 사람들도 안다. 이럴 경우에 추정 대상자가 받는 유혹은 보다 효과적이고 간편한 경로를 찾아 겉의 것을 마련하자는 생각이다. 부모의 경제력에 힘입어 고액의 족집게 과외를 받거나 학교생활기록부의 기록 내용을 풍부하게 하여 좋은 대학에 입학하려 하고, 기여입학제의 도입을 위해 우호적인 여론을 형성하려고도 한다. 권력자와의 친분관계를 이용하여 원하는 지위를 차지하고 싶어 한다. 속마음과 다른 교언영색으로 언행을 꾸며 영향력 있는 사람을 자기편으로 끌어들이고 그를 통해 원하는 바를 얻어 내려 한다. 성형수술로 외모를 바꾸어 얻는 것이 더 크다면 그 수술을 마다할 이유가 없다. 대학 교육의 질을 높이는 데 투자하는 것보다 정부 지원 사업의 평가 보고서를 잘 작성하는 일에 더 많은 관심을 기울인다. 이러한 일들에 동원되는 노력이란 후원과 연출과 각색이다. 후원이란 부모나 권력자나 영향력 있는 사람의 도움을 뒤에서 받는 것이며, 연출과 각색은 어떤 상황이나 상태를 꾸며서 만들어 내는 일을 말한다.

겉의 것을 갖추기 위한 후원과 연출과 각색은 속의 것을 갖추기 위한 성찰과 정진 및 수양과 구별된다. 겉의 것을 갖추기 위한 노력은 그 노력을 통해 겉의 것을 갖추기까지 시간이나 비용이 상대적으로 적게 들고 그 효과도 직접적인 것처럼 보인다. 이에 반해, 속의 것을 갖추기 위한 노력은 원하는 것을 얻기까지 시간도 비용도 많이 들고 그 효과도 간접적인 것처럼 보인다. 그러니 어쩌겠는가? 효율적이고 효과적인 것처럼 보이는 길에 유혹을 느낄 수밖에.

바깥을 향한 삶을 부추기는 교육

그런데 세상의 풍조가 이렇게 바깥을 향한 삶을 부추기고 그 유혹이 강하다 할지라도, 아니 오히려 그럴수록, 내면을 향한 삶의 가치를 끝까지 붙들고 강조해야 할 임무를 교육계가 지고 있다는 생각과 기대를 해 보게 된다. 그렇지만 현실의 교육계에서 이런 기대는 종종 엇나간다. 심지어 세상의 그러한 풍조에 편승하거나 그 풍조를 외려 강화하고 있지나 않은가 하는 생각까지 들 정도이다. 교육계에 종사하고 있는 사람으로서 자괴감으로 부끄럽지만 그 현실의 일면을 고백한다.

가장 먼저 지적할 것은 세속적 교육관에 저항하는 힘이 미약하다는 점이다. 세속적 교육관이란 교육의 동기를 세속적 욕구의 충족에 두는 것을 말한다. 좋은 대학 진학을 위한 교육, 대기업 취업을 위한 교육, 원하는 배우자를 얻는 데 도움이 되는 교육이 모두 세속적 욕구의 충족 수단으로 교육을 보는 시각의 예들이다. 그렇다면 나는 교육이 세속적 욕구 충족과 무관해야 한다고 주장하는 것인가? 그렇지 않다. 잘 교육받은 결과로 진학도, 취업도, 결혼도 잘하게 된다면 그것은 교육의 힘을 보여 주는 것으로서 하등 탓할 바가 없다. 문제가 발생하는 지점은, 욕구 충족의 수단으로만 교육을 이용하려 할 때 교육에 왜곡이 생긴다는 점이다.

정부에서 정해 놓은 교육과정이라는 것이 있다. 어떤 단계의 학교에서는 어떤 과목을 개설한다든지, 무슨 과목은 필수로 하거나 선택으로 할 수 있다든지, 무슨 과목은 적어도 학기당 몇 단위의 수업을 해야 한다든지 하는 기준을 정해 놓은 것을 말한다. 초·중등학교는 이 교육과정을 기준으로 하여 수업시간표를 편성해서 수업을 한다. 이 교육과정은 필요에 따라 수시로 개정이 되는데, 2011년도에 개정된 교육과정에서는 개별 학교의 자율권을 확대한다는 취지에서 학교의 특성과 학교 구성원의 요구에 따라 학교가 자율적으로 교과(군)별 수업 시수를 20% 범위 내에서 증감하여 운영할 수 있게 하였다. 이 조치로 인해 일반 학교에서는 입시에 직접 반영되는 국어, 영어, 수학 과목의 비중은 최대한으로, 반영되지 않는 예술 과목의 비중은 최소한으로 줄어드는 결과가 초래되었다. 예술 교과의 가치를 아는 교육자라면 도저히 내릴 수 없는 결정을 학부모의 요구나 상급 학교 입시를 핑계 삼아 내린 것이었고, 개별 학교가 자율권을 행사할 형편이 되는지 여부도 살피지 않은 채 자율권을 부여한 정부의 조치가 부른 참담한 결과였다. 이에 따라 2015 개정 교육과정에서는 기초교과(국어, 영어, 수학, 한국사)의 이수 비중이 전체 교과의 50%를 넘지 못하도록 하는 장치를 두었다.

편향적 교육과정 편성·운영의 문제는 비단 우리나라에만 국한된 현상은 아닐 것이다. 일찍이 아이즈너Elliot W. Eisner, 1933~2014는 영 교육과정null curriculum이라는 개념을 사용한 적이 있다. 학교에서 중요한 교육 내용으로 선정해서 가르쳐야 할 가치가 있는 내용인데도 불구하고, 통상의 학교에서 소홀하게 취급하거나 도외시하여 그러한 내용에 대한 학습이 학생에게서 일어나지 않도록 하는 결과가 나타났을 때, 그렇게 간과된 교육 내용과 학습이 일어나지 않은 현상을 가리켜 '비어 있다'는 뜻의 영秀을 접두사로 붙여 '영 교육과정'이라 이름 붙였다. 그는 통상 학교에서 소홀히 취급되는 교육 내용의 예로 음악, 조각, 건축, 춤, 인간관계 기술 등을 들었다. 미국의 교육학자가 보기에도 그런 현상이 보였던 모양이다.

공식적인 교육과정과 수업시간표는 그렇다 하더라도 실제의 학교생활이 어떻게 이루어지는가는 또 다른 문제이다. 각 교과의 진도를 나가는 방식도, 방과후학교에서 중요하게 개설되는 과목의 종류도, 수업을 하는 방법도 모두 입시에 초점이 맞추어져 있다. 중고등학교에서 대부분의 교과는 2학년까지 진도를 마치고 3학년에서는 입시를 위한 문제풀이용 반복 학습으로 이루어진다. 방과후학교에서 학생의 취미와 특기에 부응하는 과목 개설은 초등학교 정도에 그치고 중등학교부터는 입시 과목 위주로 개설된다. 수업의 초점은 문제제기력과 창의력의 배양에 있다기보다는 기억력 단련이나 실수 줄이기에 오히려 더 가까운 것처럼 보인다. 심지어 교과의 내용을 이해하지 못하더라도 일단 외우고 보는 학습법이 통하기도 한다. 또한 학생들이 하는 봉사활동은 상당한 정도로 외부 추동적이다. 봉사의 취지로 보자면 자발적이라야 함에도 그런 봉사는 귀하다. 대부분은 학교생활의 기록으로 남겨 면접 평가의 자료로 삼거나 졸업 학점의 일부로 정해져 있기 때문에 하는 봉사이다. 물론 외부적 추동이 발심發心의 첫 단계에서는 필요하다 하더라도 일정 단계 이후부터는 자발적 동력을 확보해야 하는데, 그러지 못하기 때문에 외부 추동으로 이루어지는 봉사가 오히려 봉사의 취지를 훼손하는 문제가 발생하는 것이다.

교육이란 안을 먼저 구비하고
그것이 자연스럽게 밖으로 나타나게 하는 일

교육의 결과를 안팎으로 구분할 경우, 속에 들어 있는 것보다는 겉으로 드러나는 결과에 관심을 집중할 것을 요구한 사람도 있다. 메이거Robert F. Mager, 1923~ 라는 미국의 교육학자가 그이다. 그는 교육에서 목표를 정확하게 세우는 것이 얼마나 중요한가를 강조했다. 그가 주장한 바를 핵심 내용 위주로 추려서 제시하면 다음과 같다.

교육 목표는 교육 내용 선정의 지침이 되고, 학습활동을 이끄는 동기가 되며, 평가의 기준이 된다. 그렇기 때문에 목표가 추상적이거나 애매하면 목표로서의 구실을 하지 못하게 된다. 예를 들어, 초등학생에게 뺄셈을 가르치는 수업 장면이 있다고 가정해 보자. 이때 수업 목표를 '뺄셈을 할 수 있다'는 식으로 정하면 곤란하다. 가령 15-12는 할 수 있는데, $\frac{1}{2}-\frac{1}{4}$을 할 수 없다면 이 목표를 달성한 것인지 어떤지 알수가 없기 때문이다. 그럼, 목표를 조정하여 '자연수의 뺄셈을 할 수 있다'로 정하면 어떨까? 역시 미흡하다. 가령 38-15는 할 수 있는데, 73-35를 할 수 없다면 이 목표를 달성한 것인지 어떤지 알 수 없기 때문이다. 다시, 목표를 조정하여 '받아 내림이 있는 두 자리 자연수의 뺄셈을 할 수 있다'로 정하면? 목표를 상당히 구체화하였지만 아직 미흡하다. 만일 73-35의 답을 얻는 데 콩알을 세어서 빼는 방법으로 5분이 걸렸거나, 전자계산기를 이용하여 5초가 걸렸을 때 이 목표를 달성한 것으로 볼지 어떨지 알 수 없기 때문이다. 그렇기 때문에 목표는 다시 '받아 내림이 있는 두 자리 자연수의 뺄셈을 계산기의 도움 없이 오직 주어진 문제지와 필기구만을 이용하여 혼자 힘으로 해결하여 10분 안에 20문제 중 16문제 이상 바르게 답한다'는 식으로 더욱 명료화할 필요가 있다.

이렇게 목표를 정할 때 그 목표 속에 애매하거나 추상적인 말이 섞여 들어가 오해할 여지가 생기도록 하는 일을 방지할 수만 있다면, 교육의 결과를 놓고 평가를 할 때 누가 어떤 상황에서 평가하든 애초 정한 수업의 목표를 달성했는지 여부를 정확하게 판가름할 수 있게 될 것이다. 요컨대 목표는 그렇게 분명하게, 명료하게, 구체적으로 정하여 제3자가 보았을 때 목표 달성 여부를 판단할 수 있도록 해야 한다.

수업의 결과를 교사나 제3자가 평가하려 할 때 평가자가 확인할 것은 학습자가 나타내 보이는 행동이다. 수학 문제를 풀거나, 라디오를 분해하거나, 세계지도에서 리스본의 위치를 지적하거나, 틈만 나면 브람스의 음악을 듣고 황홀한 표정을 짓거나 하는 행동 말이다. 학습자가 이러한 행동을 하게 된 이면에는 아마도 무슨 변화가 있었을 것이다. 예컨대 뺄셈의 원리나 라디오의 구조를 이해했거나, 리스본이 포르투갈의 수도임을 알게 되었거나, 브람스의 음악을 좋아하게 된 것이 그 학생의 내면에 일어난 변화라고 할 수 있다. 그러나 그렇게 학생이 이해하고, 알고, 좋아하게 된 것을 다른 사람이 어떻게 알겠는가? 그것을 알게 해 줄 외적인 징표를 통해 미루어 짐작할 수밖에 없는 것이다. 그 외적인 징표라는 것이 곧 학생에게서 발견하는 행동이다. '브람스의 음악을 좋아한다'는 정도의 목표를 정해 놓으면 도대체 어떤 상태가 좋아하게 된 상태인지를 제3자가 알 수 없으므로, 브람스의 음악을 좋아하게 된 사람이 겉으로 나타내 보일 만한 행동 특성을 명시(예: 틈만 나면 브람스의 음악을 듣고 황홀한 표정을 짓는다)함으로써 목표 달성 여부를 확인할 수 있게 해야 한다. 수업 목표를 이렇게 정하는 것을 '행동적 용어로 목표를 진술한다'고 표현한다 등등.

위와 같은 메이거의 주장을 보면, 확실히 교육 혹은 수업에서 목표를 잘 정하는 것이 얼마나 중요한가를 실감할 수 있을 것이다. 그의 주장에 충실히 따르는 목표 제시 방식은 곧, 행동적 용어를 사용하여 수업 목표를 구체적이고 명료하게 진술하는 것이다. 이 주장의 진의眞意는 목표 명료화를 통해 학업의 집중을 유도하고, 목표 달성도를 객관적으로 평가하며, 나아가 다음 수업활동을 위한 피드백 자료를 확보하는 데 있었을 것이다. 그렇지만 현실의 전개는 이런 진의의 약한 고리를 파고든다. 약한 고리를 파고드는 생각이란 예컨대 이런 것이다. 평가를 통해 목표 달성도를 확인한다면 그 평가에 맞추어 목표가 달성된 것으로 보이게끔 만들 수도 있지 않겠는가? 학습 내용 자체의 중요도와는 별개로 시험문제에 나올 만한 내용 중심으로 공부하는 것이 효과적이지 않겠는가? 그렇다면 좋은 평가를 받는 방법이란 목표로 하는 행동을 나타내 보이는 것이다. 꼭 그러자는 것은 아니지만 불가피하다면, 이해가 잘 안 되는 내용이라도 외워서 시험을 보고, 브람스의 음악을 좋아하지 않더라도 그 음악을 접하면 황홀한 표정을 짓고, 누군가 애국심을 보겠다면서 그 외현의 행동에 주목한다면 때맞춰 국기를 게양하고 응원도구를 챙겨 국가대표팀 경기에 응원하러 나가는 것이 평가에 유리하다 등등.

이렇게 교육의 결과로서 바깥으로 드러나는 행동이나 특징을 강조할 때 생기는 부작용은 그러한 행동이나 특징을 나타나게 만드는 내면의 마음과 능력과 특질을 구비하기도 전에 외현만을 꾸며서 내면이 구비된 것처럼 가장하는, 본말전도 현상이 횡행하게 된다는 점이다. 안에 있어야 할 것이 갖추어져 저절로 밖으로 드러나는 것은 순조롭고 자연스러운 일이지만, 안에 있어야 할 것이 없는데도 밖을 꾸며 안에 뭔가 있는 것처럼 가장하는 것은 억지이고 허망한 일이다. 교육이란 마땅히 안을 먼저 구비하고 그것이 자연스럽게 밖으로 나타나게 하는 일이다. 그럼에도 불구하고 교육이란 이름으로 그 안과 밖의 관계를 파괴하고 내면보다 외현을 중시하는 일이 일부라도 벌어지고 있다는 것이 슬픈 현실이다. 이 슬픈 현실이 메이거로부터 비로소 비롯된 것도 아니고 그가 원했던 바도 아니겠지만, 외현에 치중하는 메이거류의 사고방식과 친화적으로 결부되어 있다는 점만은 분명하다.

꽃만 보지 말고 뿌리를 보고 판단해 달라

교육의 방향에 중요한 영향을 미치는 교육정책에 대해서도 마찬가지 이야기를 할 수 있다. 교육을 흐르는 물에 비유한다면 교육정책은 물길에 비유할 수 있다. 물길을 어떻게 내는가에 따라 물이 흘러가는 방향과 모양이 정해지는 것처럼, 적어도 공식적이고 조직적인 교육활동에 종사하는 사람들의 교육활동은 교육정책이라는 큰 틀의 영향을 받지 않을 수 없다. 그렇기 때문에 교육정책을 잘 만드는 것이 중요한데, 어떤 교육정책이든지 그 정책은 당대의 교육문제를 해결하고 더 나은 교육 실제를 도모하기 위한 목적으로 입안·집행된다.

그렇지만 정책의 그러한 의도가 언제나 바람직한 방향으로 흘러가는 것만은 아니다. 어떤 교육정책은 잘못된 문제 진단으로부터 출발하기도 한다. 정작 중요한 문제는 다른 데 있음에도 엉뚱한 곳에서 찾은 지엽적 문제이거나, 해결될 수 없는 문제이거나, 특정 권력자의 시각에 문제라고 보이는 것에 불과한 문제인데도 불구하고, 그런 문제를 해결하겠다고 덤비는 것은 출발이 잘못된 정책이다. 박근혜 정부 후기 국정 역사 교과서 추진 정책에서 보듯이, '역사적 진실이 무엇인가'라는 점은 특정의 관점과 그 관점으로 드러나는 사실관계의 타당성 여부를 놓고 벌이는 사상과 학문의 자유 경합을 통해 밝혀져야 하는 것인데도 불구하고, 특정 정권이 역사 교과서의 내용을 통제하겠다는 의도에서 문제 진단을 잘못한 교육정책이라고 할 수 있다.

　또 어떤 정책은 문제 진단은 정확하나 해결 방도를 잘못 찾아 저항을 유발하고 또 다른 문제를 낳는 결과를 초래하기도 한다. 학령인구의 감소로 말미암아 나타나는 대학 정원의 과잉 문제를 해소할 필요가 있다는 생각으로 추진한 정원 감축 정책은 올바른 문제 진단으로부터 출발했다고 볼 수 있다. 그러나 정원 감축을 유도할 수 있는 다양한 정책 수단이 있음에도 불구하고, 2010년대에 실시한 대학구조개혁평가에서는 정부가 주도하는 한 가지 평가 방식에 따라 대학들을 줄 세워 하위 대학의 정원을 강제로 감축하는 방도를 선택함으로써, 대학의 자율 역량을 훼손하고 대학들의 저항을 초래하는 결과를 낳았다. 더욱이 그 평가가 가시적 성과 위주의 평가지표들로만 구성됨으로써 대학들의 실제 상황을 정확하게 평가하지 못한다는 비판에 직면하기도 하였다.

그리고 어떤 정책은 문제 진단도 해결책도 타당하나 정책 당국의 지속적 관심과 관리를 받지 못해 충분한 효과를 보지 못하는 경우도 있다. 김대중 정부에서 추진했던 디지털 교과서e-book 정책이 그 예라고 할 수 있다. 지식 정보화 시대를 맞이하여 지식과 정보의 생멸 주기가 빨라지고, 서책형 교과서의 내용을 금과옥조로 여기던 방식에서 다양한 경로로 접근할 수 있는 여러 교육 자료 중의 하나로 여기는 방식으로 바뀌는 상황에서, 교과서를 전자적 자료로 만들어 활용하게 하자는 것이 이 정책의 기본 방향이다. 디지털 교과서는 기존 서책형 교과서의 내용은 물론 참고서, 문제집, 학습 사전 등 여러 학습 자료를 휴대용 단말기로 편리하게 활용할 수 있다는 장점이 있다. 교과서에 담기는 내용이 고정되어 있는 기존의 서책형 교과서와 달리 새로운 사실과 지식을 신속하게 반영할 수 있고, 교과서와 학습자의 상호작용(예: 검색, 피드백 및 학습관리 등) 기능을 제고할 수 있으며, 교과서 외의 다양한 멀티미디어 교육 자료나 데이터베이스와 연계해 활용할 수 있다는 장점 또한 아울러 가진다. 그리고 우리나라의 촘촘한 인터넷망과 보편화한 디지털 기기 보급 상황을 고려할 때 디지털 교과서 활성화의 인프라도 훌륭한 편이다. 이후 정부에서도 이 디지털 교과서의 개발과 확산을 위해 노력을 하지 않은 것은 아니지만, 초기의 의욕적 추진에 비해 정책적 관심과 지원이 상대적으로 저조하여, 그 보급률이 아직은 미미한 상황에 머물러 있다.

이처럼 정책의 성공은 '좁은 문'을 통과하는 여정이다. 정책의 성공 가능성이 좁은 이유는 정부 활동의 성격에서도 찾을 수 있다. 어떤 정부든 선거를 통해 새롭게 구성되는 정부는 이전 정부와 차별화된 성과를 국민 앞에 제시하고 싶은 유혹을 받는다. 그 성과는 정부 정책의 도입과 실행을 통해 이루어지므로 성과가 날 만한 정책의 개발에 힘을 쏟는다. 이런 상황에서 채택되는 전형적인 정책 추진 방식은, 목표 연도까지 달성할 가시적 정책 목표치를 설정하고 각종 행·재정 수단을 동원하여 연차별 실적을 점검하고 그 달성을 독려하는 방식이다. 그런데 이런 방식은 잘못하면, 정책 대상의 실질적 내용 변화는 이루어지지 않았는데도 정책에서 기대하는 가시적 성과가 나타난 것처럼 표면적으로 꾸미는 행위를 조장할 수 있다. 정권이 바뀌면 이전 정부 정책에 대한 추적 연구 없이 새로운 정책이 또 등장하여 이전 정책을 덮는다. 학교는 이렇게 누적된 정책들의 부담을 떠안으면서, 그때그때 정책 당국에 순응하는 모습을 억지로 보이며 끌려간다. 결국 단기적·가시적·표면적 성과가 나타나는 것 같지만, 장기적으로 보았을 때 내실 있는 성과로 이어지는 정책이 드물어지는 것이다.

요컨대 겉으로 드러나는 행동과 바깥에서 보이는 성과에만 관심을 기울여 그것을 평가하고 그 평가 결과를 실적으로 삼아서는, 인간 내면의 변화와 교육기관 내부의 실질적 변화를 이루어 내기 어렵다. 장기적인 안목에서 내면의 실질적 변화를 유도하는 교육과 교육정책이 더 중요하다. 눈에 보이는 것이 다가 아니다. 정작 중요한 것은 보이지 않는 곳에 있다. 이것이, 꽃만 말고 뿌리를 보고 판단해 달라는 얼레지의 호소이자 교훈이다.

9.
대나무의 지조와 네트워크
'따로 또 같이'의 교육

대나무는 아열대 및 열대에서 온대 지방까지 널리 퍼져 자라며, 특히 아시아 남동부, 인도양과 태평양 제도에 많은 종류의 대나무가 보인다. 우리나라에는 남부지방에서 흔히 볼 수 있고, 중부지방에서도 가끔 볼 수 있다.

속이 빈 나무 모양의 탄소질 줄기는 두꺼운 땅속줄기에서 죽순이 무리 지어 나와 자란 것이다. 땅속의 줄기는 지표 아래에서 길게 옆으로 뻗는 성질이 있는데, 간혹 땅 위로 튀어나오기도 한다. 땅 위로 나온 이런 땅속줄기는 햇빛을 받아 초록빛을 띠고 땅 위 줄기처럼 가지와 잎을 내기도 한다. 땅속줄기가 계속 뻗으면서 죽순을 내기 때문에 한 땅속줄기에서 자란 대나무들과 죽순들은 서로 한 가족으로 연결되어 있는 셈이다.

땅속줄기에서 나온 죽순은 속이 마디마다 빈 줄기가 되는데, 이 줄기는 원통형으로 속이 비어 있고 상당히 딱딱하다. 줄기의 굵기나 길이는 대나무의 종류나 성장 환경에 따라 천차만별이지만, 거의 빽빽하게 덤불을 이루어 자라기 때문에 다른 식물의 침범을 쉽게 허락하지 않는다는 공통점이 있다. 줄기의 마디에서는 해를 받기 좋은 쪽에서 2~3개씩의 가지를 내고 가지마다 잎을 낸다. 가지 끝에 돌돌 말려 있던 잎은 펴지면서 길고 매끈한 잎이 된다. 햇빛을 받으면서 열심히 양분을 만드는 무성한 잎은 대부분 가지에 달리지만, 어떤 잎은 어린 탄소질 줄기에서 바로 나오는 경우도 있다. 만들어진 양분은 대나무가 살아가는 데 쓰거나 땅속줄기를 뻗어 나가는 데 쓰고, 사용하고 남은 양분은 땅속줄기에 저장하여 이듬해 죽순을 내는 데 쓴다.

참으로 다양한 쓰임새

대나무는 인간의 삶에서 여러 용도로 폭넓게 이용된다. 벽이나 바닥 등의 건축 재료로 쓰이기도 하고, 담뱃대나 낚싯대 및 식물 지지대 등으로 쓰이기도 한다. 종이를 붙여 부채나 연을 만들기도 하고, 고르게 다듬어 베개, 자리, 발, 죽부인 등을 만들어 일상생활에 쓰기도 한다. 잘 엮어서 조리를 만들기도 하고, 물건 담아 두는 반짇고리, 바구니, 소쿠리, 채반 등을 만들어 쓰기도 한다. 고대사회의 주요한 전쟁무기였던 활·화살 및 창을 만드는 데에도 대나무가 쓰였다. 붓의 붓대도 대나무로 만들었으며, 통소·피리·대금 등의 악기도 대나무로 만들었다. 땅속줄기로는 단장이나 우산대를 만들며, 대의 잎이나 대껍질은 식료품의 포장용으로 쓰이기도 한다. 보통 늦은 봄에서 초여름에 걸쳐서 나오는 어린 죽순은 향기가 좋아 먹기도 하고, 댓잎으로는 술을 빚기도 하는 등 식용으로도 쓰인다. 우후죽순이라는 말처럼 비 온 뒤의 죽순은 한꺼번에 많이 나고 또 쑥쑥 잘 자라기 때문에 적기를 놓치면 식용하기 어렵다. 또 줄기 내부에 있는 막 모양의 얇은 껍질과 이파리는 약용으로 쓰기도 했다. 이처럼 대나무의 용도는 참으로 다양하다.

우리나라에서 많이 보는 대나무 종류는 크게 구분하여 왕대 무리와 조릿대 무리로 나눌 수 있다. 왕대는 대나무 가운데 가장 키가 큰데 보통 20미터 내외로 크게 자라 붙여진 이름이고, 굵고 키 큰 모습과 다양한 활용도 때문에 진짜 좋은 대나무라는 뜻에서 참대라고 부르기도 한다. 왕대의 한 종류인 죽순대는 남부지방에서 10~20미터 정도로 자라며 맹종죽이라고도 한다. 죽순대는 크고 실한 죽순을 많이 내어 요리를 해서 많이 먹는다. 왕대 무리에 드는 솜대는 어릴 때 줄기에 흰 가루가 묻어 있기 때문에 '분죽粉竹'이라고도 부른다. 솜대는 왕대나 죽순대보다는 작지만 10미터 정도까지 자라며 줄기가 단단해 죽세공품을 만드는 데 많이 쓰인다. 솜대와 비슷한 오죽烏竹은 줄기가 까마귀처럼 검은색을 띠는 종으로 강릉 오죽헌에 심어진 대나무로 널리 알려져 있다.

조릿대나 이대, 해장죽은 키는 작지만 생활력이 강해 우리나라에 널리 퍼져 있다. 이대는 키가 2~5미터 정도 자라는데, 화살이나 담뱃대로 쓰이기도 하고 줄기를 엮어서 대문이나 울타리를 만드는 데 쓰이기도 하였다. 조릿대는 줄기의 지름이 1센티미터도 안 되고 키도 1~2미터 정도로 작지만, 매우 빨리 자라고 땅속줄기도 빽빽하게 뻗기 때문에 다른 식물이 침입하기 어렵다. 산에 많이 자라 산죽山竹이라고도 했던 조릿대는 그 어린잎을 삶아 나물로 먹기도 하고, 가는 줄기는 조리를 만드는 데 쓰기도 했다. 제주도에는 제주조릿대가, 울릉도에는 섬조릿대가 있다. 해장죽은 키가 6~7미터쯤 자라며 가지가 줄기의 마디에서 3개 이상 나오는 특징을 지니고 있다.

지조와 절개, 네트워크

사람들이 대나무의 특성에 주목하여 부여한 대나무의 이미지는 크게 두 가지인데, 하나는 지조와 절개이고 또 하나는 네트워크이다. 대나무는 겨울에도 푸른 잎을 지니고 있으며 속이 비어 있으나 곧게 자라기 때문에 옛날부터 지조와 절개를 상징하는 식물로 여겨 왔다. '대쪽 같다'라는 말은 부정이나 불의와 타협하지 않고 정의와 지조를 굳게 지키는 사람의 성품을 가리킬 때 쓰는 말이다. 대나무의 이런 이미지를 좋아하여, 옛 사람들은 문학작품이나 그림의 소재로 대나무를 자주 활용하였고, 사군자의 하나로 포함시키기도 했다.

정의의 관념에 투철하고 옳은 일에 매진하는 성품은 부정과 불의가 횡행하는 세태에 더없이 귀한 것이고, 또한 교육을 통해 길러야 할 성품임이 분명하다. 그런데 이 성품의 형성과 발휘를 어렵게 하는 요소가 있다.

첫째 요소는, 무엇이 정의인가를 판단하기가 항상 쉬운 것은 아니라는 점이다. 예를 들어, 의무교육은 무상으로 한다고 할 때 그 무상의 범위에 수업료는 당연히 포함된다 하더라도 급식비까지 포함되는가 하는 문제에 대해서는 논쟁의 여지가 있다. 이 문제는 이른바 보편복지와 선별복지라는, 교육 부문의 복지 논쟁 주제로 우리 사회를 뜨겁게 달군 적이 있고, 주요 선거의 이슈로 부각되기도 하였다. 사람마다 정의의 기준은 다를 수 있으며 그에 따라 사회 구성원 사이에서 정의의 기준에 대한 합의를 이루기도 어려운 상황에서, 자기만의 기준을 고집하는 것은 지조가 아니라 독선이 된다.

둘째 요소는, 눈앞에 보이는 현실적 이익이 정의에 대한 관념을 흐리게 만든다는 점이다. 사람들은 당장의 유혹과 이익에 약하여 그에 이끌리기 쉽고, 그럴 경우 양심을 적극적으로 저버리거나 소극적으로는 현실과 타협하는 길을 택하게 된다. 우리 주변에는 양심의 소리에 귀 닫고 불가피한 현실적 선택이라고 말하면서, 크고 작은 부정과 불의를 용납하고 그에 가담하는 사람들을 흔히 찾아볼 수 있다. 그리고 이런 취약점은 남의 문제이기도 하지만 나의 문제이기도 하다.

무엇이 정의인가를 판단하기 어렵다는 첫째 요소와, 이익 앞에서 정의가 흔들린다는 둘째 요소는 서로 쉽게 결합한다. 이 결합의 양상은 대체로 둘째 요소를 합리화하기 위해 첫째 요소가 동원되는 방식으로 나타난다. 즉, 정의보다 이익을 추구하면서도, 그 선택을 정당화하는 논리를 만들어 내면서 그것이 또 다른 정의의 기준이라도 되는 것처럼 교묘하게 꾸민다는 뜻이다. 현실은 이렇게 복합적이고 정의는 세우기 어렵다. 견리사의見利思義라는 교훈이 오래도록 공명共鳴을 얻는 까닭은 그 교훈을 따르기가 그만큼 어렵기 때문이다. 그러나 그럴수록, 바른 것을 가리는 맑은 눈을 갖고, 유혹에 흔들리지 않는 군건한 의지를 가다듬는 일은 중요하다. 그리고 이 일은 교육의 중요한 과업이다.

객관적 지식과 주관적 지식

교육의 이 과업이 도덕 과목, 윤리 과목, 혹은 철학 과목의 과업에 국한되는 것으로 생각하는 것은 오해이다. 교육의 내용은 주로 교과목 속에 담겨 있고, 교과목의 명칭은 그 속에 담기는 내용의 성격을 표현 하고 있기 때문에, 정의관과 같은 도덕적 지식과 가치관을 다루는 교 육 내용이 도덕이나 윤리 혹은 철학 과목에 포함되는 것은 당연하다. 그러나 그 외의 다른 과목이라고 하여 거기서 다루는 교육 내용이 도 덕적 지식이나 가치관과는 전혀 무관할 수 있는지는 의문이다.

이 의문을 점검하는 단서는 키르케고르의 '객관적 지식'과 '주관적 지식'에 대한 구분[32]에서 찾을 수 있다. 그의 구분의 기준은 지식이 자 아의 인식 또는 각성과 관련을 맺는가, 그러지 않는가에 있다. 그가 말 하는 주관적 지식이란 윤리적 지식으로서 자아의 인식과 각성에 관련 되는 지식이고, 객관적 지식이란 자아에 영향을 미치지 않는 지식이다. 조금 다른 식으로 표현하면, 내가 누구이며 어떻게 살 것인가 하는 점 과 같이 자아의 인식에 영향을 미치는 지식이 주관적 지식이고, 나의 바깥에 있는 세계에 대한 인식을 목적으로 하는 지식이 객관적 지식이 라는 뜻이다.

그렇다면 주관적 지식과 객관적 지식은 지식의 종류 자체가 다른 것 인가? 예를 들어 과학적 지식은 나의 바깥에 있는 세계가 어떠한지를 알려 주는 지식이다. 이것이 과학적 지식이 가진 성격의 전부라면, 이 런 과학적 지식은 그것을 아무리 많이 습득하고 있더라도 그 자체가 나의 삶을 인식하고 성찰하는 데에는 아무런 관련이 없다고 할 수 있 다. 그러나 과학적 지식의 성격이 그렇게 단순한 것 같지는 않다. 만약

---

32. Kierkegaard, S.(1941), Concluding Unscientific Postscript (D. F. Swenson and W. Lowrie, trans.), Princeton University Press.

어떤 사람이 과학적 지식을 올바르게 습득한다면, 그 과정에서 그는 틀림없이 합리적 마음에 대한 신뢰, 지식의 근거를 엄정하게 다루는 태도, 지식의 이상적 표준에 비추어 볼 때 자신이 한없이 부족하고 결핍되어 있는 존재라는 점에 대한 각성을 함께 습득하게 될 것이다. 달리 말하자면, 과학적 지식의 습득이 자기 무지의 고백과 합리성의 추구라는 인간 삶의 자세를 기본으로 한다는 뜻이다.

사실 어떤 종류의 지식이든지, 그 지식을 올바르게 습득하고 또한 그 지식의 깊이와 수준을 더해 가다 보면, 그 지식의 습득이 자아의 각성에 영향을 미치게 된다. 예를 들어, 공동체야 어떻게 되든 자신의 사익이 우선이라는 생각이 변함없는 사람에게, 공익과 공공선이라는 것은 아무리 도덕적 지식에 포함된 주제라도 그의 자아 각성 범위 밖에 머무르는 객관적 지식에 불과한 것이다. 거꾸로, 정합성을 갖춘 논리체계의 아름다움에 매료된 사람이 일이관지하는 자기 삶의 아름다움을 위해 노력한다면, 그 사람의 수학적(혹은 과학적) 지식은 그의 인격을 형성하는 데 일부 영향을 미친 것이라고 볼 수 있다.

이렇게 보면, 객관적 지식이니 주관적 지식이니 하는 구분은 지식의 종류에 대한 구분이라기보다는 지식을 다루는 방식에 관한 구분 혹은 지식을 얼마나 인격화했는가에 의한 구분이라고 보아야 할 것이다. 교육의 목적은 자신의 바깥에 머무르는 지식을 많이 습득하는 것이 아니라, 그 지식이 내면으로 소화되어 자신의 가치관과 안목을 형성하는 데까지 이르도록 하는 데 있다. 이를 키르케고르의 용어를 빌려 표현하면, 교육의 목적은 객관적 지식을 주관적 지식이 되도록 하는 데 있다고 할 수 있다. 이 점에서, 지조와 절개를 갖추고 정의의 관념에 투철

한 사람, 말하자면 대쪽 같은 사람을 기르는 일은 일부 교과에 국한된 교육 과업을 벗어나 범교과적으로 지향해야 할 교육 과업이라고 보아야 한다.

교육적 성장에 도움이 되는 네트워크

대나무가 지닌 또 하나의 이미지는 네트워크이다. 이 네트워크의 이미지는 대나무가 땅속줄기를 뻗어 나가면서 그 줄기의 마디마다 볼록하고 동그란 눈을 통해 죽순을 내고 또 다른 땅속줄기를 내면서 촘촘한 대나무 숲을 만들어 내는 특징과 부합한다.

이 네트워크가 교육에 대해 갖는 시사점은 다양하다. 우선 생각할 수 있는 점 하나는 인맥을 통해 성장하는 것이다. 인맥이란 사람들끼리 서로 교류하고 상호 협력하면서 네트워크를 만들어 놓은 것을 말한다. 어느 사회나 비슷하겠지만, 사람들은 혈연, 지연, 학연 등을 통해 서로 밀접한 관계를 맺고 필요한 도움을 주고받으면서 인맥을 형성한다. 어떤 사람들과 어떤 관계를 맺는가 하는 점이 자신의 성장 가능성이나 영향력의 범위를 정하는 데 중요하기 때문에, 이 인맥을 사회자본이라 부를 수도 있다. 유력한 사람들을 나의 네트워크에 많이 두고 있다는 뜻은 그만큼 풍부한 사회자본을 형성하고 있다는 뜻이다.

그런데 이 네트워크가 부정적 의미로 쓰이거나 작동하는 경우도 많다. 자신의 물질적 이익이나 세속적 권력 및 사회적 지위를 획득하거나 강화하려는 목적에서 인맥을 동원하는 것이 이에 해당한다. 이러한 경우는 경쟁을 불공정하게 만들고, 원칙에서 벗어난 편법과 부정을 저지르게 되는 배경으로 그 네크워크가 사용되기 때문에 부정적이다. 이런 식으로 이용되는 네트워크는 사사로운 이익을 위해 결탁하며, 흑심을 품은 자들끼리 무리를 지어 당을 만들고 그에 동참하지 않는 사람을 배척하는, 부정의 아이콘일 따름이다. 대쪽이 가지고 있는 지조와 절개의 이미지와도 전혀 부합하지 않는다.

교육적으로 의미 있는 인맥이란 배우는 사람의 교육적 성장에 도움이 되는 네트워크를 말한다. 이 속에는 학습자 네트워크와 교사 네트워크가 포함된다. 학습자 네트워크란 학습자 상호 간에 상대방의 학습을 자극하고 돕는 인맥을 말한다. 학습자들은 협력하면서 공동의 문제를 해결하기도 하고, 경쟁하면서 더욱 열심히 노력하기도 한다. 그리고 지식수준이나 사용하는 용어 및 사고방식에서 차이가 많이 나는 교사-학생 상호작용에 비해, 그 차이가 적은 학생 사이의 상호작용을 통해 더 효과적인 학습이 이루어지는 경우도 있다. 이 모두가 학습자 네트워크를 통해 학습자의 학습이 촉진되는 경우이다.

교사 네트워크 역시 학습자의 학습을 촉진한다. 교사들은 동료 교사들과 상호작용하면서 학생들을 지도하는 문제에 관한 고충을 해결하고 전문적인 도움을 주고받는다. 교사들의 협력적 관계를 유지하기 위해 교사들의 전문적 공동체 형성이 중요하다. 전문적 공동체는 개인의 노력을 인정하고 조장할 뿐만 아니라 다른 동료 역시 그런 노력을 기울이도록 돕는 역할을 한다. 전문적 공동체는 공동의 책임의식을 형성하는 가운데에서 '동료 압력' 작용과 전문성 향상을 위한 공동 노력을 조성할 수 있다. 강력한 교사학습공동체에서 교사들은 교수-학습

향상을 도모하기 위한 학교 단위 프로젝트를 중심으로 협동하고, 교수 활동에서 주요하게 드러나고 있는 문제들을 다른 동료들과 토론함으로써 서로의 전문성을 향상시켜 나간다. 학습자의 수준이 높아지면 교사는 자신의 전공 분야에 따라 구분된 역할을 수행하면서 전문적 공동체의 일원으로서 학생 교육의 일익을 담당한다.

학교에서 근무하는 공식적인 교사뿐만 아니라 학부모나 지역사회의 인사들 역시 학생 지도에 참여할 수 있다. 그들은 학교의 명예교사나 현장학습의 지도교사로서 교사 네트워크의 주요 구성원이 될 수 있다. 그리고 미국에서 상당히 확산되어 있는 가정학교home-schooling에서는 부모가 그 자녀의 교사 역할을 수행하는데, 부모가 모든 교과를 가르치기 힘든 경우에는 홈스쿨링을 하는 부모들끼리 서로 힘을 합쳐 이웃의 자녀를 교차하여 가르치기도 한다.

부모가 이웃 자녀의 교육을 담당하는 교사 네트워크의 원형은 중국의 전국시대에도 발견된다. 맹자가 쓴 『맹자』의 「이루장구상離婁章句上」에 보면, "군자가 그 자녀를 직접 가르치지 않는 이유가 무엇입니까?"라고 묻는 공손추의 질문에 대해 "부모의 가르침에 자녀가 잘 따르지 못하거나, 가르침대로 살지 못하는 부모의 모습을 자녀들이 보는 경우, 서로 실망하게 되므로 예부터 자식을 바꾸어 가르쳤다"고 맹자가 대답하는 장면이 나온다. 전국시대 당시 교육의 내용이 주로 인륜과 도덕에 귀결되는 내용이 많았을 것이므로, 가르침대로 살지 못하는 부모의 모습이나 가르침대로 따르지 못하는 자녀의 모습이 상대방에게 적나라하게 노출되는 상황을 피하고자 했을 것이다. 그렇기 때문에 오늘날의 학교처럼 교과 지식을 주로 가르치는 홈스쿨링보다 부모가 직접 자기 자녀를 데리고 가르치기 어려웠을 것이라고 능히 짐작할 수 있다.

홈스쿨링에서 겪는 어려움의 내용이야 과거의 동양과 오늘날의 서양이 다르다고 하더라도, 학습자의 학습을 촉진하는 교사 네트워크를 활용한다는 점에서는 공통적이다.

네트워크는 교육 관련 당사자들의 네트워크로 끝나지 않고, 교육 관련 기관끼리의 네트워크로 이어지기도 한다. 유네스코UNESCO는 가까운 장래에 학교가 도서관, 청소년 상담센터, 박물관, 미술관, 직업소개소, 탁아소 등과 기능적으로 결합하거나 그 기능의 일부를 학교 경계 안으로 끌어들이게 될 수도 있다고 하였다.

예측이지만 현재도 나타나는 현상이다. 그리고 다른 방향으로는 학교의 기능이 학교 밖으로 이전하는 경우도 보인다. 대안교육기관의 등장이나 학점은행제의 도입 등이 그 한 시도라고 볼 수 있고, 온라인에 전문 강좌를 공개하고 교수-학생의 양방향 소통을 가능하게 하는 MOOCMassive Open Online Course 등의 전개는 학교 경계의 이완을 의미한다. 이렇게 학교와 학교 밖 기관 사이의 경계가 이완되고 가상공간과도 결합되는 것은 학생의 학습을 촉진하는 공간적 네트워크의 확장에 해당한다.

현자들이 대숲으로 들어간 이유는 무엇일까?

네트워크는 또한 인간의 인지능력이 발달하는 과정의 특징을 나타내는 데에도 적용할 수 있다. 스위스의 인지심리학자인 피아제J. Piaget, 1896~1980는 인간의 인지능력이 동화assimilation와 조절accommodation이라는 두 가지 과정을 거치면서 발달한다고 보았다. 여기서 동화란 인간이 새로운 외부적 자극이나 정보 및 지식을 접할 때 그것을 지각하는 방식의 특징에 대해 붙인 이름이다. 즉, 인간은 그가 이미 가지고 있는 자기 나름의 인지구조에 그 새로운 정보와 지식을 짜 맞추는 방식으로 그 새로운 것을 지각하고 수용한다는 것이다. 그렇게 해야 새롭거나 생소한 경험이 이물감 없이 자신의 기존 인식체계에 비추어 소화가 되고 말이 되는 것으로 정착될 수 있다. 달리 말하면, 기존 인지구조에 새 요소를 포섭하여 동화시키는 방식으로 새로운 것을 해석하고 받아들인다는 뜻이다.

반면 조절은 새로운 외부적 자극이나 정보 및 지식을 접하고서 그가 가지고 있는 기존의 인지구조를 그 새로운 상황에 맞추어 변경하는 것을 가리킨다. 이 조절은 기존의 개념, 인지구조, 설명체계가 새로운 상황을 맞아 더 이상 작동하지 않을 때 일어난다. 새로운 상황을 의미 있게 해석하고 수용할 수 있는 새로운 인지구조가 필요하다고 느낄 때, 사람들은 기존의 인지구조를 버리거나 변경하는 조절에 나서게 된다.

동화와 조절은 마치 동전의 양면과 같아서, 나머지 하나를 배제한 채로 어느 하나만 일어나지는 않는다. 어떤 외부의 대상을 기존 인지구조 속으로 동화하기 위해서는 그 대상이 지닌 특수성을 어느 정도는 고려하거나 수용할 수밖에 없고, 이 과정에서 기존 인지구조의 조절이 부분적으로라도 이루어질 수밖에 없을 것이기 때문이다.

피아제는 인간의 두뇌가 기존의 인지구조와 새로운 자극 사이에 불일치나 모순이 있을 때 그것을 견디지 못하며 어떻게든 수미일관한 설명체계를 갖추도록 노력하게끔 짜여 있다고 믿었다. 그렇기 때문에 이 동화와 조절은 인간의 경험이 확장되고 새로운 환경에 놓일 때마다 반드시 일어날 수밖에 없다. 그에 의하면, 이 불일치와 불균형을 극복하고 수미일관하고 균형을 이루는 새로운 인지구조와 설명체계를 찾아가는 과정이 인지발달의 과정이다.

기존의 인지구조를 통해 새로운 정보와 지식을 섭취하여 소화하고, 새로운 지식과 정보를 통해 기존의 인지구조를 갱신하는 이 순환적 과정은 인지발달의 과정이면서 또한 학습의 과정이다. 대나무의 땅속줄기가 잎과 가지에서 만든 양분을 공급받아 스스로를 살찌우고, 축적된 양분을 통해 기존의 땅속줄기에서 새로운 죽순을 내고 또 다른 땅속줄기를 뻗어 나가는 이 순환적 과정은 대나무의 성장 과정이면서 또한 대나무 숲의 형성 과정이다. 학습의 과정과 대숲의 형성 과정에서 발견되는 이 특징적 유사성에 주목할 때 네트워크 이미지의 교육적 의미가 잘 드러난다.

중국의 삼국시대 위魏나라 말기에 현실의 부패와 어지러움에 휩쓸리지 않기 위해 일곱 명의 현자가 대숲으로 들어가 생활한 고사는 유명하다. 죽림의 칠현이 굳이 대숲으로 들어간 이유는 무엇일까? 이에 대한 기록이 없어 그 결심의 배경을 알 수는 없으나, 지조와 네트워크라는 대의 이미지를 통해 그 결심의 일단을 추측해 볼 수는 있을 것이다.

하나는 대쪽 같은 지조와 절개를 지키겠다는 의지의 표현이다. 또 하나는 그들끼리 상호 격려하면서 수절守節의 의지를 강화하고, 고담

준론을 나누면서 인식의 지평을 확장하겠다는 뜻의 표현이다. 그런 의지와 뜻이 담긴 결심이었다면, 역시 대숲으로 들어가는 것이 제격이다. 만수산의 드렁칡이 얽힌 언덕보다 한결.

10.
버섯의 건설적 파괴
질문과 반성, 자기부정의 교육

생태계는 생산자, 소비자, 분해자가 맞물려 돌아가는 세계이다. 여기서 버섯은 분해자 쪽에 가까운 생명체이다.[33] 주로 생명을 다한 식물, 그 가운데에서도 쓰러진 통나무의 습한 부분에서 자라는데, 사체를 분해하여 생긴 자양분의 일부를 자신이 취하고 나머지는 다른 생명체에 공여하는 구실을 한다.

버섯은 빛이 내리쬐는 양지가 아닌 음지를 택한다. 녹색 식물들, 즉 엽록소를 지닌 식물들이 양지에서 자리다툼을 하는 동안, 균류인 버섯은 어느 누구와의 경쟁도 없이 광대한 음지 지역을 모조리 차지한다. 거기서 식물의 찌꺼기, 때로는 동물의 찌꺼기까지 분해한다. 분해된 에너지 중의 일부는 자신의 생존을 위한 양분으로 흡수하지만 나머지 대부분은 새롭게 태어나려는 다른 생명체의 영양분으로 제공한

---

33. 스웨덴의 식물학자 칼 폰 린네(Carl von Linné)는 1753년에 저술한 『식물의 종(Species Plantarum)』에서 균류를 식물로 분류했고, 그 후로 균류는 비교적 최근까지 식물계에 머물렀다. 하지만 이제 균류는 고유한 생물계인 균계로 분류된다. 식물이 쌓이면 균류가 그것을 분해한다. 균류는 식물성 물질을 분해하는 주된 행위자이다. Patricia Wiltshire. The nature of life and Death. 퍼트리샤 윌트셔. 김아림 옮김(2019). 『꽃은 알고 있다』. 웅진지식하우스, 215-234쪽.

다. 말하자면 생명을 다한 개체들과 이제 새로 태어나는 개체를 연결해 주는 매개체이고, 죽은 생명체의 청소부이자 태어날 생명체의 산파이다.

버섯을 포함하여 균류는 광합성 작용을 할 수 없으므로 자체적으로 양분을 생성할 수 없다. 한편 물질의 부패를 도와 새로운 생명을 출현시키는 역할로 보자면, 균류는 세균과 흡사하다. 그러나 진정한 의미에서의 핵을 보유하지 않은 세균과는 달리, 균류는 고등식물이나 동물과 마찬가지로 진화한 진핵 세포 생물이다. 균류 외에도 진점균류라고 하는 동물과 식물의 중간 부류가 존재한다. 진점균류는 일반적으로 버섯류로 간주되지만, 거대한 아메바와 비슷하게 생겼고, 아메바처럼 위족을 뻗치며 움직인다. 그리고 이 위족을 사용해서 먹이를 잡는다. 식물학자들도 동물학자들도 이들을 가리켜 저마다 자신들의 소관이라고 주장하는 형편이다.[34]

버섯은 나무의 적이 아니다

버섯이 살아 있는 나무를 죽게 하는가에 대해서는 약간 검토가 필요하다. 보편적으로는 버섯이 살아 있는 나무에 기생하면서 나무의 영양분을 착취함으로써 그 나무의 죽음을 재촉한다고 본다. 이런 입장에서는 버섯을 나무의 적으로 간주하고, 고목 줄기에 수평으로 말굽버섯

---

34. Brosse, J.(1990). 앞의 책, 97-99쪽.

등이 발견되면 그 나무의 수명이 오래 남지 않은 것으로 판단한다.

그러나 어떤 사람들은 버섯이 나무의 적이 아니라고 한다.[35] 그 논리는 이렇다. 완전히 성숙한 나무의 줄기 중심부에 있는 목질 기둥은 가지를 받쳐 주는 기능을 할 뿐 죽은 조직이다. 작은 포자 하나가 바람을 타고 나무껍질의 상처를 통해 목질부까지 도달하여 나무의 생활력이 떨어질 때까지 휴면상태로 기다린다. 그러다가 나무가 번개에 맞거나 폭풍에 가지가 부러지거나 할 때, 균사가 놀랍게 증식하여 고목의 중심부를 먹어치운다. 나무가 늙고 병들었을 때 증식한 곰팡이의 자실체, 즉 버섯이 나무 옆구리에 돋아나는데, 사람들은 이때 비로소 곰팡이의 존재를 인식한다. 이 때문에 사람들은 곰팡이가 병을 일으켜 나

---

35. Attenborough, D.(1995), 앞의 책, 212-214쪽.

무를 죽게 한다고 생각하는 것이다. 그러나 곰팡이는 나무의 살아 있는 조직은 공격하지 않고 오직 죽은 목질부만 공격한다. 곰팡이가 분해한 목질부의 잔해는 귀중한 자양분이 되어 이 나무가 다시 흡수한다. 목질부가 분해되어 생긴 줄기 속의 빈 공간은 동물을 불러오고 바닥에 쌓인 동물들의 배설물은 나무에게 자양분이 된다. 나무의 죽은 중심부가 제거된, 속이 빈 고목은 강풍에 더 잘 견딜 수도 있다. 이처럼 죽은 목질부의 회수回收와 선용善用을 통해 나무의 삶에 기여한다는 것이다.

곡절 끝에 죽어 쓰러진 나무에 대해서는 버섯이 더욱 적극적으로 돋아 나와 그 나무의 자양분을 토양 속으로 환원시키는 일을 한다. 버섯이 내놓은 영양소들은 흙 속으로 스며들어 나무뿌리의 미세한 뿌리털에 의해 흡수된다. 여기까지는 자연계의 생태 순환에 버섯이 기여하는 바다. 그러나 그 기여는 여기에 그치지 않는다.

버섯은 흔히 사람들의 먹이로 쓰이는가 여부에 따라 식용 버섯, 독버섯, 식용 불명 버섯으로 분류된다. 식용 버섯은 그 식용을 이유로 인간 삶에 기여하지만, 심지어 독버섯조차 인간에게 기여한다. 독버섯이 지닌 약리작용이 인간을 질병에서 구하는 길을 열어 줄 수 있기 때문이다. 예를 들어, 어떤 버섯은 인체의 백혈구를 죽인다. 만일 그 버섯의 어떤 성분이 그런 역할을 하는가를 밝힌다면, 백혈병 치료제를 개발할 수도 있다는 뜻이 된다. 독을 잘 다스린 것이 곧 약이기 때문이다.[36]

---

36. 김성호(2011). 『나의 생명수업』. 웅진지식하우스, 174-175쪽.

버섯은 파괴자처럼 보이나 이렇게 생태계의 순환에도 기여하고 새로운 가치의 창조에도 기여하는 건설자이다.

교육, 파괴와 건설의 속성

이 건설적 파괴만큼 교육의 속성을 잘 드러내는 말도 없을 것이다. 교육의 속성을 표현하는 말들이 많으나, 교육은 궁극적으로 사람의 품격을 향상시키는 일이다. 이 향상은 이전의 낮은 품격을 버리고 그보다 나은 품격을 얻음으로써 가능해진다. 말하자면, 이전의 것을 파괴하고 새로운 것을 건설하는 계속적인 과정이 교육의 과정이라는 뜻이다.

교육은 우리보다 앞서 길을 걸어간 선인先人들이 간 길을 따라가는 일로부터 시작한다. 그들이 지혜와 감수성과 덕성을 발휘하여 일군 학문과 예술과 도덕의 경지는 후손들이 접근해야 할 경지이고, 그들의 지혜와 감수성과 덕성 자체까지도 후손들에게 귀감이 되는 인간으로서의 품격이다. 그래서 후손은 선인으로부터 배우거나 선인을 통해 배운다. 이 점에서 교육은 보수적이다. 그러나 교육이 보수적인 일면을 가지고 있다고 하여, 후손에게 선인의 경지와 품격을 수동적으로 답습하라고 요구하는 것이 정당하다는 뜻은 아니다. 누구나 자신의 인생을 살며, 누구도 그를 대신해 줄 수 없다. 작은 것 하나를 배우고 얻는 일도 자신이 직접 거기에 관여해야 하는 주체적 참여를 요구한다. 남들이 발견해 놓은 지식을 결과물로서 받아들이는 것보다, 그들이 그것을 발견하는 과정에 품었을 질문과 그 질문을 해소하기 위해 겪었던 탐구의 과정을 함께 품고 겪는 것이 중요하다. 그래야 그 결과로 얻는 지식이 이해하기 쉽고, 오래 가고, 자신의 것으로 뿌리내릴 수 있다. 탐구학습 혹은 발견학습에서 강조하는 핵심이 이것이다.

더구나 교육은, 할 수만 있다면, 선인이 개척한 그 경지와 품격을 후손이 뛰어넘기를 희망한다. 청출어람靑出於藍과 후생가외後生可畏는 그 희망을 표현하는 말이다. 이 점에서 교육은 진보적이고 파괴적이다. 그러나 교육이 진보적인 일면을 지니고 있다고 하여, 기성의 경지와 품격을 소홀히 취급해도 좋은 것은 아니다. 그것은 새로운 경지와 품격을 개척하기 위해 반드시 필요한 디딤돌과 같은 것이며, 전진의 씨앗을 품고 있는 보고寶庫와 같은 것이다. 중력을 지배를 받는 누구든 허공에 발을 디디고 다음 발걸음을 내딛을 수는 없다.

이렇게 보면 결국 교육은 한 경지나 품격을 스스로 형성하고, 나중에는 자신이 형성한 그 경지나 품격을 버리고 새로운 것을 개척하는 끝없는 여정과 같다. 이 여정이 어떻게 진행될지 미리 알기는 어려우며, 찬란한 목적지가 정해져 있어서 배를 안내하는 등대처럼 거기를 따라가기만 하면 되는 것도 아니고, 진행과정이 순탄하리라는 보장도 없다. 오히려 그 여정은 어렵고 어둡고 고통스럽다.

여정을 시작하려면 현재의 위치에서 벗어나야 하는데 그것이 쉽지 않다. 자신의 현재 위치와 현재의 관점은 그것을 통해 세상을 이해하는 자신의 눈과 같고 그것을 통해 자신을 지탱하는 골격과도 같다. 그것은 자신을 자신답게 만들어 주는 것이며, 자신에게 편안한 안식처와도 같다. 그래서 대부분의 사람은 거기에 안주한다. 그들은 관습에 따라 행동하고, 상식에 따라 교제하며, 주어진 길을 따라 걸으며 안정감을 누린다. 이미 나 있고 남들도 가는 길을 가기는 쉽지만 그 길을 거부하기는 어렵다. 불안정한 것을 자초하는 사람은 드물다. 그렇지만 우리가 한 발짝이라도 전진하려 한다면 현 위치를 의심하고 부정해야 한다.

자신의 현존재에 대한 의심과 부정은 자신과의 싸움이다. 우리는 현상을 바라볼 때 어떤 예상과 기대를 가지고 바라본다. 대부분의 경우 그 현상은 우리의 예상과 기대에 부합하고 그 범위에서 우리는 편안하다. 그러나 때때로 특이한 사태가 나타난다. 그것이 특이하게 보이는 까닭은 우리의 예상과 기대 밖에서 일어난 것이기 때문이다. 그렇다면 문제는 그 특이한 사태에 있는 것인가, 아니면 그 사태를 제대로 포착하지 못한 우리의 예상에 있는 것인가? 대부분의 사람들은 특이 사태를 무시하고 자신의 예상을 그대로 지키려 한다. 그렇지만 그 사태가 뭔가 불편하고 이상하고 껄끄러운 이질감을 남기면서 자신을 계속 괴롭힐 때, 일부의 사람들은 자신의 기대와 예상을 의심하기 시작한다.

자신의 현 위치에 만족하기를 거부하는 것, 이전의 인지구조를 의심하는 것, 불확실한 미래를 위해 확실한 오늘과 결별하는 것, 주어지는 지식을 결과물로서 그냥 수용하는 것이 아니라 그 근거와 함께 비판적으로 검토하는 것, 이 모든 것은 전진하려는 사람이 보이는 특징이다. 교육활동에 종사하는 사람은 스스로 그런 특징을 보일 뿐만 아니라 다른 사람도 그런 특징을 보이도록 돕는 사람이다.

질문, 의심 혹은 반성

버섯이 죽은 나무를 분해하고 새 나무에 영양소를 공급하여 생태계 순환에 기여하는 것처럼 교육의 과정에서 건설적 파괴에 기여하는 것은 질문, 의심 혹은 반성이다.

질문은 이미 확보하고 있는 인식체계 내에서는 만족스러운 대답을 얻지 못할 경우 제기되는 물음이고, 새로운 대답을 찾기 위한 여정을 시작하겠다는 징표이다.[37] 횡적으로 질문의 종류는 분야에 따라 다양하며, 종적으로 질문의 수준은 개인별로 다양하다. 누구나 자신의 관심 분야에서 질문을 하며, 자신의 수준에서 질문을 한다. 그러므로 질문을 보면 그 사람의 관심 분야를 알 수 있고, 그 사람의 수준을 가늠할 수 있다. 사람에 따라서는 자신의 관심 분야나 수준을 '꾸미는' 질문을 하기도 한다. 교양 있게 보이고 싶은 마음, 유식한 척하고 싶은 마음, 매력적인 사람에게 접근하고 싶은 마음들이 작동하여 그런 질문을 마치 자신의 질문처럼 하는 것이다. 그러나 그런 질문은 일시적으로 남을 현혹하게 만들지 몰라도 몇 차례 더 대화를 나누다 보면 정체가 드러나기 마련이고, 질문을 하는 자신에게도 아무런 의미가 없는 질문으로 그치고 만다. 결국 정직하게 자신을 드러내는 질문이 의미가 있다.

질문의 범위를 넓히고 수준을 높이려면 그 질문을 제기하는 자기 자신이 변화되어야만 한다. 남의 질문이 나의 질문이 되는 때는 내

---

37. 양미경(1992). 「질문의 교육적 의의와 그 연구과제」. 서울대학교 박사학위 논문.

가 그 타인의 문제의식과 고민에 동참할 때이다. 이 동참도 나의 변화에 포함된다. 질문의 변화는 나의 변화를 의미하며, 나의 변화는 질문의 변화를 가능하게 하는 동력이다. 교육은 나의 변화를 통한 질문의 변화를 가능하게 한다. 이 점에서 보면 교육의 과정이란 질문의 범위를 넓히고 수준을 높여 가는 과정이다. 지식을 습득하기 위해 질문을 활용하기도 하지만, 질문의 수준을 향상시키기 위해 지식을 활용할 수도 있다. 교육을 지식 습득으로 보면 질문은 그 습득 과정의 방편이 되고, 교육을 질문 향상이라고 보면 지식은 그 향상 과정의 재료가 된다는 의미이다. 음식을 만드는 재료가 다양하듯이 질문이 생성되는 재료는 지식 이외에도 다양하나 지식은 대표적인 재료이다. 학교의 교육 내용이 대부분 지식으로 구성되어 있는 것도 이 때문이다. 동양의 고전인 『중용』 제20장에서 진실에 이르는 공부의 다섯 단계를 말한 것은 유명하다. 즉, 만물의 이치를 널리 배우고博學, 자세히 묻고審問, 신중하게 생각하며愼思, 명확하게 분별하고明辨, 독실하게 실행한다篤行는 것이 그 다섯 단계이다. 여기에서도 배워 알게 된 것이 질문의 소재가 된다는 생각이 깃들어 있음을 알 수 있다.

　질문은 이미 확보한 인식체계를 떠나 새로운 대답을 모색하는 원동력이다. 우여곡절과 천신만고 끝에 얻는 대답은 새로운 인식체계를 구성하는 핵심 요소가 된다. 새 체계는 일정 기간 안정기를 누리나 또다시 새로운 질문에 봉착하여 뒤로 밀려난다. 이러한 긍정과 부정, 파괴와 건설이 반복되는 과정이 질문이 매개하는 교육의 과정이다. 이 점에서 보면, '교육에서 중요한 것은 단순한 지식의 저장이 아니라 문제해결력과 같은 고차적 정신능력이다'라는 교육계의 일반적 사고에서

한 걸음 더 나아가, '교육에서 중요한 것은 문제해결력 이전에 문제제기력이다'라는 주장도 얼마든지 성립할 수 있다. 학문學問의 한자말에 질문問을 배운다學는 뜻이 들어 있는 것은 이 점에서 매우 적절하고도 의미심장하다. 이 맥락에서, 가르치는 사람의 역할은 배우는 사람의 마음에서 질문이 생기도록 자극하는 것이다. 질문이 생기지 않도록 잘 설명하는 것에서 나아가, 답을 찾아 나서도록 좋은 질문을 품게 만드는 것이 중요하다. 확보한 인식체계 안에 머무르면서 안온함을 맛보는 데에서 나아가, 현존재 안에서 적절한 불일치, 불편, 혼란, 알쏭달쏭함을 느끼도록 만드는 일이 중요하다는 뜻이다. 소크라테스는 자신을 쉬파리에 비유한 적이 있는데, 이는 태만한 정신에 귀찮을 정도로 따라붙어 각성을 촉구하는 자신의 역할을 빗대어 표현한 것으로 읽힌다. 은유적으로 말하면 질문이 쉬파리이다.

물은 강을 버려야 바다에 이른다

질문이 제기되는 주 대상은 언어로 표현되는 사고와 인식의 체계이며, 질문이 표현되는 방식 역시 언표화言表化된 진술이다. 그런데 언어가 존재의 집이라는 말이 있기는 하지만, 존재의 모든 것을 다 언표화할 수 있는 것은 아니다. 그리고 언어의 이면에 존재하고 문자의 행간에 존재하는 생각과 기운은 언표의 범위를 넘는다. 옛 선비는 시서화詩書畵에 능했는데, 문인화文人畵에서 풍기는 기품을 '문자향文字香 서권기書卷氣'라고 했다. 문자와 서권의 이면에 언표의 범위를 넘는 향기가 있다는 뜻이다. 그렇지만 시화詩畵가 어찌 문자와 서권으로써만 태어나겠는가? 만물이 그 재료와 토대가 될 수 있다.

자연과 예술의 관계에 관한 문장으로, '수색산광 개화본水色山光 皆畫本 화향조어 총시정花香鳥語 總詩情[38]이란 말이 있다. 물색과 산빛이 모두 그림의 바탕이며, 꽃향기 새소리 또한 시의 정취라는 뜻이다. 또한 '청산불묵 천추화靑山不墨千秋畵 녹수무현 만고금綠水無絃萬古琴'이란 말은 어떤가? 풀과 나무가 무성한 산은 먹 없이도 예부터 있어 온 그림과 같고, 푸르게 흐르는 물은 줄 없이도 아름다운 소리를 내는 만고의 거문고와 같다는 뜻이니, 이 역시 청산유수가 예술의 바탕임을 알려 주는 말이다. 시화詩畵나 음악, 그리고 그 바탕이 되는 자연 모두 언표 이상을 담고 있음을 알 수 있다. 그 밖에도, 복잡한 체험, 감(느낌), 정서, 인상, 분위기, 성품, 단련된 기능 등은 현존재를 구성하는 주요 요소들로서 언표화하기 힘든 특징을 지니고 있다.

언표화하기 힘든 요소들로 이루어진 현존재에 대해서도 향상의 여지는 얼마든지 존재한다. 이 향상은 언표화된 질문을 매개로 하기보다는 암묵적인 '의심이나 반성'을 매개로 하여 일어난다. 이런 요소들로 이루어진 현존재의 특정 영역에 대해서 무언가 불편하고 불만스럽고 미흡한 점이 암묵적으로 느껴질 때 사람들은 그 현존재에 대해 의심하고 반성한다. 이 의심과 반성은 언표화하기 힘들다는 점에서 질문과 성격을 달리한다.

---

38. 참고로, 수색(水色)과 산광(山光)의 순서가 바뀌어 있거나 '총(總)'자 대신 '시(是)'자를 쓴 문장도 많이 발견된다. 불교의 자경문을 이 문장의 출처라고 하는 견해가 있으나 확실하지 않다.

요컨대 질문, 의심 혹은 반성은 현존재를 파괴하고 새 존재를 건설하는 씨앗을 품고 있다는 점에서 파괴적 건설자이다. 이 파괴적 속성에 주목할 때 질문, 의심, 반성은 불온하게 여겨진다. 보수주의자들은 그래서 이들을 억압한다. 그러나 인류의 역사는 그 억압에 대한 굴복과 극복이 점철되면서도 새로운 것을 건설해 온 역사이다. 억압이 두려워 굴복하고 가진 것에 미련을 두어 집착할 때 진전은 없다. 버림으로 더 나은 것을 얻고 파괴함으로 더 나은 것을 건설한다. 이 점에서 화엄경華嚴經의 다음 한 구절은 의미심장하다.

　나무는 꽃을 버려야 열매를 얻고, 강물은 강을 버려야 바다에 이른다樹木等到花 謝才能結果, 江水流到舍 江才能入海.

제3부
식물 일반

개별 식물들은 그 나름으로 자신의 특별한 삶을 영위
하기도 하지만, 그들로 이루어진 식물 일반의 공통적
속성을 또한 지닌다. 식물 일반의 속성 가운데 여기
에서 주목하는 것은 몇 가지로 제한되어 있다. 예를
들면, 나무들이 겨울을 나는 방식, 곤궁한 처지에 있
는 식물들이 자신의 약점을 보완하고 역경을 활용하
는 방식, 식물들끼리 서로 경쟁하고 성장하는 모습,
그들이 숲을 이루며 다양하게 공존하는 모습 등이 그
것이다. 여기에서는 그러한 삶의 방식과 모습을 통해
알게 되는 교육적 의미를 찾아보려 한다.

11.
겨울나무의 부담 덜기
'비움과 채움'의 교육

 식물들이 햇빛을 잘 받기 위해서는 그 잎의 모양을 그 일에 적합하게 발달시켜야 한다. 많은 빛을 받으려면 잎의 표면적이 넓어야 한다. 그리고 가스와 수분을 자유롭게 방출하기 위해서는 잎의 두께가 얇아야 한다. 기온이 높고 습기가 많은 지역에 있는 식물의 잎은 그러므로 표면적이 넓고 두께가 얇을수록 이상적이다.

그런데 계절의 변화 때문에 해가 짧아지고 기온이 떨어지면 넓고 얇은 잎은 문제를 일으킨다. 땅이 얼고 땅속에 있는 수분도 얼면 식물의 뿌리가 물과 양분을 흡수할 수 없어서 그 잎을 지탱하기 힘들어진다. 만일 잎이 얼면 잎의 세포 조직들도 터져 잎이 파괴된다. 여기에다 해가 짧아져서 광합성 작용을 하기도 어려워진다. 이렇게 되면 많은 식물들은 사실상 활동을 멈춘다.

계절의 변화에 맞추어 나무들은 잎에 있던 엽록소를 잡색체 등의 다른 색소체로 대체한다. 잎에서 엽록소가 줄어들고 다른 색소체들이 드러나면 잎의 색깔이 변한다. 단풍이다. 잎의 색깔이 변할 뿐만 아니라 수액도 잎에서 빠져나간다. 잎에 수분을 공급하던 연결이 끊어지고 잎이 마르게 된다. 이렇게 되면 잎자루 아래에 있는 세포에 코르크질이 형성된다. 잎자루 밑에 코르크질이 축적되면 더 이상 잎의 유연한 반응을 기대하기 어렵다. 미풍에도 떨어진다. 낙엽이다. 잎이 모두 떨어진 나무는 성장을 멈추고 가뭄과 추위를 견디면서 다음 계절을 준비한다. 만약 활엽수가 춥고 건조한 계절에도 그 잎을 계속 유지하려는 고집을 부린다면 그것은 나무 전체에 큰 부담을 주게 된다.

침엽수와 활엽수의 지혜

어떤 나무들은 가뭄과 추위를 잘 견디는 잎을 낸다. 침엽수다. 침엽수의 잎은 바늘 모양에 외피가 두껍고 밀랍 질이 포함되어 있는데다 수액이 적어, 겨울에도 얼어붙을 우려가 적고 에너지 소모가 적어 잎을 떨어뜨릴 필요가 없다. 침엽수의 가지는 그 뻗는 방향이 활엽수와 다소 차이가 있다. 활엽수 가지들이 하늘을 향해 위로 뻗는 편이라면, 침엽수의 가지는 약간 아래로 처져 있다. 그래야 겨울에 떨어지지 않은 침엽수의 잎 위에 눈이 쌓이더라도 그 눈이 쉽게 미끄러져 내릴 수 있다. 만일 눈이 미끄러져 내리지 못하고 더 쌓이게 된다면, 그 쌓인 눈의 무게 때문에 가지가 부러지는 일이 생길 것이다. 눈의 무게를 이기지 못하고 실제로 가지가 부러지는 침엽수들이 간혹 있기는 하지만, 그나마 대부분의 침엽수들이 눈을 견디는 것은 그 가지의 뻗은 방향 덕택이다.

활엽수가 지구에 등장한 것은 지금으로부터 약 1억 년 전이다. 침엽수의 등장 시점은 그보다 이른 1억 7,000만 년 전이었으니까 활엽수가 상대적으로 더 현대적인 진화의 결과물이다.[39] 활엽수가 잎을 버리는 것은 그 자신을 위해서 매우 중요하다. 늦가을이나 겨울에 부는 강한 바람은 나무의 뿌리까지 흔들 수 있다. 세찬 바람이 불어닥치면 거대한 나무도 뿌리째 뽑힐 수 있고, 실제로 여름 태풍이 지나간 자리에서 이런 모습을 심심치 않게 볼 수 있다. 대책이 미비하면 누구든 이런 피해를 보기 마련이다. 활엽수의 대책은 잎을 버려 저항을 최소화하는 것이다. 이 대책은 바람에 대한 대책이 될 뿐만 아니라 눈에 대한 대책도 된다는 점은 앞서 말한 바와 같다. 그리고 그것은 또한 얼음에 대한 대책이 되기도 한다. 잎을 버림으로써 얼음을 뒤집어썼을 때 생기는 피해를 예방하고, 낙엽을 나무 밑동에 쌓아 놓음으로써 낙엽 층이 따뜻

---

39. Wohlleben, P.(2015). 앞의 책, 179-185쪽.

한 퇴비 무더기 같은 작용을 하여 겨울의 눈이나 비로 인해 생기는 얼음으로부터 자신을 보호할 수 있기도 하다.

활엽수가 잎을 버리는 시점은 기후의 영향을 받는데, 지구 온난화가 이 기후변화의 한 양상이다. 잎을 버리던 가을의 기온이 예년에 비해 따뜻하면 나무들은 잎을 버리는 시점을 늦추려는 결정을 할 수도 있다. 어떤 대응을 할 것인지는 나무의 성격에 달려 있다. 어떤 나무는 온화한 기온을 이용하여 광합성을 좀 더 하고 영양분을 최대한 비축하려는 결정을 하는 반면, 어떤 나무는 언제 추위가 갑자기 닥칠지 모르므로 욕심 부리지 않고 안전하게 광합성을 멈추는 결정을 한다. 앞의 나무가 위험한 게임을 하는 나무라면, 뒤의 나무는 조금 더 신중하고 안전 지향적인 나무다. 생존 확률로 볼 때 뒤의 나무가 더 높을 것이다. 말하자면 확실한 안전이 보장될 때까지 나무의 대응은 아주 느리게 천천히 이루어질 것이란 뜻이다.

과도한 부담을 스스로 덜어 내고자 하는 지혜

활엽수가 잎을 떨어뜨리고 침엽수가 가지를 약간 아래로 처져 자라게 하는 것은 생육과 성장을 위해 과도한 부담을 스스로 덜어 내고자 하는 지혜의 소산이다. 이 지혜와 관련하여 생각해 볼 점은 우리나라 학생들의 부적절한 학습 부담과 선행학습 조장 문제이다.

학습 부담으로 가장 가시적인 것은 학습시간이다. 우리나라 학생들의 학습시간이 길다는 점은 이미 세계적으로 유명하다. 2015년에 재단

법인 '동천'의 연구지원 사업으로 진행된 한국 학생들의 학습시간에 관한 실태조사를 보면 초등학생은 6시간 20분, 중학생은 8시간 3분, 일반고 학생은 12시간 1분, 특성화고 학생은 10시간 4분을 학교에서 머무는 것으로 나타났다. 학교에 머문다고 하여 모두 학습활동만 하는 것은 아니겠지만, 상당히 긴 시간을 학습하는 데 보내는 것은 분명하다. 그리고 다양한 형태로 이루어지는 방과후학교, 반강제적으로 이루어지는 고등학생들의 야간 자율학습, 학교 외에서 광범위하게 이루어지는 사교육(개인 과외와 학원 수강) 등을 합치면, 먹고 자고 씻는 시간을 뺀 하루의 대부분의 시간을 공부하는 데 보낸다고 해도 과언이 아닐 정도이다.

많은 시간을 공부하는 일에 쓴다는 것은 그 시간을 무의미하게 쓰는 것보다는 좋은 일이다. 일찍이 학습이론가 중의 한 명인 캐럴Carroll, J. B.이라는 사람은 학습에 필요한 시간을 줄이고 학습에 사용한 시간을 늘리면 완전한 학습에 이를 수 있다는, 좀 뻔한 이야기를 했다. 학습자가 학습하는 과제에 대해 흥미가 있다든지 교사가 잘 가르친다든지 하면 학습에 필요한 시간이 줄어들고, 학습자가 충분한 학습 기회를 가지고 지속적으로 그 학습을 한다면 학습에 사용한 시간이 늘어나게 된다는 것도 당연한 이야기다. 그러니까 다른 조건이 일정하다면 학습에 들이는 시간을 늘릴수록 학습을 더 잘하게 될 것이다.

그런데 이 학습시간을 무작정 늘리는 것이 꼭 그렇게 바람직한 것만은 아니다. 한 가지 생각할 점은 학습시간 대비 학습효과에 일종의 '한계효용 체감遞減의 법칙'이 존재할 것이란 점이다. 학습효과는 다양한 요소로 구성되지만, 학업성취도 혹은 교과 성적을 가리킨다고 일단 그 범위를 좁혀서 생각해 보자. 공부를 오래 하면 교과 성적을 올릴 수 있을 것이다. 1시간이라는 단위시간의 공부를 통해 올릴 수 있는 교과 성적의 정도를 학습시간의 한계효용이라고 말할 수 있다. 새로운 학습 과제를 학습할 때 그 과제의 학습에 투입하는 시간의 한계효용은 제법 클 것이다. 그러나 적정한 투입 시간을 초과해서도 계속 동일한 학습 과제에 시간을 쓰게 된다면 그 학습시간의 한계효용은 점점 줄어들 수밖에 없다. 예를 들어 말하자면 1시간 투자하여 20점의 성적 향상 효과를 보던 것이 단위시간의 반복 투자에 따라 그 향상 효과가 15점, 10점, 7점, 5점 식으로 점점 줄어들 수밖에 없다는 뜻이다. 결국에 가서는 1~2점 정도의 미미한 향상 효과를 보거나 거의 효과가 없는 일에 시간을 쓰게 되는데, 이는 비효율적이다.

국제학업성취도검사 가운데 많이 알려진 것이 피사PISA이다. 이는 경제협력개발기구OECD에서 세계 각국의 만 15세 학생을 대상으로 하여 3년 주기로 읽기, 수학, 과학 교과의 성취도 및 문제해결력 등을 조사하고 비교·분석하는 프로그램이다. 이 검사에서 우리나라 학생들의 학업성취도는 다음 표에서 보는 것처럼 매번 상위권을 차지하고 있다. 이 표에 나오는 순위는 OECD 회원국 가운데의 순위이다. 이 검사에는 OECD 회원국이 아니라도 참여할 수 있는데, 2015년 검사에서는 회원국 35개, 비회원국 35개로 전체 70개국이 참여했다. 전체 참여국 가운데 우리나라 학생들은 2015년 기준으로 읽기 4~9위, 수학 6~9위, 과학 9~14위를 기록했다. 비회원국 가운데 상위국이 있었다는 뜻이다. 일부 순위가 범위로 나타나는 까닭은 피사가 2006년 검사 이후부터는 95% 신뢰 수준에서 각 국가의 순위에 대한 범위를 제공하고 있기 때

[표 4] OECD 국가 내의 피사 순위(연도별, 영역별)

	2000	2003	2006	2009	2012	2015
읽기	6	2	1	1-2	1-2	3-8
수학	2	2	1-2	1-2	1	1-4
과학	1	3	5-9	2-4	2-4	5-8

*출처: http://www.oecd.org/pisa/

문이다.

피사 결과는 각국의 교육계에서 여러 가지 방식으로 해석되고 활용되었다. 안도, 충격, 의도적 무시, 무관심, 얼떨떨함, 갈채 등이 다양하게 나타나는 일차적 반응이다. 우리에게 잘 알려져 있듯이 핀란드의 높은 순위는 한국 교육계의 참조 국가를 이전의 미국, 영국에서 핀란드로 바꾸는 계기가 되었다. 그 나라의 좋은 면을 배워야 한다는 논의가 한때 유행처럼 번진 적도 있었다. 순위가 낮은 어떤 나라는 애써 무관심하거나 검사 도구에 문제가 있다는 식의 대응을 하기도 했으나, 어떤 나라는 자국의 교육개혁을 시도하는 근거로 삼기도 했다.

학교에서 행복한가?

우리나라는 1990년대 중반 이후에 교육개혁의 큰 흐름이 시작되었다. 이 개혁 방향 가운데 하나는 경쟁 무풍지대에 있던 학교와 교사로 하여금 잘 가르치는 경쟁에 나서게 하고 학생과 학부모가 학교를 선택하게 하는 방식으로 교육체제를 바꾸자는 것이었다. 이런 생각의 배경에는 기존 학교체제가 교육 공급자의 현실 안주를 조장하고 고교평준화제도가 학생들의 학력 저하를 초래하고 있다는 현실 진단을 깔고 있는 것이었다. 이러한 개혁의 흐름 속에서 처음 발표된 2000년 피사 결과는 그 현실 진단이 다소간 잘못되었음을 알려 주는 신호였다. 그럼에도 경쟁과 선택을 기조로 하는 교육개혁이 이후 계속 추진되었던 점을 고려한다면, 만약 피사 순위가 낮게 나왔을 경우 학교와 교사에게로 향하는 문책성 시선이 얼마나 더 엄혹했을까 하는 상상을 하게 된다.

다른 한편으로는, 피사 순위가 높게 나온 것이 학교교육의 성공지표로 해석될 수 있는가에 대해 의문을 제기하기도 한다. 어떤 사람들은 높은 순위를 우리나라의 극성스러운 사교육 효과 때문일 것이라고 해석한다. 영재교육에 관심을 가진 사람들은 우리나라 응시자 전체의 평균 성적으로는 높은 순위를 기록한 것이 맞지만, 상위권 학생들의 평균 성적만 따로 떼어 놓고 보면 다른 나라 상위권 학생들의 성적에 비해 순위가 많이 떨어지므로 우수 인재에 대한 별도 교육이 더 필요하다는 점을 알려 주는 자료라고 해석하기도 한다.

다양한 시각에서 다양한 자료에 주목하여 이 피사 결과를 해석할 수 있지만, 내가 여기서 주목하고자 하는 것은 우리나라 학생들의 학습 부담이다. 만약 학업성취를 얻기 위해 투입하는 학습시간을 함께 고려하여 학습시간 대비 성취도(이를 학습효율성 지수로 표현할 수 있을 것이다)를 비교한다면, 우리나라 학생들의 효율성 지수는 성취도 순위보다 훨씬 후퇴하게 될 것이다. 학습에 투입하는 압도적인 학습시간 때문이다. 참고로, 2012년 피사 결과에서 문제해결력 부문에서 두각을 보인 한국, 일본, 핀란드 가운데, 한국 학생의 사교육 시간은 주당 평균 4.94시간으로 핀란드(11분)·일본(40분)보다 훨씬 많았다.

긴 학습시간이 한계효용의 체감과 효율성 지수의 하락으로 이어지는 것 못지않게 심각한 문제는 학생들의 자발적 학습 욕구나 자기 존중감을 오히려 떨어뜨린다는 점이다. 한국청소년정책연구원이 우리나라와 중국 및 일본의 고등학생들을 대상으로 조사한 연구에 따르면, 자신들이 행복하다고 느끼는 비율에서 우리나라가 가장 낮은 것으로 나타났다.[40] 마찬가지로 2012년 피사의 조사 문항 가운데, '학교에서 행복한가?'라는 질문에 대해 OECD 평균은 80%의 학생들이 그렇다고 대답한 반면, 우리나라는 60% 정도의 학생들만 그렇다고 대답하여, 학교생활에서의 행복도가 조사 대상국 중 최하위권에 속함을 보여 주고 있다. 짐작컨대, 치열한 생존경쟁에 내몰린 상태에서 공부하지 않으면 낙오된다는 절박함, 불안감 때문에 억지로 끌려다니면서 공부하는 학생이 그만큼 많다는 뜻일 것이다.

우리나라 학생들은 피사 지표에서 '과목별 학업성취도'는 상위권을 차지하면서도 '학업 지향적 태도'(혹은 자기 주도적 학습 태도)에 있어서는 다음 표와 같이 모든 요소에서 하위권에 머물러 있다.[41] 이는 우리나라 학생들이 학업에 대하여 흥미나 동기 수준이 낮고, 학습에 임

---

40. 한국청소년정책연구원(2009). 「한·중·일 고교생의 학습 환경 및 학업 태도에 관한 국제비교조사」.
41. 이 가운데에서 특히 '수학에 대한 자아개념'은 가장 낮고, '학문적 자아개념'에서는 OECD 평균으로부터 뒤처지는 정도가 가장 심한 것으로 나타났다. 이를 통해서 보면, 우리나라 학생들은 자신이 수학 혹은 대부분의 교과목에서 공부를 잘한다거나 시험을 잘 본다거나 빨리 배운다거나 하는 것에 별로 동의하지 않음을 알 수 있다.

하는 자기 자신에 대하여도 긍정적인 자아개념을 형성하지 못하고 있음을 나타낸다. 2003년에 발표된 자료이지만, 오늘날의 청소년이라고 하여 특별히 변화된 것이 있으리란 기대를 하기는 어렵다. 피사PISA 2006 자료를 활용한 분석에서도 우리나라 학생들이 과학에 대한 자아효능감과 자아개념, 과학에 대한 흥미, 환경 문제에 대한 인식이 전반적으로 OECD 평균보다 훨씬 부정적인 것으로 나타났다.[42] 피사 2015 결과에서도 우리나라 학생들의 평가 과목에 대한 정의적 특성(자아효능감, 도구적 동기, 즐거움, 흥미 등)은 평균보다 낮게 나타났다. 학업에 대한 태도가 이렇게 부정적인 까닭은 오랜 시간 공부에 끌려다녀서일 수도 있고, 학업에 대한 압박감과 스트레스가 심해서일 수도 있다. 그 원인이 무엇이든 이런 부정적 태도가 학교에서 행복하지 못한 학생들을 만들어 내는 요소가 된다.

[표 5] 만 15세 학생들의 학업 지향적 태도(PISA 2000)

	암기 전략	상세화 전략	통제 전략	도구적 동기	읽기 흥미	수학 흥미	노력과 끈기	자아 효능감	읽기 자아 개념	수학 자아 개념	학문적 자아 개념	협동 학습	경쟁 학습
한국	2.37	2.50	2.45	2.54	2.25	2.20	2.47	2.28	2.67	1.99	2.12	2.27	2.48
OECD 평균	2.49	2.51	2.73	2.89	2.57	2.44	2.73	2.56	2.92	2.45	2.84	2.70	2.62

*단위: 표준화 점수
*출처: OECD(2003). Learners for Life: Student Approaches to Learning.

진보적 교사들 가운데에는, 학교와 학업에 대한 학생들의 정의적 특성을 긍정적으로 변화시키기 위해서는 학업 풍토를 경쟁 지향적인 데

42. 박현정(2008). 「학습 동기, 자아개념, 학업성취 간 관계의 집단 간 동등성 분석: PISA 2006 결과를 중심으로」. 『교육평가연구』, 21(3), 43-67쪽.

에서 벗어나 공동체 지향적인 것으로 바꾸는 것이 긴요하다는 생각을 하는 사람들이 많다. 그러나 그렇게 바꾸는 방법이 무엇인지에 대한 처방은 아직 확실하지 않으며, 진보적 교사들의 노력은 치열한 입시 경쟁을 관통하고 있는 학부모들의 현실적·세속적 요구 앞에서 아직은 무력하기만 하다.

학창 시절에 학업에 대해 부정적 태도를 키운 사람들이 나중에는 어떻게 될까? 아마도 자발적으로 학습하려고 하지 않을 것이다. 억지로 공부해야 하는 상황에서 벗어나게 되면 공부를 멀리하는 어른이 될 가능성이 높다.

OECD가 2013년 처음 실시한 성인 문해력 평가PIAAC 결과는 좀 안타깝다. 읽기 문해력, 수리 능력, 기술적 문제해결 능력 등을 평가했는데 읽기 문해력에서 한국의 점수는 OECD 평균에 그쳤다. 참고로 이 평가에서 1위는 일본, 2위는 핀란드였다. 게다가 '토론이 가능한 수준'인 3등급 이상 성인의 비율로 따지면 평균 아래로 내려간다. 심지어 성인 나이를 '55세 이상'으로 세분하면 같은 세대 OECD 평균보다 20점가량 낮아진다.

학습시간을 줄이자는 주장을 하는 것인가?

그렇다면 나는 긴 학습시간이 문제이니 학습시간을 줄이자는 주장을 하는 것인가? 이 질문에 대답하기 전에 먼저 관련 사례로 일본의 '유토리ゆとり 교육'을 살펴볼 필요가 있다. 일본은 지난 2002년, 학생들

에게 단순 암기보다는 생각하는 힘을 길러 줘야 한다는 방침에 따라 개별 교과에 대한 수업시간은 줄이고 종합 학습시간은 늘리는, 이른바 '유토리(여유) 교육'을 도입한 바 있다. 그런데 이 방침은 2007년에 사실상 철회되었다. 일본 문부과학성 산하 중앙교육심의회는 유토리 교육에 대한 점검 보고서를 통해 "현행 교육이 유토리를 전면에 내세우면서 수업시간을 지나치게 줄여 학력 저하를 초래했다"는 점을 핵심으로 지적했다. 문부성은 심의회의 보고서를 토대로 '유토리 교육'을 철회하고 초·중학교 주요 교과의 수업시간을 대략 20~30% 남짓 늘리도록 조치했다. 일본의 이러한 움직임은, 일본이 2006년 피사PISA 평가에서 수학(10위)·읽기(15위) 부문 등의 순위가 뚝 떨어지는, 이른바 '피사 쇼크'를 경험한 것이 그 배경이 되었다는 해석도 있다. 이를 계기로 여러 교육 지원책이 나왔는데, 특히 '학교 숙제'를 통해 학생들의 공교육 시간을 연장시키고 학습시간을 늘린 것이 이전의 성취도를 회복하게 했다는 지적도 나온다. 다른 한편으로, 유토리 교육의 도입은 일본 교원 노조의 영향력이 강했던 시기를, 이 교육의 철회는 일교조의 영향력이 급속히 줄어들고 일본 정부 내 엘리트 지향적 관료 그룹의 영향력이 다시 전면에 부상하는 시기를 각각 그 배경으로 하고 있다는 정치학적 해석도 존재한다.

이 일본 사례의 교훈은, 그렇다면 학습시간을 늘려야 한다는 점을 말하는 것인가? 정책의 성패에 대한 판단은 신중해야 하는데, 성취도의 하락이 유토리 교육 때문인지는 분명하지 않다. 또, 유토리 교육의 어떤 점이 문제였는지에 대한 점검도 필요하다. 유토리 교육의 취지에서 이미 밝혔듯이, 그 방침은 교과 수업시간은 줄이더라도 '생각하는 힘'을 기르도록 하는 학습시간은 늘린다는 것이었다. 그리고 만약 이 취지가 구현되어 생각하는 힘이 길러졌다면 그 생각하는 힘을 발휘해야 하는 학업성취도는 당연히 올라갔을 것이다. 그러니까 일본 사례는, 생각하는 힘을 기르지도 못하면서 교과 수업시간을 줄여 피사 쇼크가 생겼을 수도 있고, 생각하는 힘이 길러졌는데도 피사의 평가 문항이 그 힘을 제대로 평가하지 못해서 유토리 교육 전체가 실패한 것처럼 보인 것일 수도 있다. 만약 후자라면 유토리 교육 정책은 억울하게 매도 당한 것이다.

중요한 것은 학습시간을 줄일 것인가, 늘릴 것인가가 아니다

우리나라 학생들의 학습시간이 과도하게 길고 그 부담이 크다는 점은 널리 알려져 있다. 이 점에 대한 대책을 찾아보기 위한 토론회가 2017년 3월 28일 국회에서 열렸다. 국회의원, 교육시민단체, 학원 관계자, 학무모 등이 참여한 이 토론회는 '장시간 학습 경쟁'으로 굳어진 학습 관행을 바꿀 수 있는 방안이 무엇인지를 주제로 삼았다. 여기서 제안된 주요 방안인 학원 휴일 휴무제의 도입에 대해 치열한 공방이 있었다. 이 제도는 공휴일에는 학원도 휴무하게 하자는 것이 핵심 내용이다.

이 제도의 도입 필요성을 주장하는 측에서는 "우리나라 청소년의 학습시간은 경제협력개발기구OECD 국가 중 최고 수준이고, 삶의 만족도는 최하위 수준이다. 학생들이 휴일에도 학원에 다니는 것이 스스로 선택한 것처럼 보이지만, 무한 입시 경쟁 속에서 어쩔 수 없이 다니고 있고, 학부모들도 그 경쟁에 지쳐 있다. 그러므로 이러한 과열 경쟁으로부터 학생을 보호하는 일정 규제가 필요한데, 공휴일에 학원도 휴무하게 하는 것이 그 답이다"라고 주장한다. 이러한 주장의 배경에는, 학원의 심야 영업을 제한하는 조례의 합헌성을 다투는 사안에서 헌법재판소가 학생들의 건강과 안전, 사교육비 절감이라는 공익 가치가 학원의 영업 자유보다 더 중요하기 때문에 해당 조례의 내용이 합헌이라고 판결한 전례에 비추어, 토요일이나 일요일 같은 공휴일의 일부에 학원의 휴무를 법제화하더라도 문제될 것이 없다는 생각이 깔려 있다.

반면 이 제도의 도입에 반대하는 측에서는, "학생들의 과도한 학습 부담과 과열 경쟁이 획일적 공교육제도와 경쟁 유발적인 상급 학교 입시제도 전반에서 기인하는 것임에도 불구하고, 입시제도나 공교육을 정상화하기보다 엉뚱하게 학원의 운영권과 학생·학부모의 선택권만 제한하려 하는 것은 잘못된 것이다"라고 주장한다. 이러한 주장과 궤적을 같이하는 다소간 구체적인 반론도 나온다. 예를 들어, "미술대학 진학을 목표로 휴일에 미술 학원에서 과외를 받고 싶은 교육적 요구를 법으로 가로막는 것은 부당한 억압이고 반교육적이다"라는 식의 반론이 그것이다.

양측의 이러한 대립적 주장 사이 어느 지점에선 신중론도 등장하기 마련이다. 이를테면 "골목상권을 보호하기 위한 대형마트 격주 휴무 제도나 청소년 건강을 보호하기 위한 게임 셧다운 제도를 도입할 때 자율권 침해를 최소화하는 세부 방안이 마련되어 있었기 때문에 그러한 제도를 도입할 수 있었던 것처럼, 학원 휴무제 역시 초·중·고 대상

학원 간 차등 적용, 예외 규정 등 세부안이 마련돼야 한다"는 식의 논의가 그것이다. 제도를 도입하더라도 신중하게 현실적인 보완책을 마련한 뒤에 하자는 접근인 셈이다. 그렇지만 이 접근에도 쉽지 않은 점이 있다. 예를 들어, 고등학생은 휴일에 학원 다닐 수 있고 초등학생은 그럴 수 없다든지, 수학 학원은 휴일에 영업할 수 없는 반면 미술 학원은 예외적으로 영업할 수 있다는 식의 구분이 도대체 무슨 근거로 합리화되는 것인지도 의심스럽기 때문이다.

중요한 것은, 학습시간을 줄일 것인가 늘릴 것인가, 혹은 공휴일에 학원을 못 다니게 할 것인가 다니게 둘 것인가 하는 등과 같은 학습의 외면적 양상보다는, 그 학습의 내용적 질이 무엇인가 하는 점이다. 어떤 학습 과제든지 그 학습의 기초 단계에서 일정한 수준의 반복 연습을 통한 숙달과 기억은 중요하다. 그리고 그 과제에 대한 이해가 가능한 수준까지 충분한 학습을 하는 것 역시 필요하다. 그러나 그 적정 정도를 넘어서서 동일한 내용을 반복적으로 학습하고 기계적으로 숙달하게 하는 것은 학습의 흥미와 의욕을 떨어뜨리고 긴 세월에 걸친 평생학습을 오히려 어렵게 만드는, 무의미하고 질 낮은 학습 방식이다.

배우는 일은 그 자체의 성격상 어렵고 애를 써야 하는 일이지만, 알고 깨닫는 데에서 찾아오는 기쁨까지 느끼지 못하게 하는 방식이라면 그것은 너무 가혹하다. 지금 우리 학생들이 겪고 있는 괴로움의 본질은 무엇인가? 이미 이해하였거나 아니면 여전히 이해하지 못하는 내용을 맹목적, 반복적, 기계적으로 반복하여 공부에 진이 빠지도록 만드는 것이다. 불필요하고 무의미한 부담이다. 겨울에 잎을 떨어뜨리지 않는 활엽수와 수북하게 쌓인 눈을 잔뜩 이고 있는 침엽수처럼 괴롭고 도 위험하다.

입시 대비용 문제풀이에 몰입하는 선행학습

다음으로, 선행학습의 문제도 생각할 점이다. 원래 선행先行학습 혹은 선수先修학습은 한 학습 과제에 원만하게 진입하기 위해 그 과제와 논리적 계열을 이루고 있는 기초 과제에 대한 학습을 충실히 먼저 하는 것을 가리키는 말이었다. 예를 들면, 사칙연산에서 뺄셈을 하기 위해 덧셈을 먼저 공부하게 하는데, 이 덧셈에 대한 학습이 뺄셈의 선행학습이 되는 것이다. 그러므로 원래 의미대로라면 선행학습이나 선수학습은 학습의 효과를 위해 꼭 필요하고도 중요한 것이다. 그런데 언제부터인가 이 선행학습이라는 용어가 '학교교육과정에서 배우기로 되어 있는 시기보다 앞서서 학습하는 것'을 가리키는 개념으로 통용되기 시작하였다. 예를 들면, 중학교 2학년에 배우기로 되어 있는 수학교과의 내용을 초등학교 6학년 때 앞당겨 배우는 식이다. 이제 선행학습의 원래 의미는 거의 사라지고 새로운 통상적 용법이 자리를 잡게 된 느낌까지 든다. 여기서 문제 삼는 선행학습도 그런 통상적 의미의 '앞당겨 배우기'를 가리킨다. 앞당겨 배우는 것을 가리키는 말로 '예습'도 있다. 예습은 하루 이틀이나 한두 주 정도 미리 정규 수업 전에 학습자가 스스로 그 내용을 학습하는 것으로서 학습에 도움이 되고 크게 문제될 것도 없다. 따라서 예습은 여기서 문제 삼지 않는다.

앞당겨 배우는 선행학습의 역사가 그리 짧지는 않다. 옛날에도 신동이나 영재가 있었고 그들은 남들이 『천자문』이나 공부하고 있을 나이에 『대학』을 공부하는 식의 선행학습을 했다. 유년에 과거에 급제한 사람들은 거의 다 선행학습을 했다고 볼 수 있다. 그렇지만 이 시기 선행학습은 그렇게 광범위한 것도 보편적인 사회 현상도 아니었다.

국가가 공교육제도를 수립하고 교육과정을 정하고 학년별로 배울 교과목과 각 교과목의 내용 수준이 교과서에 담기면서, 학습자의 발달 수준을 고려한 학년별 학습 내용의 배정이 공식화되었다. 말하자면, 무슨 내용을 언제 배우는 것이 적절한지에 대한 공식적 결정이 국가 수준에서 이루어졌다는 뜻이다. 이 결정에 따라 모든 학생들이 그 시기에 그 내용을 학습하게 준비되었다.

그러나 이 결정이 학교 현장에서 흔들리는 사례가 나타나게 되었다. 학력을 중시하는 우리 사회에서 어떤 상급 학교를 진학하는지가 하급 학교의 지대한 관심사다. 그런데 하급 학교는 자기의 진학 예정자들이 다른 학교 경쟁자들보다 더 좋은 입시 성적을 거두도록 요구받는다. 이 상황에서 학교는 공부할 내용을 미리 앞당겨 가르치고 입학시험 때까지 남은 시간을 입시 대비용 문제풀이에 몰입하는 선행학습을 한 것이다. 이런 시도는 곧 경쟁관계에 있는 다른 학교로 신속히 파급되어, 공부 좀 시킨다는 학교의 보편적 현상이 되어 버렸다. 중학교 무시험 입학제도가 도입되는 1969년 이전까지는 초등학교에서 이런 현상이 나타났고, 고교평준화제도가 도입되는 1974년 이전까지는 전국의 중학교에서 이런 현상이 나타났다. 2017년 현재 특수목적고등학교와 자율형 사립고 등 평준화제도의 적용을 받지 않는 고교 진학을 위한 선행학습은 아직 남아 있고, 대학 입시는 고등학교 시기의 선행학습을 조장하는 요인으로 존재한다.

그런데 최근에는 학교에서 이루어지는 이러한 종류의 선행학습을 법으로 금지하는 지경에까지 이르렀다. 무엇을 언제 배우든 사실 그것은 학습자의 선택에 맡길 일이다. 학습자의 수준에 따라 미리 혹은 나중에 배울 수 있는 일을, 굳이 법까지 만들어 미리 배우지 못하게 할 필요까지 있는가 하는 생각을 할 수도 있다. 이 법(정확한 이름은 '공교육 정상화 촉진 및 선행 교육 규제 특별법'이다)의 골자는, 초·중등학교에서 그 학년의 교육과정을 벗어난 내용을 가르치거나 시험에 출제하면 학교나 교사가 징계를 받도록 하여 선행 교육 규제의 효과를 확보하겠다는 것이다. 이 법의 제정 이면에는 과도한 선행 교육이 학교의 정상적인 교육과정 운영을 가로막고, 학생의 발달 수준에 맞지 않는 교육을 실시함으로써 학습자에게 불필요한 부담을 주며, 해당 시기에 정상적으로 거쳐야 할 학습 경험을 빼앗는 결과로 이어진다는 문제의식이 들어 있다. 학교 시험에 교육과정을 벗어난 문제가 출제되면 학생들은 사교육에 의존하게 되고, 이는 곧 공교육의 파행으로 이어진다는 문제의식도 또한 포함되어 있다.

그러나 학교에서 이루어지던 선행 교육의 정도는 사교육 시장의 그것에 비하면 그리 심각한 것이 아니었다. 학원은 선행학습을 조장하는 진원지였고 지금도 마찬가지다. 앞의 법이 학교의 선행 교육만 규제할 수 있을 뿐, 정작 선행 교육이 더 기승을 부리는 학원에 대해서는 사교육의 과도한 규제가 위헌적이라는 이유로 인해 적용되고 있지 않다. 학원이 선행 교육을 통해 얻을 수 있는 이점은 많다. 학교에서 이미 배운 내용을 뒤따라가는 방식을 통해서는 학교 수업 보충용의 과외 수요만 충족시키는 데 비해, 아직 학교에서 배우지 않는 내용을 앞서 배우게 하면 모든 학습자를 과외 수요자로 만들 수 있는 장점이 있다. 또, 앞당겨 배우는 학습자로 하여금 자기가 앞서간다는 착각을 하게 만들고, 그 이웃의 학습자나 학부모에 대해서는 뒤처지고 있다는 불안감을 갖게 만들어 과외 수요를 유지하거나 확산시킬 수 있다는 이점도 지닌다. 학원의 이러한 과외 수요 확산 전략 혹은 수익 모델 다변화 전략에 의해 학원 선행 교육은 계속 성업 중이다. 소위 명문 학교 입시 경쟁이 사라지거나 학생이 사라지지 않는 이상 선행 교육 역시 사라지지 않을 것이란 우울한 전망까지 하게 된다.

그러나 낙담은 금물이다. 선행 교육을 강제로라도 금지하겠다는 생각이 한편에 있는 것처럼, 선행학습에 어떤 장단점이 있는지를 면밀히 살펴 합리적인 선택을 하게 하면 결국 과도한 선행 교육이 자연스럽게 진정될 것이란 생각이 다른 한편에 있다. 선행학습이 효과를 발휘하는 경우를 일률적으로 말하기는 힘들 것이다. 그것은 학습자의 개인차, 학습자의 발달 수준, 학습 과제의 내용과 수준 등에 의해 영향을 받을 수밖에 없기 때문이다. 이 문제에 대한 향후의 연구가 축적된다면, 선행 교육에 대한 학생이나 학부모의 합리적 선택에 도움이 될 수도 있을 것이다. 그러나 가르치는 사람이건 배우는 사람이건 직관을 통해 알 수 있다. 지금 자기들이 가르치고 배우는 내용의 수준이 학습자에게 적합한지 어떤지. 지금 우리 학생들이 겪고 있는 괴로움의 본질은 무엇인가? 어차피 학교에서 때가 되면 배울 내용을 준비도 덜 된 상태에서 앞당겨 배우느라 시간 쓰고, 돈 쓰고, 애까지 쓰는 것이다. 그 시간과 비용과 노력을 더 의미 있는 다른 일에 쓴다면 인생이 훨씬 풍요로워질 수 있을 것이다. 과도한 선행학습은 불필요하고 무의미할 뿐만 아니라 학습자 자신에게 괴롭고도 위험한 일이다.

행장은 가볍게, 그러나 여정에 필요한 것은 꼭 챙겨서

『맹자』의 「공손추公孫丑 장」에 보면 조장助長의 고사가 나온다. 송나라의 한 농부가 집 바깥 농사터에 나가 보았더니 일찍이 뿌려 두었던 씨앗에서 싹이 났는데 그 생육의 정도가 기대에 미치지 못하였다. 이를 안타깝게 여겨 농부는 그 싹이 자라도록長 돕는다助는 마음에서 싹을 조금씩 뽑아 올려 주었다. 집으로 돌아와 그 집 사람에게 말하기를, "오늘은 피곤하다. 내가 싹을 도와 자라게 하였노라." 하거늘, 그 아들이 나가 보니 싹이 곧 말랐더라는 이야기다. 싹을 방치하는 것도 문제이지만, 싹을 억지로 조장하는 것 역시 무익하고도 해롭다는 점을 지적하는 고사다. 공부를 많이 하여 성적을 올리는 것, 앞당겨 공부하여 공부할 내용에 익숙해지게 하는 것, 모두 선의에서 나온 행동일 수 있다. 그러나 그것이 식물의 싹을 뽑아 올려 주는 조장의 결과로 이어질 수 있다.

학습은 학學과 습習으로 이루어진다. 무엇인가를 배우면 그것을 익히고 깨우치고 음미하고 나아가 자신의 가치관이나 인격의 일부로 포섭하는 데까지 나아가야 진정한 학습이 이루어졌다고 할 수 있다. 그러기 위해서는 충분한 시간과 여유를 두고, 배운 내용에 대해 생각하고 궁리하고 체화體化할 수 있어야 한다. 『논어』의 첫 장에 나오는 학이시습學而時習이라는 말에서 시습時習의 의미를 '기회 있을 때마다 자주' 익혀서 익숙하게 한다는 뜻으로 해석하는 사람도 있겠지만, '적당한 시간과 적합한 때를 맞추어' 익힌다는 뜻으로 해석할 수도 있다. 여기서는 후자의 해석에 주목한다. 시습하지 않고 학學에만 몰두할 때에는, 그 학의 내용을 미처 소화하지 못하거나, 그 학의 내용이 나의 바깥에서 나를 짓누르는 무의미한 부담으로만 작용하게 된다.

겨울나무가 불필요한 이파리를 잔뜩 매달고 있거나 무거운 눈까지 뒤집어쓰고 있어서는 내내 힘겨울 뿐이다. 잡다한 지식과 정보를 많이, 그리고 오래 저장하는 수고는 백과사전이나 학습기계에 맡기자. 이 점에서, 최근 유행어가 되어 버린 '4차 산업혁명'이나 '인공지능AI'은 교육을 위협하는 요소가 아니라 오히려 도와주는 환경으로 보인다. 적더라도 핵심이 되는 원리 중심으로 이해하고, 그것을 자신의 삶에 의미 있게 연결시키는 경험을 통해 진짜 학습을 해 보자. 이것이 인공지능 아닌 인간 학습의 고유 가치다. 진짜 학습에서 유념할 점은 이것이다. "행장行裝은 가볍게, 그러나 여정旅程에 필요한 것은 꼭 챙겨서."

더 많은 교사가 올바른 방향에서
열심히 가르칠 수 있도록 도와야

시간과 부담의 관리가 학습자에게 중요한 것과 마찬가지로 그것은 교사에게도 중요하다. 대부분의 교사들은 학생들을 잘 가르치기 위해서는 자신에게 충분한 시간이 주어지기를 원한다. 학생을 가르치는 일이 자신이 해야 할 일이라고 생각하기 때문에, 그 핵심 과업과 직접 관계없는 서류 작업이나 여타의 일에 시간을 쓰는 것을 안타깝게 여긴다. 그렇기 때문에 이런저런 전시성 행사나 행정 업무를 교육행정가들이 중시할 때 교사들은 학교의 핵심 과업이 소홀히 취급되는 것 같다며 불만을 품는다. 그럴 만한 사례는 많다. 아득히는 대통령 해외 순방 길에 학생들 태극기 들려 거리로 나가게 했고, 그보다 가까이는 장학사가 방문한다고 수업 중인 학생들 동원하여 학교 구석구석 청소하게도 했으며, 심지어 지금까지도 급한 공문 처리해야 한다고 학생들 자습을 시킨다. 따분하고 형식적인 연수와 불필요한 회의는 아직도 얼마나 많이 남아 있는가? 거대한 국가 관료제의 영향 아래에 있는 학교가 학원에 비해 핵심 과업에만 집중하지 못하게 되어 있는 것이 어쩌면 태생적 한계처럼 보이기도 한다.

그러나 학생들이 오래 책만 붙들고 앉아 있다 하여 학습의 효과가 높아지는 것이 아닌 것과 마찬가지로, 교사가 학생들 가르치는 일에만 열심을 낸다고 하여 교육의 효과가 높아지는 것도 아니다. 예를 들어 보자. 예전, 사회 과목 수업시간에 속초의 오징어, 예산의 사과, 장항의 제련소, 울산의 조선소 하면서 지역과 특산물 혹은 산업시설을 연결짓도록 하는 정보를 얼마나 많이 암기했던가? 교사는 학생의 암기 여부를 중요하게 생각했던 것 같고, 어떤 열성적 교사는 방과 후까지 학생들을 학교에 남겨 그런 정보를 숙지하도록 독려했다. 이런 내용의 공부를 하고 난 다음에 보는 시험에서는 어김없이 "○○ 지역의 대표적 특산물은?", "다음 중 지역 이름과 주요 공업시설이 바르게(혹은 틀리게) 짝 지어진 것은?"하는 식의 문제들이 출제되었다. 이런 시험문제에 효과적으로 대응하는 공부법은 미리미리 공부하는 것이 아니라, 시험 직전에 집중 암기하여 시험 볼 때 금방 튀어나오게 하는 것이다. 학생들은 망각 곡선의 모양을 교육학 책에서 한 번도 본 적이 없었을 텐데도, 지역별 특산물 같은 정보는 미리 외워 두어 봤자 기억의 수명이 가련할 정도로 짧아 시험 직전에 다시 외워야 한다는 점을 체험으로 알고 있다. 그렇게 시험이 끝나면 이제 그 정보들은 어떻게 해야 할까? 학생들은 머릿속에 있는 그런 정보들을 털어 내야 한다고 생각했던 듯하다. 털어 내지 않으면 다음의 유사한 시험에서 또 다른 정보들을 담아야 할 공간이 부족해질 것을 걱정한 듯, 시험 후의 의례에 집중했다. 좀 논다는 애들은 음주로 망각을 촉진하거나, 비트 빠른 음악에 맞춰 온몸을 상하좌우로 격렬하게 흔듦으로써, 기억의 잔재를 털어 내는 의례에 몰두했다.

이 학생에게 무슨 문제가 있는가? 없다. 학생들이 알아야 할 내용이 정말 지역별 특산물이나 산업시설의 종류에 관한 정보라면 그런 것을 왜 공부해야 하는가? 지역별 맛집의 이름과 서울 부산을 왕래하는 열차의 시각표를 암기하게 하는 것과 무엇이 다른가? 비유가 너무 나갔나? 그렇다면 역사적 위인의 출생지와 주 활동 지역을 암기하는 것은 어떤가? 모두가 마찬가지다. 그런 정보가 중요한 것이라면, 예전에 전화번호부를 전화기 옆에 비치하여 필요할 때마다 찾아보게 한 것처럼, 그런 정보가 담긴 메모장이나 스마트폰의 검색 기능을 활용하게 하는 것으로도 충분하다. 그런 정보 많이 안다고 훌륭한 사람 되는 것은 아니므로.

그렇다면 지역별 특산물 같은 정보는 왜 학생들이 공부하는 책에 실렸는가? 어떤 농산물이나 수산물이든 그것이 어떤 지역의 특산물로 자리 잡게 되는 데에는 다 지리적인 이유가 있다. 아무 곳에서나 특산물이 되는 것이 아니라 토양이나 기후, 혹은 바닷물의 온도나 해류의 방향 등과 같은 지리적 조건이 맞아야 거기에 맞는 특산물이 자리 잡게 된다는 점을 아는 것이 중요하다. 마찬가지로, 산업시설이 아무 곳에나 들어오는 것이 아니라 산업의 특성에 따라 어떤 것은 원료 생산지 혹은 상품 소비지에 가까운 곳에 입지해야 하는 것도 있고, 어떤 것은 해상 교통이 편리한 곳에 입지해야 하는 것도 있다는 점을 아는 것이 중요하다. 이들을 통해, 결국 동식물의 생태나 인간의 삶이 지리적 조건과 깊이 결부되어 있고 그에 영향을 받을 수밖에 없다는 관점을 형성하는 것이 중요하다. 책에 나오는 지역별 특산물 같은 정보는 이런 관점을 얻기 위해 동원되는 예시적 자료와 같은 것이다.

　이 예시적 자료에 해당하는 것을 마치 중요한 지식이라도 되는 것처럼 가르치는 방식과 중요한 관점을 얻기 위한 수단으로 해당 자료의 내용을 가르치는 방식 사이에는 중요한 차이가 있다. 전자의 방식으로 가르치는 것이라면 교사가 학생들을 오랫동안 붙들어 놓고 열심을 내어 가르친다고 하여 칭송할 이유는 별로 없다. 그릇된 방향의 열심이 어떤 이상한 결과를 초래하는지 알 수 있는 사례는 주변에 무수하다. 교육청이나 교육행정가들이 할 일은 더 많은 교사가 올바른 방향에서 열심히 가르칠 수 있도록 돕는 것이다. 그들이 수없이 많은 정책과 제도로 학교를 이리저리 움직인다고 하더라도, 이 일 하나에 성공하면 모든 것에 성공한 것이요, 이 하나에 실패하면 모든 일에 실패한 것이다.

12.
곤궁한 식물의 역발상
역경을 통한 성장의 교육

주변에서 흔히 보는 나무 가운데 산딸나무가 있는데, 이 나무의 번식 전략은 약간 흥미롭다. 다 자랐을 때 키가 한 10미터쯤 되는 이 나무는 가지들이 층을 이루며 뻗는 층층나무과에 속한다. 꽃은 5~6월경 가지 끝에 무리 지어 피는데 그 뭉쳐 있는 모양이 둥근 구슬처럼 생겼다. 하나하나의 꽃은 4장의 꽃잎과 4개의 수술, 1개의 암술로 이루어져 있는데, 꽃 하나의 크기는 매우 작다. 구슬처럼 뭉쳐 있는 꽃무리(꽃차례)의 크기도 어른 손가락 한 마디보다 작아 스치고 지나가면 얼른 눈에 띄지도 않는다. 꽃이 눈에 잘 띄지 않는 이 약점을 보완하기 위해 산딸나무는 꽃무리 바로 아래쪽의 잎을 보통의 잎과 다른 포엽苞葉으로 변화시키는 전략을 택했다. 산딸나무의 포엽은 꽃무리 바로 밑에 4장이 십자 형태로 달리고 그 색도 흰색이어서, 이 4장의 포엽과 그 가운데 위치한 꽃무리들을 합쳐 마치 한 송이 꽃처럼 보이게 한다. 꽃무리가 있던 자리에 열매가 맺히는데 꽃받기花托가 씨를 감싸는 과육으로 자란다. 이 열매는 보통 10월 즈음에 붉게 익고 맛이 감미로워 날것으로 먹을 수 있는데, 산에서 나는 딸기라 하여 산딸나무라는 이

름을 얻었다.

녹색 잎을 화려한 색깔의 꽃잎처럼 보이게 바꾸어 작은 꽃이라는 결점을 보완하는 식물이 이 산딸나무에 국한되는 것은 아니다. 진분홍색 포엽이 관상 포인트인 부겐빌레아, 선인장 종류로 꽃이 솟아오른 모양이 기린을 닮아서 이름 지어진 꽃기린, 크리스마스 분위기를 낼 때 빼놓을 수 없는 빨간색의 포인세티아 등도 모두 마찬가지다. 이들은 모두 작고 볼품없는 실제 꽃들보다 화려한 포엽을 만들어 방화곤충들을 불러 모으고 수분을 돕게 하는 전략을 선택했다.

위기를 기회로 역이용하는 기막힌 생존전략

한편, 숲에게 불은 치명적 재앙이다.[43] 그러나 어떤 식물은 그 불을 오히려 활용하여 자신의 생존과 번영을 도모한다. 건기의 침엽수림에는 자연산불이 생기기 쉽다. 자연산불은 번갯불로 발화하기도 하지만 나뭇잎과 가지의 마찰에서 불씨가 생겨 일어나기도 한다. 송진과 같은 침엽수의 수액이 인화물질 구실을 하기도 한다. 송진이 화약인 셈이다. 군집을 이루어 집단으로 서식하는 침엽수가 송진과 같은 인화물질을 뒤집어쓰고 있으니, 이는 매우 위험한 선택일 수 있다.

그런데 침엽수는 위기를 기회로 역이용하는 기막힌 생존전략을 가지고 있다. 침엽수림의 산불은 나무의 윗부분을 태우며 급속히 번지는

---

43. 박중환(2014). 앞의 책, 166-170쪽.

특징을 보인다. 키가 큰 침엽수는 윗부분이 무성한 반면 아래로 갈수록 가지와 잎이 적은데 기발한 생존전략은 여기에 숨어 있다.

군집서식이 지나치면 과밀화로 인해 생존에 한계가 온다. 이 지경에 이르면 생태환경을 개선하기 위해 산불을 이용한다. 윗부분의 무성한 가지와 잎을 태우는 절묘한 구조조정을 하는 것이다. 그뿐 아니다. 치솟는 화염풍을 이용하여 씨앗을 멀리 날려 보낸다. 수십 킬로미터에서 수백 킬로미터를 날아가 새로운 영토를 만든다. 씨앗을 가능한 한 멀리 보내 근친 수정을 피하고 우성종을 번식하려는 전략이다.

열풍에 실려 날아가는 동안 씨앗의 겉껍질은 불타고, 땅에 떨어지면 속껍질이 터진다. 뿌리를 내릴 준비가 된 것이다. 빨리 착근해야 살아남아 무리를 지어 숲을 이룰 수 있기 때문이다. 한편, 산불이 났던 숲은 검게 변했지만 재 덕분에 토양이 되살아난다. 이듬해 까맣게 그을린 침엽수의 밑둥치에서 새싹이 돋는다. 이 싹은 수년 내 건강한 숲으로 다시 태어날 것이다.

산불에서 살아남는 침엽수의 씨앗 생존율은 지극히 낮다. 대부분 고온에 견디지 못하고 타 죽고, 간신히 살아남아도 다람쥐와 같은 포식동물의 먹이로 사라지지만, 극히 일부라도 살아남아 새로운 영토에 자리를 잡는다. 침엽수림은 산불이라는 역경을 오히려 기회로 활용하는 지혜를 발휘하는 것이다.

어떤 식물은 재앙인 화재를 오히려 기다리는 것처럼 보이기도 한다. 키 큰 나무 아래에서 숨죽여 지내던 어떤 식물이나 그 씨앗에게 화재는 호기이기도 하다. 키 큰 나무들이 불로 사라져 주어 햇빛을 마음껏 받을 수도 있고, 성장을 힘들게 할 해충들까지도 불로 사라져 주기 때문에 기회를 노리며 언제든 새싹을 피워 보겠노라 기다리고 있는 씨앗들에게는 절호의 기회이다. 산불이 난 지역이 몇 년 후에 다시 초록의 생명으로 뒤덮이게 되는 원인이 바로 여기에 있다.

어떤 식물의 씨앗은 화재가 날 때를 기다려 싹을 틔우기도 한다. 이 씨앗은 화재가 발생했을 때 나오는 연기에 노출됨으로써 화재를 감지하는 것으로 알려져 있다. 이러한 연관관계를 활용하여 그간 재배에 실패했던 식물들의 싹을 틔운 사례가 남아프리카공화국의 커스텐보쉬 Kirstenbosch 식물원에서 있었다. 불을 피워 종이에 연기 냄새를 배게 한 뒤, 그 종이를 물에 담가 씨앗에 뿌려 주어 비로소 발아에 성공했다는 것이다. 여타의 인공적 방법 모두에 반응하지 않던 그 씨앗이 어떻게 이처럼 연기에 반응하여 발아되는 일이 생겼는지에 대해서는 아직 과학적 설명이 충분하지 않다. 그래도 분명한 것은 식물이 경험과 진화의 결과로 화재의 결과를 활용하는 법을 찾아낸다는 점이다. 재앙 속에서 살 길을 찾고 위기를 활용하는 법을 알아내는 그 지혜가 연기를 감지해 싹을 틔우게 만들었을 것이다.

아까시나무, 민들레의 강인한 생명력

우리 주변에서 흔히 보는 아까시나무는 척박한 땅에서도 강인한 생명력을 자랑하는 대표적인 식물이다. 통상 아카시아라고 잘못 불러 왔는데 최근에는 바른 이름으로 고쳐 부르는 사람이 늘고 있다. 서울 상암동의 난지도 쓰레기장을 매립하여 도심 공원으로 만들 때 이 나무를 많이 심었다. 녹화사업에 좋고, 흰 꽃은 풍성하고 향기로우며, 꽃의 꿀은 양봉에도 긴요하다. 산림 복구, 땔감, 목재 따위로도 기여하는 바가 크다. 이 나무는 뿌리로 번식하는 힘이 아주 강해서 지상부의 식물체가 쓰러져도 땅속뿌리가 남아 있으면 다시 살아난다. 맹아력萌芽力도 탁월하여 힘든 조건에서도 싹을 틔운다. 척박하고 건조한 땅, 습윤하면서 더러운 곳, 자주 쓸려 나가는 하천 물길 위의 땅, 범람원, 수분 스트레스와 도시 오염에 찌든 곳, 토심이 얕은 곳 등 가리지 않고 닥치는 대로 번성한다. 사람들이 이 나무를 제거할 목적으로 줄기 밑동을 베어 내면, 이 나무는 땅속의 뿌리에서 더 많은 줄기를 내어 오히려 더욱 번성하는 계기로 삼는다.

강인한 생명력으로는 민들레도 남 못지않다. 민들레는 씨앗을 통해 번식할 때 모체 근처에 씨앗을 뿌려 번식하지 않는다. 꽃이 지고 씨앗이 생겨나면 이 씨는 바람을 타고 멀리 날아가 새로운 곳에서 번식을 한다. 그렇기 때문에 민들레는 심한 경쟁으로부터 벗어날 수 있게 되고, 성장하는 곳도 다양하다. 돌담 아래, 시멘트벽의 갈라진 틈, 이미 뿌리를 촘촘히 내린 잔디밭 위, 사람이나 자동차가 다니는 도로 한 귀퉁이 등 도처에서 민들레꽃이 피어 있는 것을 볼 수 있다. 도로는 식물들이 자랄 수 있는 최적의 조건도 아니고 사람들이 지나다니면서 꽃을 밟거나 고양이나 강아지들에게 뜯겨 먹힐 수도 있는 환경이지만 민들레는 그 어려운 환경에서 강인하게 성장해 나간다. 이러한 환경에서 성장이 가능한 것은 바로 민들레의 땅속뿌리가 갖는 특성 때문이다. 민들레의 뿌리는 상당히 굵으며 땅속 깊숙이 박혀 있다. 그렇기 때문에 더욱 많은 수분을 얻을 수 있으며, 동물에게 지상 부위를 뜯겨 먹히더라도 얼마든지 다시 잎을 낼 수 있다. 이것이 바로 혹독한 환경 속에서도 성장해 나가는 힘이 된다.

해마다 똑같이 피고 지는 것처럼 보이는 식물이지만, 가물었을 때는 가뭄의 경험을, 홍수가 났을 때는 홍수의 경험을, 불이 났을 때는 그 화재의 경험을, 줄기 밑동이 잘리면 그 경험을 기억하고 그를 통해 자신의 생존과 번식을 위한 최선을 길을 찾아 나가는 것이 식물이다. 이러한 자그마한 변화들이 축적되고 씨앗으로 전승되어 어떤 것은 사막에서, 어떤 것은 웅덩이 속에서, 어떤 것은 불길이 지나간 자리에서, 또 어떤 것은 쓰레기 더미 위에서 살아남는다.

막힌 것을 틔우는 방법은 근면함이다

자신의 약점을 스스로 보완하고 자신에게 닥친 역경과 위기를 오히려 기회로 활용하는 식물로부터 인간이 배울 점이 있다. 좀 오래전에 우리나라에서 있었던 일이다.[44] 2005년 4월 20일 오후, 서울 광진구 어린이대공원에서 코끼리 몇 마리가 공원 밖으로 뛰쳐나왔다. 그중 세 마리가 조련사들에 의해 우리로 들어오던 중, 무엇에 놀랐는지 대로변에 있는 음식점으로 들어가는 아찔한 일이 생겼다. 코끼리들이 거리를 걸어가는 장관을 보던 음식점의 직원과 손님들은 느닷없는 상황에 급히 대피했고, 가게는 태풍이 지나간 듯 풍비박산이 나고 말았다.

---

44. 권영세(2015), 『행복이란 무엇인가』(책과나무)를 인용한 『월간 좋은세상』 2016년 6월, 55쪽.

가게 주인은 절망하지 않고 긍정적으로 생각했다. 가게 이름 옆에 '코끼리가 들어온 집'이라는 문구를 새기고 세 마리 코끼리를 그려 넣었다. 그리고 코끼리 상像도 놓았다. 메뉴판에 '코끼리정식'까지 포함시켰다.

외신을 비롯해 100여 명의 취재기자가 몰렸고, 가게 이름과 위치, 주인 얼굴이 전국 방송 뉴스에 나왔으니 그만 한 홍보가 또 있을까? 발상의 전환이 처참히 부서진 가게를 대박 집으로 만들었다. 역발상이 빚어낸 기회였다.

선조들의 사례를 하나 더 보자. 다산茶山 정약용은 설명이 필요 없는 조선의 유명 학자다. 그에게 제자가 많았을 테지만 그 가운데 황상黃裳이라는 사람이 있었다. 황상이 다산을 만나 그 삶이 어떻게 바뀌었는가를 살핀 책이 있다.[45] 강진으로 유배 온 다산을 마을 사람들은 역적이라고 피했다. 그 상황에서 다산은 간신히 주막집 방 한 칸을 얻어 지낼 수 있었다. 호구지책으로 동네 아전의 자식들에게 공부를 가르쳤는데 그 가운데 15세의 황상이 있었다. 다산이 황상에게 '문사文史를 공부하라'고 말했더니 황상이 머뭇머뭇 부끄러워하는 기색으로 평계를 대면서 이렇게 말했다.

"저한테는 병이 세 가지가 있어서요. 첫째는 둔하고, 둘째는 꽉 막혔고, 셋째는 미욱한 것입니다."

---

45. 정민(2011).『삶을 바꾼 만남: 스승 정약용과 제자 황상』. 문학동네. 인용된 내용은 황상(호는 치원)의 유고(遺稿) 시문집(詩文集)인『치원유고(巵園遺稿)』속에 있는 「임술기(壬戌記)」를 참고한 것이다. 「임술기」는 황상의 나이 75세 때 쓴 글로, 다산을 만나 자기 삶이 바뀌었던 15살 때의 임술년을 60년 후 다시 맞아 쓴 것이다. 스승의 가르침을 60년이나 기억한 제자다.

이 말에 대한 다산의 대답은 이랬다.

"공부하는 자들은 큰 병을 세 가지나 가지고 있는데, 너는 하나도 가지고 있지 않구나! 첫째는 잘 기억하는 것으로 이는 공부를 소홀히 하는 폐단을 낳고, 둘째는 글 짓는 재주가 좋은 것으로 이는 들뜨는 데로 흐르는 폐단을 낳으며, 셋째는 이해력이 재빠른 것으로 이는 거칠게 되는 폐단을 낳는다.

대저 둔하지만 공부에 파고들어 뚫는 자는 식견이 넓어질 것이고, 막혔다가 터지면 그 흐름이 성대해지며, 미욱하지만 잘 연마하는 자는 빛이 날 것이다. 파고들어 뚫는 방법은 무엇이냐, 근면함이다. 막힌 것을 틔우는 방법은 무엇이냐, 근면함이다. 연마하는 방법은 무엇이냐, 근면함이다.

그렇다면 이 세 가지 근면함의 계율三勤戒을 어떻게 지속하느냐, 마음가짐을 확고히 하는 데 있다."

어떤 길로 갈 것인지는 마음속에 달려 있다

다산이 깨우쳐 주고 황상이 깨달았던 점은 이것이다. 즉, 작은 재주를 믿고 스스로 만족하여 게으르기보다는, 자신의 약점을 알고 그것을 보완하기 위해 꾸준히 노력하는 것이 훨씬 중요하다는 점이다.

역경 활용의 역발상 사례는 이웃에도 있다. 일본의 세계적인 부호이자 사업가인 마쓰시다 고노스케松下幸之助의 이야기는 유명하다. 그는 '내셔널National' 상표의 창업자인데, 자기가 성공하게 된 것은 하늘이 자기에게 세 가지 선물을 주었기 때문이라고 했다. 그 세 가지란 바로 빈곤貧困, 병약病弱, 무학無學이다. 가난해서 더 열심히 노력했고, 병약했기 때문에 건강관리를 더 잘했으며, 배움이 없어서 항상 배우는 자세로 남보다 더 경청하고 배웠기 때문에 현재의 자기가 되었다는 고백이다. 보통의 사람들이 보기에 불행과 역경으로 가는 세 가지 조건을 그는 분발의 토대로 삼아 선물로 바꾸었다.

약점이 없는 사람은 없고 역경을 겪지 않는 사람 역시 없다. 약점에 매몰되고 역경이 덮치면 포기하기 쉽다. 수학을 포기하고(수학은 어떤 과목보다 포기자가 많다. 2017학년도 대학수학능력시험에서도 이 과목의 미응시자가 국어, 영어에 비해 압도적으로 많다), 연애와 결혼과 출산을 포기하고, 내 집 마련과 인간관계를 포기하고, 거기다 꿈과 희망마저 포기하는 사람들이 주변에 늘어난다고 한다. 안타깝지만 그렇게 포기하는 사람의 성장은 거기서 멈춘다. 누구라도 그럴 수 있다. 그러나 약점을 보완하고 역경을 극복하는 사람은 그것을 오히려 성장의 기회로 삼는다. 누구라도 역시 이럴 수 있다. 어떤 길로 갈 것인지는 궁극적으로 마음가짐에 달려 있고, 그 마음가짐을 돕는 것은 교육의 임무다.[46]

---

46. 이 대목에서 오해가 없기를 바란다. 꿈과 희망을 포기하지 않게 만드는 정책도 중요하다. 사회안전망을 구축하고, 노력의 대가가 공정하게 돌아가게 하고, 사회의 구석구석에 볕이 들게 하는, 동반 성장과 사회복지가 필요하다. 교육은 동반 성장과 사회복지의 중요한 매개이자 내용이다. 그러나 여기서는 개인의 의지 문제에 초점을 맞춘다.

13.
식물 사이의 경쟁과 성장
바람직한 경쟁이 이루어지는 교육

식물이 생존하고 성장하는 데 필수적인 조건은 햇빛과 물이다. 잎은 햇빛을 받아들이고, 뿌리는 물을 흡수한다.

햇빛은 광합성을 하는 데 필수적이다. 그러므로 모든 식물들은 가급적 다른 경쟁자들의 방해가 없는 상태에서 햇빛을 받으려고 한다. 햇빛을 받으려고 하는 잎은 이 이치에 따라 움직인다. 해가 움직이는 방향에 맞추어 잎이 방향을 잡는 것은 이 이치에 비추어 보면 아주 당연하다. 식물들은 지상에서 빛과 공간을 놓고 치열한 다툼을 벌인다. 나무 한 그루 한 그루는 저마다 태양에 가까이 가려고 조바심치며 가지를 넓게 뻗으려고 몸부림친다. 다른 식물보다 좋은 조건을 차지하기 위해 위로도 뻗고 옆으로도 뻗는다. 옆에 있는 다른 식물이 잎사귀를 무성하게 드리워 그늘을 만들려고 하면 그에 저항하기도 한다. 이처럼 경쟁과 각축을 거쳐 우열이 가려진다. 힘이 센 나무는 힘이 약한 나무보다 유리하며, 깔린 식물은 어쩔 수 없이 그늘을 견디거나 쇠락하여 마침내 죽음을 맞는다.

여름철 숲속의 하늘에서 만난 식물들

햇빛을 차지하기 위한 경쟁이 치열한 곳은 당연히 여러 식물이 함께 자라고 있는 숲속이다. 키가 큰 나무는 햇빛을 받는 데 그만큼 유리하다. 나무와 나무가 경쟁하기도 하지만, 한 나무 안에서도 서로 다른 가지와 잎끼리 경쟁하기도 한다. 나중에 나온 가지의 잎은 먼저 나온 기존의 가지보다 위쪽에서 나오거나 보다 길게 자라 햇빛을 접하기에 유리하게 만든다. 키 작은 나무들은 햇빛을 차지하는 경쟁에서 불리하다. 키 큰 나무와 작은 나무, 먼저 나온 가지와 나중 나온 가지, 그리고 잎과 잎들은 햇빛을 먼저 차지하려고 서로 경쟁하고, 힘이 딸리면 다른 잎들의 그늘을 피해 한 조각의 햇빛이라도 더 받아들여야 한다. 이러한 잎들의 햇빛 찾기 전략으로 말미암아, 여름철 숲속의 하늘이 빈 틈없이 촘촘하게 나뭇잎으로 가려져 있는 모습을 보게 되는 것이다. 여름철 사람들이 숲과 계곡에서 나무그늘을 즐기고, 옛 동요에 나오는 가사처럼 "여름에 나무꾼이 나무를 할 때 이마에 흐른 땀을" 식힐 수 있는 것은 식물의 이러한 성질 때문이다. 이렇게 식물이 빛을 찾아 굽는 성질을 전문 용어로는 "양성 굴광성"이라 한다.

생존에 필요한 빛을 찾기 위해 가지를 이쪽저쪽으로 뻗을 수 있는 까닭은 식물에 빛을 감지하는 피토크롬phytochrome이 있기 때문이다. 피토크롬은 식물이 지닌 단백질 색소의 하나로 빛의 유무와 특성에 따라 식물의 성장이나 발육을 조절한다. 소나무 같은 침엽수는 빛이 적은 곳으로는 가지를 뻗지 않고 빛이 많은 곳으로 가지를 뻗는다. 소나무는 빛을 좋아하는 대표적인 양수陽樹다. 대부분의 활엽수는 일단 가지를 뻗은 뒤 빛을 찾아 이리저리 휘어지는 성질이 있다. 회화나무, 느티나무, 배롱나무 등은 가지를 뻗어 자라다가 장애물을 만나면 이리 저리 장애물을 피해서 휘어 자란다. 배롱나무가 특히 대표적인데, 이 나무는 빛을 찾아 가지를 뻗고 싹을 내다가 주변의 다른 가지나 다른 나무를 만나면 주위의 빈 공간을 최대한 활용할 수 있는 쪽으로 가지

를 뻗고 싹을 내어 새롭게 성장시키는 조절 능력을 발휘한다. 이 때문에 배롱나무의 가지는 이리저리 휘어져 있는 모습을 많이 보인다.

땅속에 있는 물과 영양분을 빨아들이는 일은 뿌리가 한다. 뿌리라고 다 같은 뿌리는 아니다. 중심뿌리라고 할 수 있는 깊게 내려간 뿌리나 옆으로 뻗은 굵은 뿌리들은 식물의 몸체를 안정적으로 고정시키고 제 몸을 지탱하는 것이 주 임무이다. 물과 자양분을 빨아들이는 것은 이런 뿌리들에서 자란 잔뿌리의 뿌리털을 통해서이다. 이 잔뿌리는 지표면 몇 센티미터 아래에서 복잡하게 뒤엉켜 있으면서 물과 자양분을 모아들이고 빨아들이는 일을 한다. 사실 이 정도 위치가 지표면에 스며드는 물과 자양분을 흡수하기에 적합한 위치이다. 지표면 부근이 내리는 비와 흐르는 물과 낙엽 등의 부식에 의한 자양분을 가장 쉽게 얻을 수 있는 위치라는 뜻이다. 스며드는 물과 자양분을 경쟁하는 다른 식물보다 먼저 빨아들이기 위해서도 이 위치가 적당하다. 빨아들인 물은

물관을 통해 제 몸의 모든 부분에 전달된다.

물이 희박한 환경에서 뿌리가 물을 찾아 정확하게 뻗어 나가야 하는 것은 물이 풍족한 환경에서보다 더욱 중요하다. 마치 잎이 햇빛을 찾아 정확하게 뻗어 나가야 하는 것처럼. 물이 부족한 지역에 사는 식물의 뿌리는 지하수면까지 도달하기 위해 자기 키보다 더 긴 뿌리를 땅속 깊이 내려보내는 경우도 있고, 가지가 뻗은 것보다 더 넓게 옆으로 뿌리를 확장시키는 경우도 있다.

지하세계에서 벌어지는 뿌리들 간의 전쟁도 지상세계에서 가지나 잎사귀들이 벌이는 전쟁만큼 드라마틱하다.[47] 뿌리는 수분과 영양분 확보에 온 신경을 쓴다. 뿌리는 일단 아직 주인이 없는 공간을 뚫고 들어간다. 그러다가 이내 이웃 식물의 영토와 마주친다. 그러면 미세한 뿌리 조직으로 중간 지대를 점유한다. 이런 식으로 일대 결전이 펼쳐진다. 뿌리들은 자기 앞에 있는 것이 자신의 뿌리인지 적의 뿌리인지를 안다.

경쟁자보다 영토를 선점하려는 시도는 같은 종의 식물끼리 경쟁이 붙었을 때 더 치열하다. 필요로 하는 영양분이 동일하기 때문이다. 예를 들어, 옆에 있는 콩과 경쟁하는 콩은 뿌리의 무게를 혼자 자랄 때보다 평균 85% 많게 키운다. 그 대신 열매와 씨앗은 감소된다. 피 튀기는 경쟁을 하느라 후손이 줄어드는 것이다. 그러나 먼저 경쟁을 포기하는 자는 바로 완전히 낙오된다.

---

47. Arzt, V.(2009). 앞의 책, 215-219쪽.

호두나무의 타감작용

경쟁은 자신이 살 도리를 다하는 것으로도 나타나지만, 다른 개체의 진입과 성장을 방해하는 것으로도 나타난다. 어떤 식물들은 다른 식물의 발아를 억제하는 화학물질을 방출함으로써 경쟁에서 이기고자 한다.[48] 이를 흔히 타감작용他減作用, allelopathy이라 한다. 타감작용을 하는 식물로 호두나무가 유명하다. 예로부터 호두나무를 밭둑에는 절대로 심지 않는다. 그 이유는 이 나무의 잎과 나무껍질에서 주글론Juglone이라는 타감물질이 나와 빗물에 씻겨 땅에 떨어지면 땅속에서 다른 식물은 물론 곡식의 성장까지 방해하기 때문이다.

우리나라에서 가장 널리 자라고 있는 소나무도 마찬가지다. 소나무 밑에는 김의털, 억새, 개솔개, 그늘사초 등은 출현하지만 활엽수림에서 흔히 보이는 다양한 풀들은 없다. 소나무 잎과 나무껍질에서 나오는 타감물질이 빗물에 의해 토양 속으로 스며들기 때문인 것으로 알려져 있다. 이 외에도 가죽나무, 개망초, 코알라가 좋아하는 유칼리나무 등이 타감작용이 큰 식물들로 알려져 있다. 그렇지만 그렇게 내몰린 식물들도 그냥 있지 않고 그 독소에 적응하여 살아남기도 한다. 이런 식으로 경쟁은 끝이 없다.

새로운 환경에 처음으로 도입되는 씨앗은 그 곳에 원래 서식하던 씨앗들에 대해서 대체로 매우 공격적인 태도를 취한다.[49] 이는 외부 씨앗

---

48. 이상태(2010). 앞의 책, 245-247쪽.
49. Brosse, J.(1990). 앞의 책, 59쪽.

이 남의 영역에 정착해서 그곳 씨앗으로 귀화하기 위해서는 불가피한 일이다. 오스트레일리아에서 전해진 유칼리나무나 이미 오래전에 전해진 밤나무의 경우가 그렇다. 이런 나무들의 그늘 밑에는 거의 아무것도 자라지 않는다. 호두나무 그늘 밑도 마찬가지라는 점은 앞에서 말한 바와 같다.

자연 세계에서의 경쟁은 생존과 번성을 위해 당연히 치러야 하는 과정이다. 종 안에서나 종 사이에서 치열한 경쟁이 항상 일어난다. 경쟁은 한 개체가 다른 개체와 그 개체의 삶의 조건을 차지하려는 다툼이지만, 그것은 개체만의 일이 아니라 다수의 개체인 종 전체가 보여 주는 공통적인 현상이라는 의미가 강하다.[50] 생물체가 경쟁하면서 삶의 조건을 적극적으로 찾아가는 상태를 선택 조건이라고 한다면, 생물체가 주어진 삶의 조건을 받아들인다고 볼 때 이것을 제한 조건이라고 구분할 수 있다. 이 두 가지 용어는 삶의 조건에서 어떤 것을 강조하느

50. 이재열(2011). 앞의 책, 76-77쪽.

냐의 차이일 뿐 제한과 선택이라는 근본적인 삶의 조건은 결국 같은 내용인 셈이다.

종 안에서 일어나는 경쟁, 종 사이에서 일어나는 경쟁

자연계에서 이루어지는 경쟁을 굳이 나누어 본다면 종 안에서 일어나는 경쟁과 종 사이에서 일어나는 경쟁으로 구분할 수 있다. 강한 자가 약한 자를 이기는 경우처럼 자연 속에서 일어나는 경쟁은 종 안에서 드러나는 것보다도 종 사이에서 일어나는 경우가 대부분이다. 종 사이에서 일어나는 경쟁의 예는 헤아릴 수 없이 많고 일반적이지만, 종 안에서의 경쟁은 한번 일어나면 끝장을 보고야 마는 정도로 심각하고 치열하다는 특징을 보인다. 사람과 동물의 다툼이 사냥이라는 형태로 나타나지만 도구를 사용하는 사람의 승리는 거의 일방적이다. 그러나 사람과 사람이 도구를 이용하여 싸우는 전쟁의 경우에는 쌍방이 모두 엄청난 피해를 입게 되는데, 이것도 종 안에서 일어나는 경쟁으로 비유할 수 있다.

식물의 성장을 돕는 것이 햇빛과 물인 것처럼 학습자의 교육적 성장을 돕는 것은 신뢰信賴와 인정認定이다. 이 신뢰와 인정은 자기 자신에 대한 것이기도 하고 다른 사람에 대한 것이기도 하다. 혼자서 학습할 때나 타인과 교육적 관계를 맺을 때 모두 이 덕목이 중요하다는 뜻이다.

학습자는 자신의 현재 수준을 있는 그대로 인정하고, 노력을 통해 그 수준의 향상을 도모할 수 있다는 믿음을 가져야 한다. 골프가 공이 놓여 있는 곳에서 출발하는 운동인 것처럼, 자기 개선은 정확하게 자기의 현재 수준으로부터 출발할 수밖에 없다. 이런 단순한 진리에도 불구하고, 사람들은 자괴감이나 자기부정에 허덕이기도 하고 근거 없는 자신감으로 교만에 빠지기도 한다. 정확한 자기 인식과 정직한 자기 노출은 이 점에서 학습과 교육의 출발이다.

정확한 자기 인식은 긍정적 자아개념과 모순되지 않는다. 긍정적 자아개념은 자신의 정확한 모습 가운데 긍정적 측면에 주목하여 생긴 자기 관념으로서 학습 동기 유발에 도움이 된다. 학습자가 자기 자신에 대하여 긍정적 자아개념을 가지게 되면 주어지는 적절한 학습 과제를 해결할 수 있다는 자신감을 가지게 되고, 나아가 새로운 과제에 대해서도 도전할 수 있게 된다. 반면에 타인으로부터의 질책이나 무시, 혹은 거듭된 실패로 인해 부정적인 자아개념을 가지게 된 경우에는 주어지는 학습 과제에 대해 자신감을 잃고 새로운 과제를 회피하게 된다. 과거의 학습 경험에서 성공을 자주 경험한 학습자는 긍정적인 학문적 자아개념을 형성하게 되고, 반대의 경우에는 부정적 자아개념을 형성하게 된다. 그러므로 학습자의 관심과 수준에 비추어 적절하게 도전할 만한 과제들을 제시하고, 그에 대한 성공적 경험을 누적 관리하게 하는 것이 중요하다. 이는 학습자 자신이나 그를 돕는 학부모 및 교사에게 중요한 시사점이다.

성공적인 학습을 하려면 학습의 목표를 잘 세우는 것이 중요하다. 목표를 분명하고 확실하게 하는 일은 학습을 지속하게 하는 동기가 될 뿐만 아니라, 이후의 노력을 그 목표에 집중할 수 있게 한다. 그만큼 목표가 구체적이고 명확하면 학습 의욕도 높아진다. 조금만 주의를 기울여도 도달할 수 있는 변변찮은 목표를 정하거나, 너무 어려워 달성하기 불가능한 허무맹랑한 목표를 정하기보다는, 자신의 능력과 관심에 부합하는 도전적인 목표를 세우면 성취욕을 불러일으킬 수 있다. 자신을 잘 아는 학습자가 스스로 그 목표를 자신에게 부과할 수도 있고, 학습자를 잘 아는 교사가 학습자에게 적절한 목표를 부과할 수도 있지만, 어느 한쪽에서만 정하는 것보다 서로 협력하여 정하면 목표가 발휘하는 효과는 더욱 강력해진다.

학습의 성공 경험이 누적되면 학습자의 흥미도 바뀐다

학습의 목표와 학습의 내용은 긴밀한 관련을 맺는다. 하나의 내용을 통해 다양한 목표를 달성할 수 있다면 오직 하나의 목표에만 기여하는 내용보다 훨씬 효과적이다. 그리고 하나의 목표를 달성하는 과정에서 다양한 내용을 조직적으로 경험하게 하는 것은 병렬적으로 분절된 내용을 두서없이 경험하게 하는 것보다 훨씬 효과적이다. 또 동일하게 효과적인 학습 내용이라면, 이왕이면 학습자의 흥미에 부합하는 내용을 선택하는 것이 학습의 성공에 효과적이다. 흥미 있는 내용에 학습자의 마음이 끌리고, 마음이 가는 일에 관심과 노력을 기울일 것은 당연한 이치이기 때문이다. 학습 내용과 흥미를 관련시켜야 한다는 이 말의 의미는 학습자의 흥미를 끌기 어려운 내용을 학습하게 해서는 안 된다는 뜻이 아니라, 학습해야 할 가치가 있는 내용을 학습자의 흥미를 끌

수 있도록 잘 번역하고 재조직하여 학습하게 해야 한다는 뜻이다. 이러한 학습의 성공 경험이 누적되면 학습자의 흥미 자체도 점차 고상한 것으로 바뀌게 된다.

학습자는 학습 내용과 만날 때 수많은 학습 과제에 직면한다. 이 과제들에 대한 해결책이나 해답이 외부에서 그냥 주어지게 되면 학습의 만족감이나 효과가 떨어진다. 대부분의 사람들은 알 듯 말 듯 한 수수께끼의 답을 누가 금방 알려 주기를 바라기보다 자기 힘으로 찾아보려고 한다. 그래야 답을 찾았을 때의 기쁨과 보람이 더 크기 때문이다. 이 이치를 학습에 적용하면, 너무 쉬워 긴장감도 흥미도 없는 과제보다는 도전적인 학습 과제를 제시할 필요가 있고, 학습자가 그 과제 앞에서 포기하려는 경우에는 부분적인 해답을 제시하여 자력 해결을 유도하는 것이 중요하다. 한 과제에 대한 학습이 이루어진 다음에는 학습의 결과를 학습자가 정확하게 파악하여 스스로 평가하고 점검하게 해야 한다. 결과가 좋을 때는 성취감을 갖고 다음 학습 과제에 대한 도전 의욕을 불러일으킬 수 있으며, 결과가 미흡할 때는 그 원인을 찾아 문제를 극복할 수 있는 방안을 강구할 수 있기 때문이다.

상과 벌 또는 경쟁과 협동

학습활동을 격려하기 위해 흔히 쓰이는 방법이 상과 벌, 또는 경쟁과 협동이다. 상벌은 동기유발을 위해 흔히 사용되는, 결과에 대한 보상이다. 상은 과업의 수행에 대한 성공감과 만족감을 주고 사회적 승인의 욕구를 충족시켜 준다. 벌은 학습에 장애가 되는 요인을 제거하고 필요한 학습에 집중할 수 있도록 주의를 환기시키는 강제적 수단이다. 상벌의 효과는 학습자의 연령과 성향, 사회적 문화나 인간관계의 특성 등과 같은 복합적 요인에 따라 다르게 나타난다. 그렇기 때문에 상벌의 수단을 활용할 때에는 그 효과에 대한 면밀한 관찰과 함께 주의 깊게 사용해야 하며, 무분별한 남용과 만성적 사용을 경계해야 한다.

경쟁은 비교 대상보다 탁월해지려는 마음에 호소하는 교육의 방법이며, 협동은 타인과 힘을 합쳐 공동 목표를 달성하려는 마음에 호소하는 교육의 방법이다. 그러나 경쟁이 과도해지면 승리를 위해 수단 방법을 가리지 않는 비정상이 발생하고, 인간관계의 황폐화를 조장하게 된다. 또한 협동 자체는 언제나 바람직하지만 협동의 과정에서 일부 무임승차와 무사안일의 부작용이 발생할 수 있다. 그러므로 경쟁은 가급적 타인과의 경쟁보다는 학습자 자신의 과거 수준과의 경쟁이 되도록 유도할 필요가 있고, 협동은 그 부작용에 의해 긍정적 취지가 훼손되지 않도록 유념해야 한다.

결국, 상과 벌 및 경쟁과 협동은 그 효과에 대한 고려와 함께 면밀하게 사용되어야 하고, 어느 한쪽으로 치우침 없이 균형적으로 적절하게 활용되어야 하며, 무엇보다 학습자의 인격 및 교사와의 교육적 관계를 고양하는 방향에서 선택되어야 한다.

학습의 목표와 내용 및 방법을 잘 선정하고 그들을 일관성 있게 조직하면 학습은 잘 이루어진다. 그런데 학습은 학습자의 자력으로 이루어질 수 있지만, 주변의 돕는 사람들이 함께할 때 그 효과가 배가된다. 주변 사람들 가운데 교사는 그 임무를 공식적으로 부여받은 가장 핵심적인 사람이다. 교사의 적극적 조력은 교육의 필수 요소다. 교사의 학습자에 대한 수용과 인정 및 격려는 학습 동기의 유발에 중요하고, 그의 전문적 능력은 학습의 방향을 바로잡고 학습의 속도를 증진시키는 힘을 발휘한다. 교사의 교육적 열정은 그의 전문성과 함께 학습을 돕는 귀중한 자원이다. 전문성 없는 열정은 학습자를 위험에 빠뜨릴 수 있고, 열정 없는 전문성은 학습 결과와 인격의 통합을 어렵게 만든다. 교사로 하여금 그 두 가지 자원을 함께 구비하도록 환경을 만들어 주는 것은 사회 구성원 모두의 책임이다.

학교의 교사를 교과 지도와 학생 생활지도에 전념하지 못하도록 만드는 온갖 관료제적 요구는 교육에 방해만 될 뿐이다. 교사에 대해 의심하고 그 중요성을 낮게 평가하는 시각은, 그것이 학부모에게서 비롯되었든 정부의 정책 당국자에게서 비롯되었든, 교사의 열정과 전문성 발휘를 억제한다. 예를 들어, 교사의 자율과 재량을 인정하지 않고 세세한 법규로 얽어매려 하거나 교사의 권위를 하찮게 여기려 할 경우 교사의 역량 발휘는 기대하기 어렵다. 필요 최소한의 임무만을 수행하려는 교사가 많아질수록 그 피해는 학습자, 나아가 전체 사회의 미래에까지 미친다.

이미 확보하고 있는 교사의 교육적 자원을 신뢰하고 인정하는 것은 학습자의 교육적 이익을 위해 불가피한 선택이다. 만약 그 자원의 수준에 불만스러운 점이 있다면, 그 수준의 향상 방안 역시 교육적 관점에서 강구되어야 한다. 앞에서 살펴본 것처럼, 학습자의 성공적 학습을 위해 상벌이 그 효과에 대한 검토와 함께 강구되고 경쟁과 협동이 적절하게 균형을 이루어야 하듯이, 교사에 대해서도 그렇게 할 필요가 있다는 뜻이다. 교사의 능력 발전을 위한 요구가 그에 대한 지원과 함께 강구되고, 교사 간의 경쟁을 통한 능력 발휘와 공동체적 교직문화가 함께 이루어지도록 하는 것이 중요하다. 이 점에서 본다면, 그간 우리 사회가 교사를 학원 강사나 회사원과 비교하면서 부정적 시각에서 바라보고, 그들을 탓하거나 옥죄는 일에만 열심이지 않았는지 반성할 필요가 있다.

누가 경쟁에서 성공하는가?

식물 세계에 경쟁이 불가피한 것처럼 인간 세계에서도 경쟁은 불가피하다. 사람들이 추구하는 자원이 무궁무진하다면 경쟁은 불필요할 것이다. 물과 공기는 생존에 꼭 필요하지만 다이아몬드만큼 귀하지 않기 때문에 값없이 주어지거나 싼값에 제공된다. 그러나 이 자원마저도 귀해지면 값이 오르고 그 획득을 위한 경쟁이 치열해질 것이다. 대부분의 자원은 유한하고 사람들이 희구하는 자원은 더욱 희소하다. 안정된 일자리, 높은 사회적 지위, 대중적 인기, 고소득, 명성 등은 희소한 자원의 예들이며, 이들을 얻기 위한 사람 사이의 경쟁은 총성 없는 전쟁과 같다.

이러한 경쟁에서 누가 성공하는가? 자유주의 사회에서는 열심히 노력하고 뛰어난 능력을 보이는 사람이 성공하는 것을 이상적이라고 본다. 노력하는 사람이 성공하는 것은 성공을 위한 노력에 대해 보상한다는 의미와 함께, 노력에 상응하는 개인과 사회의 발전을 유도할 수 있다는 의미를 지닌다. 능력자가 무능력자에 비해 성공하는 것은 능력의 발휘에 대한 당연한 보상인 동시에, 그 보상을 통해 역시 개인과 사회의 발전을 유도한다는 의미를 지닌다. 성공을 위한 경쟁의 과정에서 노력과 능력의 발휘가 이루어지는데, 이 경쟁의 조건이 공평할 때 공정한 경쟁이 이루어진다. 공평하다는 것이 구체적으로 어떤 조건을 충족해야 하는지에 대해서는 복잡한 논의가 필요하지만, 한 사회가 지닌 정의正義의 관념에 따라 정해지는 것으로 정리할 수 있다. 공정 경쟁을 통해 적자適者가 생존하고 부적격자가 도태되는 것은 자연스럽다.

인종, 성, 출신 지역 등과 같이 본인의 노력 여하에 의해 바꾸기가 거의 불가능한 변인 및 부모, 친인척, 선후배 등과 같은 주변인의 능력 변인에 의해 경쟁이 영향을 받는 것은 공정한 경쟁이 아니다. 그러나 현실적으로는 그러한 변인들의 영향을 완전히 배제하기 어렵다. 인종, 성, 출신 지역 등은 경쟁 당사자들을 평가하는 평가자의 편견이나 선입견을 형성하는 경우가 많고, 주변인들의 능력은 사회적 자본으로서 경쟁 당사자의 경쟁력에 영향을 미치는 배경으로 작용하는 경우가 많다. 공정한 경쟁은 이처럼 어렵다.

그리고 오직 경쟁 당사자들만의 능력으로 경쟁하여 능력주의에 입각한 경쟁, 공정한 경쟁이 이루어지는 것처럼 보이더라도 그 배경을 보면 그렇지 않은 경우도 많다. 가장 대표적인 경우가 부모의 재산과 사회적 지위 등이 자녀의 능력 형성에 영향을 미치는 상황에서 나타난다. 겉으로만 보면 능력별 경쟁이 이루어지지만 그 능력의 형성에 부모의 재산과 사회적 지위 같은 가정 배경이 영향을 미치는 경우는 주변에서 얼마든지 찾아볼 수 있다. 이에 대한 설명을 다음 그림을 통해 보다 분명히 할 수 있다.

[그림 3] 교육의 사회계층 이동 효과

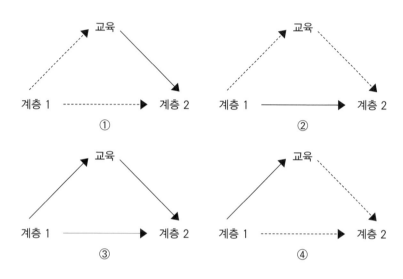

이 그림은 교육의 사회계층 이동 효과를 나타내기 위해 교육과 사회계층 사이의 가설적 관계를 네 가지 경우로 표시해 본 것이다. 이 그림에서 계층 1은 부모의 계층을 나타내고, 계층 2는 자녀의 계층을 나타낸다. 화살표의 방향은 영향의 방향을 표시하고, 화살표를 이루는 선의 점선, 가는 실선, 굵은 실선은 각각 그 영향력의 크기를 약하거나 보통이거나 강한 상태로 표시한다고 하자. 이 그림에 포함된 가설적 관계 네 가지는 다음과 같이 설명할 수 있다.

그림 ①은 부모의 사회적 지위가 자녀의 교육이나 사회적 지위에 영향을 미치는 정도는 미미하지만, 자녀의 교육이 그의 사회적 지위를 결정하는 데 큰 영향을 미치는 경우를 나타낸다. 교육을 통해 길러진 능력의 여하가 그의 사회적 지위를 결정하는 주된 요소가 된다는 점에서, 이 경우를 능력주의가 실현되는 경우라 할 수 있다.

그림 ②는 부모의 사회적 지위가 자녀의 교육에 미치는 영향이 미미하고 자녀의 교육이 그의 사회적 지위에 미치는 영향 역시 미미하지만, 부모의 지위가 자녀의 지위에 미치는 영향은 큰 경우를 나타낸다. 부모 지위의 고하 여부가 자녀 지위의 고하 여부에 거의 그대로 반영되어 나타난다는 점에서, 이런 사회를 세습 신분제 사회에 가깝다고 할 수 있다. 부모가 성골이면 자녀도 성골이 되는 사회이다.

그림 ③은 부모의 지위가 자녀의 지위에 직접 영향을 미치기도 하지만, 그보다는 자녀의 교육이라는 매개를 거쳐 자녀의 지위에 영향을 미치는 정도가 더 큰 상황을 나타낸다. 어떤 교육을 받는가에 대한 가정 배경의 영향도 크고, 교육의 차이가 그의 지위 결정에 미치는 영향도 크다. 그림 ①의 경우보다는 교육을 받는 데 가정 배경의 영향이 훨씬 크고 사회적 지위의 세습 효과도 약간 더 크기 때문에 능력주의 사회로부터 상당히 벗어나 있다. 그러나 그림 ②에 비해서는 부모 지위의 세습 효과는 약하고 교육을 통한 능력의 구비라는 매개를 거치므로 그나마 능력주의의 외형은 일부 갖춘 것처럼 보인다.

그림 ④는 가정 배경이 교육에는 영향을 주지만, 그 교육이 사회계층의 배치에 영향을 주는 바가 미미한 상황을 표현한다. 그리고 부모의 지위가 자녀의 지위에 직접 영향을 미치는 정도도 약하다. 교육이 모든 계층에 공평하게 열려 있는 것도 아니고, 교육의 지위 획득 효과 또한 미미하다는 이유로, 이런 상황에 교육은 왜 받나 하는 의문이 생길 수도 있지만 교육의 의의는 다양할 수 있으므로, 이러한 상황의 현실적 존재 가능성을 부정할 이유는 없다. 이 네 경우 이외에도 수없이 다양한 관계 양상이 더 존재할 수 있으나, 여기에서는 설명의 편의상 전형적인 경우에만 관심을 기울인다.

이 네 가지 경우 가운데, 우리 사회는 어디에 가까울까? 실증적인 분석과 증거가 필요하겠지만, 소위 '개천에서 용 난다'는 말이 어느 정도 살아 있었던 1960년대 혹은 1970년대까지는 앞의 그림 ①에 가까운 상황이었을 것으로 짐작할 수 있다. 그러다가 2000년대 정도까지는 그림 ③과 비슷한 상황이었을 것이다. 즉, 교육이 계층 결정에 영향을 주지만 그 교육을 받으면서 가정 배경의 영향 또한 강하게 받는 상황으로, 부모와 자녀의 계층을 교육이 매개하는 형태이다. 그러다가 2010년대의 중반을 훌쩍 넘어가는 현시점에서는 그림 ②와 유사한 상황으로 변하는 조짐이 나타난다는 지적도 있다. 1998년에 출범하여 대학평준화, 서울대 해체 등과 같은 혁명적 주장을 해 오던 교육운동단체 '학벌 없는 사회'가 2016년 스스로 해체를 선언하면서 밝힌 선언문의 내용은 상당히 충격적이다.

해체 선언문 중 일부는 다음과 같다. "노동 자체가 해체되어 가는 불안은 같은 학벌이라고 밀어주고 끌어주는 아름다운(?) 풍속조차 소멸시켰다. ⋯ 자본의 독점이 더 지배적인 2016년 지금은 학벌이 권력을 보장하기는커녕 가끔은 학벌조차 실패하고 있다. 학벌과 권력의 연결이 느슨해졌기에 학벌을 가졌다 할지라도 삶의 안정을 유지하기 힘들다"고 선언하고 있다. 이 단체의 해산은 '좋은 학벌=계층 상승'이라는 공식이 점차 힘을 잃고, 출신 계층에 따라 삶이 대물림되는 사회가 도래했음을 인정하는 사건으로서 그 상징성이 크다. 학벌에 의한 기득권 구조가 여전히 존재하기는 하지만, 그보다는 부모의 계층이 거의 그대로 대물림되는 자본의 영향력이 압도적으로 크다는 점을 부각시킨 것이다. 단체의 해체 이유도, "학벌 사회가 사라져서가 아니라, 자본의 영향력이 압도적인 마당에 학벌 해체가 정확한 표적이 되지 않는다"는 판단을 했기 때문이라고 한다. 선언문에 담긴 이 문제의식이 옳다면, 우리 사회는 굳이 교육이라는 매개를 수고스럽게 거치지 않더라도, 자녀가 태어날 때 어떤 수저를 물고 태어나는가에 따라 그의 사회적 신분이 결정되는, 소위 금수저-흙수저의 세습 신분 사회로 진입하는 중이라고 해석할 수 있다.

이 우울한 진단과 문제의식에 어느 정도 동의하는 면이 있다 할지라도, 우리 사회가 완전히 사회적 지위가 세습되는 사회라고 규정짓기는 어려워 보인다. 선호 학력을 통해 사회적 지위 경쟁에서 유리해지거나 적어도 낮오지 않겠다는 사회적 믿음은 아직 공고하고, 그 믿음은 우리 사회의 치열한 교육 경쟁을 설명하는 가장 강력한 요인으로 여전히 작용하고 있기 때문이다. 요컨대 교육을 통한 지위 경쟁은 아직 사회적 현상으로 존재한다.

교육 내부의 경쟁도 갈수록 강화되고

교육과 경쟁이 관계를 맺는 방식은 앞에서처럼 '교육을 통한 사회적 지위 경쟁'도 있지만 '교육 내부의 경쟁'도 있다. 교육 내부의 경쟁이란 교육 부문의 운영에서 경쟁을 활용하는 것을 말한다. 학업성취도를 끌어올리기 위해 학생 사이의 경쟁을 유도하고, 교육의 질을 높인다는 명목으로 교사 사이의 경쟁을 유도하고, 교육기관으로서의 사회적 책무를 다하게 한다는 명분으로 학교 사이의 경쟁을 유도하고, 국가 경쟁력의 토대가 된다는 이유로 몇몇 교육 성과 지표를 가지고 국가 사이에 경쟁을 붙인다.

학생 사이의 경쟁은 학창 생활의 전 시기에 걸쳐 치르는 시험을 통해 극적으로 나타난다. 교사의 관심 얻기와 같은 비非성적 경쟁도 있지만, 성적 경쟁이 더욱 광범위하게 일어나며 그 경쟁의 결과는 석차나 등급으로 표현된다. 상위의 석차나 등급을 얻은 학생에게는 그에 맞는 보상이 주어진다. 교사의 인정, 친구들의 부러움, 장학금, 우수 학급 배치, 교내 생활관 우선 배정, 취업의 기회, 명망도가 높은 상급 학교 진학의 기회 등 보상의 종류도 다양하다.

교사 사이의 경쟁은 학생으로부터 인정받는 것과 같은 비제도적 경쟁도 존재하지만, 승진이나 전보 등과 연결되는 제도적 경쟁도 있다. 이 제도적 경쟁은 과거에 비해 점점 더 광범위하게 유도되고 있다. 과거에는 승진을 바라거나 희망하는 학교로 근무지를 옮기려는 교사들만 경쟁에 참여했으나, 2000년대 이후부터는 소위 '교원능력개발평가'라는 새로운 평가 제도를 도입함으로써 학생, 학부모, 동료 교원으로부터 좋은 평가를 받고, 나아가 차등적으로 지급되는 성과급에서 높은 보수를 받으라는 경쟁을 시키고 있다.

학교 사이의 경쟁은 더 많은 학생 및 더 우수한 학생을 유치하려는 데에서 나타나기도 하고, 더 많은 재원을 확보하고 더 나은 시설을 구비하려는 데에서 나타나기도 하며, 취업률이나 명망 있는 상급 학교 진학률 등과 같은 교육 성과를 두고 나타나기도 한다. 학교 간 경쟁을 주장하는 사람들은 과거의 학교가 특별한 자체 노력을 기울이지 않더라도 교육행정기관에서 배정해 주는 입학생을 받고, 순서에 따라 지원해 주는 공공재정에 의존하여, 일정 기간만 지나면 교육 성과와 관계없이 졸업생을 배출하는 무책임하고 안일한 조직이었다고 비판한다. 이 비판에 대한 대책으로, 사회적 책임을 다하고 열심히 노력하는 학교를 만들기 위해 학교끼리 학생 유치, 재원 확보, 교육 성과 산출을 놓고 경쟁시키는 것을 대안으로 선택한다. 경쟁을 유도하는 구체적인 방법으로는, 확보한 입학생의 수에 따라 공공재원을 분배하거나voucher system, 성취 목표를 조건으로 학교 운영 계약을 맺게 하거나charter school, 학교(대학)에 대한 평가와 행·재정 지원을 연계하는 방법들이 활용된다.

국가 사이의 경쟁은 국가 발전의 원동력인 인적 자원 개발의 효율성을 높이기 위한 경쟁 체제의 강화로 나타난다. 세계화 시대 국가 간 경쟁이 치열해지는 상황에서, 신기술 개발과 고급 인력 양성 및 자국 교육체제의 주도권 확보는 대다수 국가의 우선적 과제다. 각국의 교육정책 당국은 PISA나 TIMSS 같은 국제학업성취도평가에서 자국 학생들의 학업성취도가 어떤 위치에 있는지에 대해 관심을 많이 기울이며, 세계경제포럼WEF이나 국제경영개발원IMD의 국가 경쟁력 평가에서 교육 부문 경쟁력이 어느 정도나 되는지 신경 쓰고, QSQuacquarelli Symonds 등 글로벌 대학평가기관의 평가에서 자국 대학의 순위가 어느 정도인지에 주의를 기울인다. 그리고 세계화 환경에서, 학위와 학력 및 자격을 국제적으로 통용시키는 사업이 유럽연합을 중심으로 확산되고, 일국 학교의 타국 분교 설치가 확산되는 추세에 있다. 이 추세 속에서 교육 부문의 지역 표준 혹은 세계 표준을 정하는 데 어느 나라가 주도적인 영향을 미치는가를 놓고 벌이는 경쟁도 본격화되고 있다.

교육 부문 내에서 이루어지는 경쟁은 이처럼 학생, 교원, 학교, 국가를 가리지 않고 전면적으로 강화되고 있다. 이러한 변화는 세계화 추세에 의해 나타난 것이기도 하고, 소위 신자유주의적 변화의 일환으로 이해되기도 한다.

경쟁의 부작용을 최소화하는 방안은 무엇일까?

'교육을 통한 사회적 지위 경쟁'이건 '교육 내부의 경쟁'이건 그 경쟁의 공통점은 두 가지다. 하나는 개인이든 국가든 자신의 바깥에 늘 경쟁 상대방을 두고 있다는 점이며, 또 하나는 그 경쟁 상대방과 단일의 기준을 두고 경쟁한다는 점이다. 이 경쟁이 개인과 집단의 발전을 견인하고, 적자의 생존과 부적격자의 도태를 통해 자연적 질서를 형성하는 계기가 된다는 점은 앞에서 설명한 바와 같다. 그러나 경쟁의 이와 같은 의의 혹은 불가피성을 인정한다 하더라도, 그 경쟁으로부터 파생되는 부작용을 생각하지 않을 수 없다. 이 부작용은 앞에서 말한 경쟁의 두 가지 공통점으로부터 불가피하게 파생되는 것이다.

경쟁 상대방을 자신의 바깥에 두는 '대외적 경쟁'은 불가피하게 승자와 패자를 발생시킨다. 승자는 원하는 것을 얻고 패자는 거기서 실패한다. 승자는 우월감을 맛보고 패자는 열패감을 맛본다. 승자는 자신의 위치를 지키려 하고, 패자는 다음 경쟁을 위해 기회를 노린다. 승패에 걸린 보상이 중요할수록 경쟁은 끝이 없고, 경쟁에서 이기기 위해 수단 방법을 가리지 않는 치열함도 더해진다. 경쟁을 둘러싼 사회적 갈등은 피할 수 없다. 경쟁이 전면화하면 가장 강한 선두를 제외하고 나머지는 모두 그와의 경쟁에서 패배할 수밖에 없다. 은메달을 따고서도 슬퍼서 우는 운동선수들이 흔히 있다. 경쟁에서 자주 실패하면 그에게 이제 무력감, 무능감, 체념이 자리를 잡는다. 경쟁력이 부족하면 경쟁의 기회가 많이 주어져도 그만큼 자주 실패하게 된다. 결국 대외적 경쟁은 소수의 승자를 제외하고 나머지 대다수에게 열패감과 무력감을 안겨 주며, 사회적 갈등을 조장하거나 방치하는 결과를 초래한다.

다음으로, '단일 기준에 의한 경쟁'이란 경쟁에 참여하는 당사자들이 하나의 기준에 따라 경쟁하는 것을 말한다. 학생들은 주로 성적, 즉 상급 학교의 입학에 중요한 일부 과목의 성적을 기준으로 경쟁을 한다. 교사들은 주로 승진이나 성과급을 얻는 데 활용되는 평가 기준에 따라 경쟁을 한다. 학교들은 유능한 입학자원 및 풍부한 행·재정 지원을 확보하기 위한 목적에서, 취업 실적이나 상급 학교 입학 실적 등을 놓고 경쟁한다. 국가 간의 경쟁 역시 자국 교육체제에서 배출되는 인력의 국제 경쟁력과 자국 교육 프로그램의 국제적 통용성 증대를 기준으로 하여 이루어진다.

모든 경쟁은 어차피 어떤 기준에 따라 이루어질 수밖에 없기 때문에, 하나의 경쟁과 그 장면에 적용되는 기준만을 따로 떼어 판단한다면 어떤 경쟁이든지 단일 기준에 의한 경쟁이라고 말할 수 있다. 그럼에도 여기서 문제로 지적하는 것은, 한 기준에 의한 한 종류의 경쟁만이 주조主潮를 이루는 상황이 문제라는 뜻이다. 사람마다 중요하게 생각하는 가치 기준은 서로 다르다. 그에 따라 사람들이 영위하는 삶의 양식이나 진출하는 직업 분야가 다변화되어 있다. 국가 역시 각기 고유한 역사와 전통 및 문화를 지니고 있다. 그럼에도 불구하고, 그 다면성과 고유성을 오히려 삭감하는 방향에서 일부 교과 위주의, 행정 당국이 정한 획일적 평가 항목 위주의, 소위 자본주의 선진국에서 운영하는 교육 프로그램 위주의 단일 기준 경쟁이 만연하고 있다는 것이 문제라는 지적이다.

이러한 경쟁의 부작용을 최소화하는 방안은 무엇일까? 경쟁 없는 사회를 만들자는 것은 실현 가능성이 없는 제안일 것이다. 그렇다면 다른 식의 경쟁을 찾아야 할 것이다. 이를 앞의 '대외적 경쟁'과 '단일 기준에 의한 경쟁'에 대한 상대적 개념으로서 '대내적 경쟁'과 '다면 기준에 의한 경쟁'으로 이름 붙일 수 있다. 대내적 경쟁이란 경쟁의 상대방을 자신의 바깥에서 찾는 것이 아니라 자신 속에서 찾는 것을 가리키는 말이다. 경쟁 상대는 외부에 있을 수도 있지만 자신의 내부에 있을 수도 있다. 자신의 현재 모습, 자기 집단이 현재까지 이룩한 업적, 자기 나라가 현재까지 도달해 있는 수준은 모두 무결점의 이상향은 아니다. 그러므로 이전의 모습보다 조금 더 나은 학생과 교사, 학교와 대학, 국가와 공동체를 만들고자 하는 노력은 곧 더 나은 자신을 만들기 위한 자신과의 경쟁이다. 이 대내적 경쟁을 멈춘다는 것은 곧 자기 발전과 갱신을 포기한다는 뜻이며, 이 점에서 이 경쟁이야말로 교육적 속성을 지닌 경쟁이라 할 수 있다.

다음, 다면적 기준에 의한 경쟁은 말 그대로 경쟁의 기준 자체가 다면적이고 다양한 상태에서 경쟁이 이루어지는 것을 말한다. 이는 단일 기준에 의한 경쟁이 초래할 수 있는 삶의 획일성에서 벗어나게 도와주는 경쟁 방식이다. 누구나 자신이 선호하는 삶의 영역에서 자신의 소질과 적성을 살리면서 자신의 가치관에 부합하는 행복을 누릴 권리가 있다. 어떤 조직체든 설립 목적과 환경 여건에 맞는 조직 활동을 할 수 있도록 허용되어야 한다. 그 활동 결과에 대한 책임은 자신이 지는 것이다. 점증하는 세계화 추세 속에서도, 그 추세가 강할수록 오히려 더욱, 개별 국가의 고유성과 문화적 다원성은 존중받아 마땅하다. 이를 뒷받침하는 것이 다면적 기준에 의한 경쟁이다.

대내적 경쟁과 다면적 기준에 의한 경쟁은 대외적 경쟁과 단일 기준에 의한 경쟁에서 초래되는 부작용을 완화하는 효과를 갖는다. 그렇다고 후자의 경쟁을 사회에서 일소하자는 주장을 하는 것은 아니다. 그것은 실현 가능한 주장이 아니다. 다수의 경쟁 상대자가 희소한 자원의 획득을 놓고 벌이는 경쟁에서는 불가피하게 그런 경쟁이 나타나고, 또 그런 부작용이 초래될 수밖에 없기 때문이다. 그럼에도, 전자의 경쟁은 다른 상대방의 권익과 심리적 안녕감을 저해함 없이 개인의 발전과 공동체의 조화로운 성장을 가능하게 하는 원동력이 된다는 점에 주목할 필요가 있다. 이 가운데에서 어떤 경쟁에 치중할 것인가는 결국 상황적 여건과 경쟁 참여자의 주체적 결단에 달린 문제이다.

14.
숲의 다양성과 공존
다양성이 공존하는 교육

자연 속의 생물들은 서로 경쟁할 뿐만 아니라 공존하고 협동한다. 식물의 경우 성장하는 공간과 시간을 서로 구분함으로써 경쟁을 피한다.

공간적 격리는 다양한 식물의 공존을 가능하게 하는 조건이다. 추운 곳을 잘 견디는 식물이 있는가 하면, 더운 곳을 잘 견디는 식물도 있다. 소나무는 햇빛이 있어야 잘 자라지만, 고사리는 그늘에서도 잘 자란다. 어떤 식물은 건조한 곳을, 다른 식물은 다습한 곳을 좋아한다. 시간적 격리 역시 경쟁을 피하게 하는 지혜이다. 식물들의 개화 시기가 서로 다른 것은 자리를 이동하지 못하는 식물들이 한 장소에 살면서도 경쟁을 피하고 자손을 퍼뜨리게 도와준다. 한 장소에서만 보더라도 꽃 피는 시기를 달리하는 식물들이 차례로 등장하는 것을 우리는 알고 있다. 봄꽃이 지천일 때 가을꽃은 그 옆에서 조용히 자기 차례를 기다린다.

숲에서 발견하는 공존의 지혜

식물들이 공존하는 지혜를 잘 보여 주는 곳이 숲이다.[51] 숲은 큰 나무들로 이루어진 것처럼 보이지만 큰 나무들만 사는 곳이 아니다. 작은 나무와 무수한 풀과 뒤덮인 이끼들이 함께 살아가는 곳이 숲이다. 큰 나무만 사는 숲은 이내 사라질 것이다. 다양성을 잃은 생태계는 지속될 수 없기 때문이다. 식물들은 서로 땅과 햇빛을 차지하기 위해 쉬지 않고 다투고 부대끼지만, 경쟁이 일정한 한계에 이르고 난 후에는 타협하면서 공존의 길을 찾는다. 어떤 나무는 땅속 깊은 곳에 뿌리를 뻗어 영양분을 흡수하고, 작은 나무는 그보다 위쪽의 땅을 차지하며, 풀들은 그보다 위쪽인 표토 층의 흙을 차지하는 식으로 땅을 나누어 가진다. 땅에 뿌리를 내리는 식물이 다양하면, 토양 미생물의 종류도 다양해지고 개체도 풍부해지기 때문에, 토양도 건강하고 비옥해진다. 땅 위의 하늘에서는 햇빛을 얻기 위한 경쟁도 치열하지만, 땅속의 뿌리들이 층을 나누어 공존하는 것처럼, 지상의 줄기와 가지들 역시 공존한다. 큰 나무는 작은 잎을 여럿 만들고, 가지와 잎차례도 가능한 서로 어긋나게 하여, 아래에 있는 작은 풀에게 틈을 열어 준다. 햇빛의 틈이 없는 곳에는 햇빛이 적어도 잘 사는 식물들이 자리를 잡는다. 지표에서 하늘 방향으로 식물들이 몇 개의 층 무리를 이루는지 살펴보면 그 숲의 건강 정도를 알 수 있다. 건강한 숲은 다양한 식물들이 여러 층을 이루고 산다.

---

51. 박중환(2014). 앞의 책, 150-165쪽.

　물론 어떤 경우에는, 칡이나 가시박 같은 덩굴식물이 다른 식물을 약탈하고 죽이면서 지력과 햇빛을 독점하는 산림의 무법자처럼 행세하기도 한다. 이들은 다른 식물들의 빈틈을 귀신같이 찾아내고, 재빨리 뿌리를 내릴 뿐만 아니라, 주변의 크고 작은 식물들을 가리지 않고 덮쳐 잎을 촘촘히 매달고 햇빛을 독차지한다. 이들에 깔린 나무와 풀은 양분도 햇빛도 빼앗겨 이내 비실비실해지고 몇 년 못 가 거의 죽을 수밖에 없다. 그렇지만 이들 역시 무한정 확산되지는 않는다. 덩굴 아래에서 시달리던 식물들이 모두 죽으면 덩굴식물 역시 살아남기 힘들게 되므로, 덩굴 뻗기를 일정 수준에서 중단하면서 이웃 식물이 살 공간을 열어 주는 타협을 하게 된다.

　소극적 공존에서 한 걸음 더 나아가 식물끼리 적극적으로 협력하는 경우도 얼마든지 있다.[52] 완두와 딸기는 감자와 함께 재배하면 좋다. 파

---

52. Brosse, J.(1990). 앞의 책, 60쪽.

슬리를 당근 옆에 심으면 탐스러운 수확을 얻을 수 있다. 데이지와 양 귀비는 밀의 성장을 왕성하게 한다. 수레국화는 호밀의 성장에 도움을 준다. 콩과식물에서 분비되는 아미노산이 벼과 식물들로 하여금 토양 속에 포함되어 있는 기체 상태의 질소를 빨아들이게 함으로써 이 식물들의 생장을 촉진한다는 사실은 이미 오래전부터 알려져 있었다. 이러한 상호 협조 작용은 숲을 울창하게 만드는 데에도 활용된다. 질소 성분이 거의 없는 바위더미나 격류가 흐르는 강바닥, 경사지, 사구 등의 토양에 아까시나무를 심으면 식물이 성장 가능한 토양을 만들 수 있다. 일부 균류 식물들은 나무뿌리와 공생하면서 결근을 형성하고, 질소 유기질을 변형한다.

숲이 식물의 생육에 유리한 점은 많다. 식물들이 함께 자라면서 비바람과 눈과 얼음 등 자연재해로부터 서로를 보호한다. 바람 없는 촉촉한 숲의 기후도 유리하다. 숲속의 땅은 식물의 부드러운 뿌리가 잘 뻗어 나갈 수 있도록 부식토가 풍성하고, 항상 푹신푹신하고 부슬부슬한 고운 흙을 준비해 두고 있다. 부드러운 숲속의 토양은 내리는 비를 잘 흡수하고 또한 잘 보관하고 있다가 필요할 때 쓸 수 있다. 더욱 놀라운 점은 숲속의 나무들이 서로를 도와 공생을 추구한다는 볼레벤의 주장이다.[53] 이 주장에 따르면, 오랜 기간 영양을 공급받지 못한 나무들은 이웃 나무의 지원을 받아 생존한다. 너도밤나무의 경우, 크기가 다른 개체들 사이에서도 나무들마다 빛을 이용해 생산하는 당糖의 양은 비슷비슷한데, 이는 뿌리들이 지하 네트워크를 구축해 활발히 교류

53. Wohlleben, P.(2015). 앞의 책, 12-34쪽.

함으로써, 많이 가진 자는 나누고 가난하고 병든 자는 동료의 도움으로 나눠 받아 그렇게 된다는 것이다. 어느 한 개체라도 너무 깊은 수렁에 빠지지 않게 만드는 나무들의 사회안전망인 셈이다.

나무끼리 영양을 주고받는 균형과 조절은 지하에서 뿌리를 통해 일어난다. 균류들 또한 거대한 네트워크를 이용하여 원활한 분배를 돕는다. 달리 말하자면, 이웃 간의 교류는 뿌리 끝을 감싸며 자라 그 뿌리의 영양 교환을 돕는 균류를 통해 이루어지거나, 직접 서로의 뿌리가 뒤엉켜 하나의 뿌리처럼 결합하기 때문에 가능하다.

나무가 동료들과 영양을 나누는 까닭은 함께하는 것이 유리하기 때문이다. 함께하면 많은 나무가 모여 생태계를 형성할 수 있고 더위와 추위를 막으며 상당량의 물을 저장할 수 있고 습기를 유지할 수 있다. 그런 환경이 유지되어야 나무들이 안전하게, 오래오래 살 수 있다. 그러니 숲의 필요성을 잘 아는 나무들이 공평한 분배와 정의를 중시할 수밖에 없다. 나무들끼리의 애정의 강도는 환경에 따라 달라서, 자연의 숲에 있는 나무가 인공적으로 조성한 숲의 나무나 가로수에 비해 훨씬 강하다고 한다.

다양성의 공존

다양성의 공존을 추구함으로써 생육 환경을 건강하게 만들려는 노력은 식물의 수정 행태에서도 발견할 수 있다. 스스로 자가수정을 하는 식물은 실제로 타가수정을 하는 개체보다도 우수한 자식을 만들어 내기 어렵다.[54] 우수한 형질을 확보하기 위해 또는 더 많은 농작물의 수확을 위해 사람들이 타가수정의 방법을 이용하거나, 잡종강세의 효과를 도모하기도 한다. 타가수정은 같은 종의 다른 개체 간에 수정이 이루어지는 것을 말하고, 잡종강세는 다른 종(또는 변종, 품종) 간에 교배가 이루어졌을 때 일반적으로 그 1대 후손에서 우성형질을 많이 가진 개체가 태어나는 현상을 말한다.

식물의 꽃에는 암술과 수술이 함께 들어 있는 것이 거의 대부분이지만, 한 그루에 있으면서도 암꽃과 수꽃이 다른 장소에 서로 떨어져 피는 것도 있다. 어떤 종류는 나무 전체가 암나무와 수나무로 구별되는 경우도 있다. 식물은 다른 꽃의 꽃가루를 얻어 가루받이를 하는 방법을 고안하여 우수한 유전형질을 확보하려는 노력을 기울이고 있다. 암수한꽃의 식물이더라도 암술과 수술이 피는 시기를 달리하거나 피는 위치나 높낮이를 조절함으로써 자가수정이 일어나지 않도록 한다. 먼 곳에 있는 꽃가루를 받기 위해, 그리고 먼 곳으로 꽃가루를 보내기 위해, 식물이 바람과 물과 곤충과 동물을 이용한다는 것은 잘 알려진 사실이다. 이를 통해 타가수정이 일어나는 것이다.[55]

소나무의 예를 보자.[56] 소나무의 가지 높은 부분에는 암술이 나타나는데, 암술은 수술보다 크기가 작고, 보랏빛이 감도는 선홍색 빛깔을 하고 있다. 소나무는 높은 곳에 있는 탓에 같은 나무에서 퍼져 나가는

54. 이재열(2011). 앞의 책, 83-86쪽.
55. 그러나 만약 타가수정에 실패하는 경우에는, 종족 유지를 위해 일부라도 자가수정을 허용하는 신비한 능력을 보이기도 한다.
56. Brosse, J.(1990). 앞의 책, 36쪽.

꽃가루를 받아들이기에는 적합하지 않다. 그런 까닭에, 효과적인 번식을 위해서는 두 개의 서로 다른 개체 사이의 생식세포 결합이 필요하다. 다른 개체에게서 날아온 꽃가루가 암술 표면에 난 비늘 틈으로 들어오게 되면 꽃가루받이가 이루어진다. 하지만 꽃가루받이가 이루어지고 나서 2년 또는 그 이상의 시간이 지나야 비로소 씨가 땅에 떨어져 움튼다. 그동안 암술은 점점 커지고 비늘은 씨앗을 보호하기 위해 점점 더 서로 밀착하여 틈을 없앤다. 씨앗은 하나의 비늘 밑에 두 개씩 형성된다. 시간이 지남에 따라 씨앗에서 막질의 날개가 자라나서 공기 중에서 날아다닐 수 있게 되면 원거리 꽃가루받이도 가능하다. 바람이 매개 역할을 해서 꽃가루와 씨앗을 운반해 줄 수 있기 때문이다.

공공적 가치의 추구와 공민의 형성

다양성을 허용하고 공존을 통해 조화와 질서를 모색하는 일은 자연계의 과업에 국한되지 않는다. 인간계의 교육 부문에서도 중요한 과업이다. 교육 부문의 이 과업은 공교육의 이념을 충실히 지킴으로써 이룰 수 있다. 이 이념의 핵심은 공공적 가치의 추구와 공민公民의 형성이다. 공공적 가치는 사회에 따라 다양하게 표현할 수 있겠으나, 적어도 민주사회에서는 개인의 자유와 공동체의 발전이 조화를 이루는 것을 중요하게 여긴다. 곧 다양성을 허용하면서도 그 공존을 통한 공동체의 조화를 중시한다는 뜻이다. 그래서 공교육에서는 학생 개성의 자유로운 발현과 소질 계발도 중요하게 취급하지만, 또한 동시에 공동체 구성원으로서 지녀야 할 공통의 규범과 가치관을 갖도록 하는 일도 중시한다. 그리고 공교육의 교육적 인간상은 자율성과 공공성을 함께 지닌 공민, 즉 공적 시민이다. 이 기준에 따라 공교육의 목표와 내용 및 방법이 정해진다. 이에 반해, 사교육은 개인 혹은 하위 집단의 필요나 요구를 충족시키는 데 일차적 관심을 두어도 무방하다.

다양성의 공존을 도모하는 일은 최근 우리 사회가 다문화 사회로 진입함에 따라 더욱 그 중요성이 조명되고 있다. 같은 문화권 내에서 공동체를 이루고 있는 사람들의 입장에서 보면, 다른 문화를 지닌 사람들에 대해 친숙함을 가지기는 사실 어렵다. 동질감이나 이질감은 그 문화적 경계의 안팎에 있는 사람들에게 느끼는 본능적 감정이다. 그러나 자기 아닌 남, 이웃, 다른 집단을 어떻게 대하는 것이 자신과 인류 전체의 발전을 위해 바람직하겠는지에 대해서는 본능 이상의 숙고가 필요하다.

이문화 집단에 대해 가질 수 있는 자세는 다양할 수 있다. 그들의 존재가 미미하거나 거의 눈에 띄지 않는다고 여길 때에는 간과하거나 무시하는 자세를 취하기 쉽다. 예를 들면, 단일민족으로서의 문화적 동질성과 일체감을 자랑스럽게 여기고, 그를 전승하려는 자세가 이에 해당한다. 그러나 이문화 집단의 존재감이 커지고 의식되기 시작할 때에는 그들을 인위적으로 배제하거나 주류 문화 속으로 포섭하려는 자세를 취할 수 있다. 예를 들면, 유럽의 여러 나라들이 시리아 내전으로 인한 난민들이 자국에 입국하지 못하도록 막는다든지, 다문화 가정과 그 자녀들이 한국 사회에 진통 없이 적응할 수 있도록 그들에게 한글 교육을 강화한다든지 하는 것이 배제와 포섭의 예에 해당한다. 이 배제와 포섭에서 한 걸음 더 나아간 자세가 병존의 인정이다. 서로 다른 문화적 정체성을 인정하고 각각의 터전 위에서 생육할 수 있도록 공존을 허용하는 자세이다. 예를 들면, 주류 문화든 비주류 문화든 독자적 존재 근거가 있다는 점을 인정하고, 각기 자기 정체성을 유지할 수 있도록 교육 프로그램의 다양성과 선택권을 존중하는 정책이 이에 해당한다. 공존의 허용에서 한 걸음 더 나아가는 자세로 융합의 촉진을 생각할 수 있다. 공존이나 병존은 각 문화 집단이 자기 터전에 자리 잡고 있는 상태만을 말한다면, 융합은 그 집단 경계의 이완과 집단 간 상호작용의 활성화를 통해 새로운 통합적 문화가 형성되는 상태까지를 말한다.

병존 혹은 융합의 방향

이문화 집단에 대한 이러한 자세의 스펙트럼, 즉 '간과와 무시' → '배제와 포섭' → '병존' → '융합' 가운데에서 어떤 자세를 주로 취하는가에 따라 교육제도, 교육 내용 및 소수 집단 학생에 대한 지도 방식 등 교육의 전반이 영향을 받는다. 스펙트럼의 한쪽 극단으로 갈수록 문화적 동일성의 유지와 이문화의 소외라는 장단점이 나타나고, 그 반대쪽 극단으로 갈수록 앞의 장단점이 전복되어 나타난다. 그런데 오늘날의 추세가 국경의 이완, 국가 간 인간·물자·정보 교류의 증대, 문화 접변의 확대를 특징으로 하고 있는 이상, 이 추세를 거부하기는 힘들 것이다. 그렇다면 다문화 사회 속에서의 교육 부문의 대응 방향 역시 더욱 명확해진다고 볼 수 있다. 그것은 병존 혹은 융합의 방향이다. 이를 좀 더 구체적으로 표현한다면, 서로 다른 문화를 인정하고, 섣불리 한쪽으로 포섭하려 하기보다는 각기 터전을 잡아 생육하도록 지원하며, 상대편 문화를 거울삼아 자기 문화를 발전시킬 방도를 찾고, 나아가 문화 교류를 통해 새로운 통합적 문화를 형성해 나가는 방향을 말한다.

다양성의 공존을 통한 발전 도모는 학생들의 학급 집단 구성 방식에 대해서도 시사점을 줄 수 있다. 학생들의 학급을 동질 능력 집단으로 구성하는 것이 효과적인지 이질 능력 집단으로 구성하는 것이 효과적인지 하는 문제는 교육계의 오래된 논쟁거리이다. 동질 능력 집단 구성 방식을 선호하는 측에서는 학생 수준에 맞는 지도가 가능해서 소외되는 학생을 줄이고 학력의 상승효과를 얻을 수 있다고 주장한다. 그러나 이질 능력 집단 구성 방식을 선호하는 측에서는 학생 상호 간의 학습 효과와 학생의 사회성 발달을 그 장점으로 내세운다. 이 논쟁은 1974년부터 도입되어 무려 40년 이상의 긴 생명력을 유지하고 있는 고등학교 평준화 정책에 대한 찬반 논란과 궤를 같이하기도 한다. 이 정책 반대론자는 동일 학교 내 학생 수준 차의 심화로 인한 지도의 난점과 학력 저하를 지목하는 반면, 찬성론자는 이질 집단화가 학생 상호 학습과 사회성 발달에 기여한다는 점을 지목하기 때문이다.

그런데 이들 주장을 뒷받침하는 실증적 데이터들은 아직 충분치 않다. 우선 학생들의 학업능력이나 학업성취도 면에서 보자면, 동질 능력 집단 구성 방식이 상위권 학생에게는 효과가 있는 반면 하위권 학생에게는 오히려 비효과적이라는 연구가 많다. 그리고 평준화 정책으로 인해 학생들의 학력이 저하했다는 증거를 찾기 어렵고, 오히려 평준화 지역 학생들의 학업성취도가 더 나은 경우도 있다는 연구가 나오기도 했다. 다음으로, 학생 간의 상호 학습과 사회성 발달 문제에 대해서는 엄밀한 실증 연구가 거의 없다. 그 까닭은 학업성취도의 고하를 놓고 비교하는 것은 쉽지만, 상호 학습이나 사회성 발달 여부는 그 정체를 파악하기도 어렵고 그것을 계량화하여 학급 구성 방식별로 비교하기도 어렵기 때문이다.

현 상황에서 좀 냉정하게 말하자면, 학급당 학생 수를 과거처럼 60~70명 수준에서 현재처럼 30명 남짓으로 줄이고 향후 더 줄인다 하더라도, 또한 능력별 반 편성을 강화한다고 하더라도, 다인수 학급을 완전한 동질적 학급으로 만드는 것은 불가능하다. 어차피 학생들은 과목에 따라, 적성과 진로 계획에 따라, 관심과 흥미에 따라 서로 다른 준비도와 수준을 보일 수밖에 없다. 그렇다면 이들을 구분할 수 있는 데까지 구분하여 각각 별도로 가르치겠다고 시도하기보다는, 학생들의 개인차를 인정하는 바탕에서 개인별 심화/보충 학습의 여지를 확대하고 학생 간 상호작용의 효과를 높이는 것이 훨씬 현실적인 방향이 될 것이다. 말하자면 학급 집단 내에서도 다양성의 인정을 통한 공존과 공영을 도모하는 것이 낫다는 뜻이다.

학교의 '무엇'을 다양화하는가

학교교육의 다양화를 도모하려 했던 정책의 하나로 이명박 정부의 '고교 다양화 300 정책'을 예로 들 수 있다. 이 정책은 고등학교의 유형을 일반계 학교 중심에서 좀 더 다양하게 만들어 학생이나 학부모가 자신들의 형편과 상황에 맞는 학교를 폭넓게 선택할 수 있도록 하겠다는 뜻으로 추진한 정책이었다. 이 정책의 방향과 목표에 따라, 우선 150여 개의 기숙형 고등학교를 지정하였다. 이 학교는 농·산·어촌 등 교육 여건이 상대적으로 낙후한 지역의 학교에 기숙사를 새롭게 짓거나 고쳐 짓게 해서 해당 학교의 지역 인근 학생을 보다 잘 유치하고 학업 집중도를 높일 수 있도록 하였다. 그리고 지자체 지원조례 제정 등을 통해 재학생 기숙사비를 가정형편에 따라 경감할 수 있게 유도하였다.

또한 자율형 고등학교를 통해 학생의 학교선택권을 강화하고 창의적인 인재를 양성한다는 취지에 따라, 자율형 공립고와 자율형 사립고 150여 개를 지정 운영하게 했다. 자율형 고등학교는 교육과정 운영, 교직원 인사, 학생의 입학 등에서 일반 학교에 비해 넓은 범위의 자율권을 인정받는 학교다. 그 자율적 운영을 통해 다양한 형태의 발전 방향을 스스로 찾아가도록 지원하겠다는 뜻이 들어 있다.

그리고 직업계 고등학교의 경쟁력 강화를 위해 특성화 고등학교와 마이스터 고등학교를 확대 지정 운영했다. 특성화 고등학교 정책은 각 학교별로 강점을 지닌 특성화 분야의 기술 인재를 양성하기 위한 목적으로 운영하고자 했다. 마이스터 고등학교 정책은 창의적 기술인력 양성을 목적으로 새롭게 지정하고 졸업생의 우수 기업 취업을 지원하며, 재직자 특별전형의 확대를 적극 유도하는 등 '선-취업, 후-진학' 체제를 구축한다는 방향을 정하였다.

이 외에도 과학, 외국어, 국제, 예술, 체육 등 여러 분야의 특수목적 고등학교를 확대하여, 특정한 분야에 학업 적성이 있는 학생을 조기에 발굴하여 해당 분야의 인재로 성장할 수 있도록 지원하는 방향도 정했다.

이러한 정책의 취지와 방향 자체는 나무랄 데 없는 것이다. 다양성이 중시되는 시대적 맥락에 비추어 다양한 인재의 양성을 기대하는 것은 바른 방향이기 때문이다. 획일적 평준화와 서열화에 관한 지루한 논쟁을 뛰어넘어, 다양한 분야의 능력을 발굴하고 저마다의 소질을 계발할 수 있다면 얼마나 좋겠는가. 보통교육 단계에 있는 학교라 하더라도 학생이 고등학교에 다닐 정도쯤 되면 개성과 진로의 분화가 뚜렷해진다는 점을 고려할 때, 고등학교 단계에서 다양화 정책을 추진한 것 역시 정책의 대상을 정확하게 지목한 것이라 할 수 있다.

그런데 학교를 다양화한다고 할 때 학교의 '무엇'을 다양화하는가 하는 점은 숙고할 필요가 있다. 기숙사가 있는 학교, 자연 친화적인 환경에 위치한 전원학교, 학교가 야간까지 부모 기능을 대신하는 종일 돌봄 학교 등이 다양화 범주에 속한다면, 친환경 무상급식을 하는 학교, 고딕 양식으로 건물이 지어진 학교, 경작지가 딸린 학교, 심지어 조각상이 많은 학교 등 이루 헤아릴 수 없는 많은 학교들도 다양한 학교에 포함될 여지가 있다. 그러나 중요한 점은, 그러한 여건이나 환경 자체가 아니라 그 여건과 환경에서 어떤 내용의 교육이 이루어지는가 하는 점이다. 학교에서 제공하는 '프로그램'의 다양성이 학교 다양화의 핵심이 되어야 한다는 뜻이다.

학교에서 제공하는 프로그램의 다양화를 지향한다고 하더라도, 그 프로그램이 '교육' 프로그램인가 하는 점도 숙고해야 한다. 학교에 대한 사회적 기대가 다변화되고 학교와 학교 밖 문화기관 사이의 연계가 요구되는 시대라고 할지라도, 학교의 본래 기능은 어디까지나 교육이기 때문이다. 학교가 다양한 프로그램을 수행하느라 본래 기능을 소홀히 하는 것은 학교의 본말전도이다. 학교의 본래 교육과정을 충실히 운영하는 데 힘을 다하고 그래도 남는 힘이 있을 때 부가적 기능을 추가하여 학교 기능을 다변화하는 것은 좋다. 그러나 학교가 이런저런 사업성 프로그램을 많이 수행하려 할수록, 학교 교직원의 피로현상이 누적되고 학교와 교사의 본질적 역할에 대한 논란이 발생할 것이기 때문에 주의해야 한다.

학교가 제공하는 교육 프로그램의 다양화를 지원하려 한다면 현행 학교 평가 및 국가수준 학업성취도 평가의 방식에 대한 재고가 요구된다. 현행 평가는 평가 주체가 정한 표준화된 기준에 따라 평가 대상의 도달 수준을 가늠하고, 그 수준 여하에 따라 학교들을 서열화하는 구실을 하기 때문이다. 이 경우에는 학교들이 평가 주체가 정한 표준적 평가 기준에 부합하는 활동에만 집중함으로써 교육 프로그램의 표준 수렴 현상이 나타날 수밖에 없다. 즉, 교육 프로그램의 다양화를 추구하면서도, 현실에서는 표준화된 평가 기준이라는 존재가 그 다양화를 가로막고, 다양화 노력을 서열화로 치환해 버리게 된다. 그러므로 학교를 평가한다고 하면 개별 학교가 애초에 정한 특색 있는 교육 프로그램이 어느 정도 효과적으로 이루어지는지를 점검하는, '평가 기준의 다변화'가 학교 다양화를 위해 필요하다.

더 나아가 학교 다양화에 대한 자체 준비가 어느 정도 되어 있는가도 반성해야 한다. 명목상으로는 외국어 분야 인재를 양성한다고 하면서도 졸업생의 진로를 보면 일반계 고등학교와 별반 다르지 않은 외

국어고등학교를 운영한다든지, 자율형 사립고등학교라고 하는데도 교육 프로그램의 다변화를 꾀하기보다는 스파르타식 입시학원처럼 운영하는 학교들도 있다. 이런 학교들은 외형은 다양성을 추구하는 듯하나, 실상은 성적 높은 학생들을 선점해서 명문대 입시 성적으로 고등학교를 서열화하는 구실만 하는 학교들이다.

고고 다양화 정책 중 일부는 이렇게 애초 취지와 다르게 전개되었기 때문에 사회적 문제가 되었고, 이후 박근혜 정부에서는 더 이상 확대 추진하지 않았으며, 문재인 정부에서는 외고와 자사고를 폐지하는 방안까지 검토했을 정도이다.

이처럼 다양화는 쉽지 않은 정책 목표이고 실천 과제이다. 학교 다양화는 온갖 종류의 다양성을 지지하는 것이 아니라 학교에서 제공하는 '교육' 프로그램의 다양성을 추구하는 것이며, 그 다양한 교육 프로그램마저도 본래의 교육 프로그램에 부가하여 추가로 수행하는 방식이 아니라 본래 프로그램에 용해溶解되는 방식으로 실행한다는 원칙을 확인할 필요가 있다. 즉, 학교의 본질이 옹호되는 범위에서 교육 내용의 학교별 특색이 살아날 수 있도록 해야 한다는 뜻이다.

물리적 통합에서 사회적 통합까지, 통합교육의 혜택은 전면적이다

특수교육 분야에서도 특수교육 대상자를 일반 학생들과 분리하여 별도 교육을 할 것인지 그들과 함께 통합교육을 할 것인지를 두고 논쟁이 있었으나, 이제는 통합교육이 대세로 굳어지고 있다. 통합교육이란 특수교육 대상자가 일반 학교에서 장애의 유형이나 정도에 따라 차별받지 않고 일반 학생과 함께 각 개인의 요구에 맞는 교육을 받는 것을 말한다. 여기서 통합은 장애 학생을 일반 학급에 배치하는 물리적 통합에서 출발하여, 학업활동에 참여하는 학문적 통합 및 학급 구성원과 상호작용하고 상호 수용하는 사회적 통합까지 도달하는 완전한 통합을 궁극적 목표로 한다. 이것은 장애 학생을 별도의 시설에 수용하여 별도의 프로그램으로 교육하는 데에서 나아가, 일반 학생과 함께 개별화된 교육 서비스를 제공하는 쪽으로 나아가는 것을 말한다.

통합교육이라고 하여 물리적 통합이 중요하고 그것이 이루어져야만 통합교육의 목표가 달성되는 것이라고 볼 이유는 없다. 어느 곳에서 가르치는가 하는 문제는 무엇을 어떻게 가르치는가 하는 문제보다 덜 중요하다. 교육의 장소보다 더 중요한 것은 교육 프로그램의 내용과 방법이다. 특수교육 대상자에 따라서는 그들에게 적합한 특별 프로그램으로 집중적인 특별교육을 받도록 하는 것이 더 유익할 수도 있기 때문이다. 결국, 특수교육 대상자에게도 충분한 교육의 기회를 제공하여 건전한 사회 성원으로 통합될 수 있도록 하는 것이 통합교육의 목적이라고 정리할 수 있다.

통합교육의 혜택은 전면적이다. 장애 학생은 일반 학생들의 사고와 행동을 관찰하고 상호작용할 수 있는 기회를 얻음으로써 사회성과 의사소통 능력을 기를 수 있다. 일반 학생 역시 장애 학생과 함께 생활함으로써 개인차의 인식과 타인에 대한 배려의 중요성을 학습할 수 있다. 또, 장애 학생을 위해 주의 깊게 준비된 특별 프로그램 덕에 일반 학생이 학습의 효과를 덤으로 누리는 혜택을 보기도 한다. 그리고 사회적으로는 개인별 특징을 낙인찍어 차별의 근거로 삼기보다는, 존중하고 배려하여 통합의 재료로 삼아야 한다는 인식 전환의 계기를 제공해 준다.

대학 생태계

다양성의 인정과 공생적 발전이라는 이념은 고등교육 분야에서 '대학 생태계'라는 비유적 개념을 통해 강조되기도 한다. 생태계가 다양한 생물 요소 사이의 상호작용과 균형을 상정하고 있는 것처럼, 고등교육 체계 역시 그러한 다양성과 균형을 지향할 필요가 있다는 생각이 그 비유에 깔려 있다. 고등교육이 보편화된 현 상황에서 대학에 기대하는 바는 다양하다. 어떤 대학은 우수한 연구를 통해 인류가 축적한 학술적 업적의 변경을 개척하는 역할을 해야 하며, 어떤 대학은 폭넓은 교양을 지닌 인재 배출에 중점을 둘 수도 있고, 또 다른 대학은 평생교육 수요나 당장 활용할 수 있는 직업 기능의 연마에 집중할 수도 있다. 각 대학의 입장에서 보면 자기 대학이 가진 역량과 처한 환경에 비추어 어떤 발전 방향을 택할 것인지를 스스로 결정하는 것이 중요하고, 정부의 입장에서 보면 학문 발전과 사회 요구에 부합하는 다양한 형태의 대학들이 공생하도록 지원하는 것이 중요하다.

정부의 대학 정책도 이 방향을 표현하고 있기는 하다. 예를 들어 교육부는 「사회수요 맞춤형 인재양성 사업 기본계획 시안 발표」라는 제목의 보도자료(2015. 10)를 통해 주요 대학 정책을 설명하면서, "산업 연계 교육 활성화 선도 대학PRIME 사업, 대학 인문역량 강화CORE 사업, 평생교육 단과대학 육성 사업 등을 통해 장기적으로는 국가 발전의 토대가 될 고등교육 생태계가 조성되기를 기대한다"고 밝힌 바 있다. 이 자료에서 고등교육 생태계가 무엇인지를 정확하게 밝히고 있지는 않으나, 정책사업의 목표를 통해 유추해 볼 수는 있다. 즉, 산업 연계 대학, 인문학을 강조하는 대학, 성인 학습자의 계속교육과 재직자 맞춤 교육에 치중하는 대학 등 다양한 유형의 대학이 발전적으로 공존하는 체계를 고등교육 생태계라고 보는 것이다. 이러한 사고에 따르자면, 고등교육 생태계의 다양한 대학들은 자연 생태계의 생물 요소에 비유할 수 있고, 대학의 유형을 다양하게 만드는 것은 생물 종의 다양성을 확보하여 생태계를 건강하게 유지하려는 것에 비유할 수 있다.

그런데 대학 다양화 정책의 추진 방식이나 대학들의 대응 방식을 보면 다양한 대학의 출현이 오히려 억제되는 면이 있어 아쉽다. 사업 추진을 위한 지원 대상 대학의 선정 방식에서, 정부가 정한 획일적 평가 기준에 따라 대학들을 일렬로 줄 세우는 것은 다양화에 역행하는 처사이다. 대학들 역시 자기 대학의 정체성이나 발전 방향에 맞지 않는 사업인데도 이런저런 온갖 종류의 재정 지원 사업에 참여하여 스스로 그 정체성을 흐리게 만들기도 한다. 공공재정을 집행해야 하는 정부로서는 지원 대학 선정에 잡음이 없어야 하니 계량적 기준에 따라 평가하는 방법을 택하고, 입학정원이나 등록금 수준까지 정부 규제를 받는 대학으로서는 정부의 재정 지원에 목이 매여 여러 사업에 참여하려고 하는 것이다. 이런저런 사정들을 이해 못 할 바는 아니나, 다양화의 방향을 멈출 수는 없다. 사관학교나 경찰대학처럼 특수목적 대학은 인력 계획에 입각한 정부 관리 방식으로 운영하되, 그 외 일반 대학의 경우에는 대학별 특성화가 대학 자율로 이루어지게 하고 시장 실패가 예견되는 예외적 상황에서만 정부가 개입하는 관리 방식이 필요하다.

교육복지 모형의 선택은 교육공동체 구성원들의 공동 과제

다양성의 인정과 공생적 발전을 조화시키는 일은 중요한 사회정책의 방향이면서 교육정책의 방향이기도 하다. 그런데 이 조화가 그렇게 간단하지는 않다. 다양성의 인정에 치중하다 보면 개인주의적 자유주의에 흐르게 되고, 공생적 발전에 치중하다 보면 권위주의적 공동체주의에 흐르기 때문이다.

공동체의 조화를 핵심적 사회 이념 혹은 정치 이념으로 추구하려는 생각을 공화주의라고 부를 수 있을 것이다. 그러나 공화주의에도 자유주의적 공동체주의에서부터 전체주의에 이르기까지 이상으로 삼는 사회의 모습과 그에 도달하는 방법적 원리에 있어 넓은 스펙트럼이 존재한다. 그러므로 우리 사회가 어떤 공동체주의 혹은 공화주의를 주된 이념으로 삼을 것인지에 대해서는 사회적 합의가 필요할 것이다. 이 이념의 정체와 연원을 파악하는 것은 이론가의 과업이지만,[57] 한 사회가

---

57. 예를 들어 다음의 책은 공화주의의 지적 계보와 주요 사상을 이해하는 데 도움이 된다. 조승래(2010).『공화국을 위하여: 공화주의의 형성과정과 핵심사상』. 도서출판 길(이 책을 처음부터 끝까지 정독하는 데 시간이 부족한 사람은 저자 서문과 각 장의 결론 부분만이라도 정독할 것을 권한다).

나아갈 이념적 푯대를 정하는 일은 그 사회 구성원 모두의 공동 과업이기 때문이다.

이러한 복합적 상황을 고려하여, 다양성과 공생을 조화시키는 사회 이념으로서 '자유주의적 공동체주의'를 제시하는 사람도 있다.[58] 이 사회 이념은 두 가지 상충되는 핵심적 가치인 자율성과 공동선 사이의 균형을 추구하려 한다. 그리고 이 균형을 추구하는 방법으로서, 설득과 교육처럼 개인에 대한 사회의 비권위주의적인 조정에 가급적 최대한 의지하는 대신, 법의 집행과 같은 국가의 강제적 개입은 최소화하려 한다. 자유주의적 공동체주의에서 생각하는 자율성과 공동선 사이의 균형점은 시대와 사회에 따라 달리 형성될 수 있다. 그렇기 때문에, 싱가포르나 이란과 같은 전체주의 사회와 신정체제에서 그 균형점은 자율성을 증진하는 쪽으로 이동하는 반면, 1990년대 이후 미국이나 한국과 같이 자유주의가 풍미하여 사회 전 부면의 격차와 균열이 확대되는 사회에서 그 균형점은 공동선을 증진하는 쪽으로 이동할 것이다. 즉, 같은 균형점에 도달하기 위해 어떤 사회들은 상호 반대 방향으로 움직일 필요가 있다는 뜻이다.

교육의 장면에서도 경쟁을 통해 능력을 최대한으로 끌어올리려는 방식과 뒤처지는 학생들을 함께 보살피는 방식 사이의 충돌이 존재한다. 사회 이념으로서의 자유주의적 공동체주의처럼, 교육 이념으로서의 교육복지에 대한 논의가 필요한 장면이다. 2000년대 우리 사회는 학교 무상급식의 확대 문제를 계기로 보편 복지인가 선별 복지인가 하

58. Etzioni, A.(2011). "On a communitarian approach to bioethics", Theoretical Medicine and Bioethics, 32, 363-374.

는 논쟁을 거친 적이 있다. 그렇지만 급식이 교육의 주변적 여건 문제라면, 공공적으로 제공되는 교육 서비스를 충분히 누리지 못하는 교육 소외 계층에 대해 더 잘 가르치는 문제는 교육의 핵심 문제에 해당한다.

소외되는 학생들을 집단으로 구분하면 대체로 저소득층 학생, 다문화 자녀, 농어촌지역 학생, 학력 부진 학생, 학교 부적응자 등이 될 것이다. 이들의 특성을 이해하고, 대상별로 적합한 서비스를 제공하며, 교육복지 전달체계를 잘 짜서 중복과 편중 및 사각지대를 해소하는 것은 교육복지를 위한 중요한 정책과제라고 할 수 있다. 그렇지만 이 정책과제의 실행에 앞서 더 중요한 것은 교육복지 정책의 쟁점과 추진 방향을 분명히 하는 일이다. 공동체주의의 이론적 모형이 단일하지 않은 것처럼 교육복지의 제도적 모형 역시 단일하지 않기 때문이다. 사회 이념의 선택이 사회 구성원 모두의 공동 과제인 것처럼, 교육복지 모형의 선택 역시 교육공동체 구성원 모두의 공동 과제라고 할 수 있다.[59]

화이부동, 원융회통

공생적 발전의 일상적 사례는 흔하다. 20세기 전반을 살다 간 미국

---

59. 사회 이념과 교육복지 모형 사이에는 밀접한 관련이 있어서, 어떤 사회 이념을 택하게 되면 그와 궤적을 같이하는 교육복지 모형을 선택할 것이라고 예측할 수 있다. 예컨대, 함승환·김왕준 외(2014)의 「복지국가 유형과 교육복지의 제도적 모형」(『다문화교육연구』, 7(3), 135-151쪽)에서는 Esping-Andersen, G.(2007)의 『복지 자본주의의 세 가지 세계』(박시종 옮김, 성균관대학교 출판부)라는 책의 내용을 활용하여 세 개의 복지 모형을 사민주의 복지국가(스웨덴), 보수적 조합주의 복지국가(독일), 자유주의적 복지국가(미국)로 구분한 바 있다.

의 여성으로 엘리너란 사람이 있었다.[60] 그녀는 쉽게 웃지 않았고, 잡담을 지루해했으며, 진지했고, 수줍음을 탔다. 이에 반해 프랭클린이란 남자는 모든 면에서 반대였다. 대담하고 쾌활하며, 거부할 수 없는 함박웃음에, 다른 사람과 쉽게 사귀었다. 둘에게는 상대방이 간절히 바라는 강점이 있었다. 그녀의 공감능력과 그의 허세였다. 1903년에 엘리너가 청혼을 받아들이자, 프랭클린은 자기가 세상에서 가장 행복한 남자라고 선언했다.

연애 때의 흥분에도 불구하고 두 사람은 서로 다른 면들 때문에 처음부터 문제를 겪었다. 엘리너는 친밀함과 무게 있는 대화를 갈구했지만, 프랭클린은 파티와 시시덕거리기와 잡담을 사랑했다. 두려움 외에는 두려워할 것이 없다고 선언한 남자가, 수줍음 때문에 고뇌하는 아내의 마음을 어찌 이해하겠는가.

1921년에 프랭클린은 소아마비에 걸렸다. 그 끔찍한 타격에, 그는 시골로 들어가 허약한 남자로서 여생을 살아갈까 하고 생각했다. 하지만 엘리너는 그가 회복하는 동안 민주당과 계속 접촉했고, 심지어 모금을 위한 파티에서 연설하겠다고 동의하기까지 했다. 엘리너는 대중 강연이라면 끔찍이 무서워했고 잘하지도 못했다. 목소리는 높은 음조였고 엉뚱한 곳에서 초조하게 웃음을 터뜨렸다. 하지만 엘리너는 행사를 위해 연습했고, 연설을 해냈다.

그 후로 엘리너는 여전히 자신 없었으면서도 곳곳에서 보이는 사회

---

60. Cain, S.(2012). Quiet: The power of introverts in a world that can't stop talking. New York: Random House. 김우열 옮김(2012). 『콰이어트-시끄러운 세상에서 조용히 세상을 움직이는 힘』. 알에이치코리아, 204-218쪽.

문제를 바로잡기 위해 일하기 시작했다. 그녀는 여성문제의 옹호자가 되었고, 다른 진지한 사람들과 동맹을 맺었다. 1928년에 프랭클린이 뉴욕 주지사로 선출되었을 때, 엘리너는 민주당 여성활동부의 책임자였고 미국 정치계에서 가장 영향력 있는 여성이었다. 프랭클린의 사교 수완과 엘리너의 사회적 양심이 파트너가 되어 제대로 기능하고 있었다.

프랭클린 루스벨트는 1933년에 대통령에 당선되었다. 대공황이 한창일 때였는데, 엘리너는 전국을 다니면서 평범한 이들이 들려주는 불운한 이야기를 경청했다. 사람들은 다른 권력자들 앞에서와는 달리 엘리너에게는 마음을 열었다. 엘리너는 프랭클린에게 궁핍한 자들의 목소리가 되었다. 여행에서 돌아오면 자기가 본 것을 이야기하고 그에게 행동하라고 촉구했다. 그녀는 애팔래치아 지역의 아사 직전인 광부들을 위해 정부 프로그램을 만들도록 도왔다. 사람들을 일자리로 돌려보내는 프랭클린의 프로그램에 여자와 아프리카계 미국인도 넣어야 한다고 그를 설득했다.

숫기 없는 젊은 여성으로 대중 강연을 끔찍해하던 엘리너 루스벨트는 영부인으로는 최초로 기자회견을 열고, 전당대회에서 연설하고, 신문 칼럼을 쓰고, 전화 토론 프로그램에 참여했다. 나중에는 UN의 미국 대표가 되어, 남다른 정치 수완과 힘겹게 얻은 강인함을 발휘해 세계인권선언을 통과시키는 데 기여했다.

엘리너는 결코 자신의 연약함을 초월하지 못했다. 일생 동안 자칭 '그리젤다(중세 신화에 나오는 침묵에 빠져든 공주의 이름) 분위기'라고 한 어두운 감정에 시달렸고, '코끼리 가죽 같은 튼튼한 피부'를 만들려고 발버둥 쳤다. 하지만 어쩌면 바로 그러한 섬세함 덕분에, 그녀는 궁핍한 사람들과 쉽게 이야기하고 그들을 위해 행동할 만큼 양심적인 사람이 될 수 있었던 것인지도 모른다. 대공황 초반에 대통령으로 선출된 프랭클린은 자비심 많은 이로 기억된다. 프랭클린으로 하여금 미국인들이 얼마나 고통받고 있는지 알게 해 준 것은 바로 엘리너였다.

어찌 이런 사례뿐이겠는가? 내 가족, 우리 부서와 회사, 내가 관여하는 어떤 조직에서든지, 다르기 때문에 다른 장점을 가지고 있고 그 장점들이 만나 조화를 이루고 힘을 발휘하는 경우는 허다하다. 우리 모두는 이 시너지 효과를 알고 일상에서 경험한다. 그럼에도, 다른 것은 또한 이질감과 갈등의 원천이 되기도 한다. 이상한 신념을 가진 사람, 이상한 정당을 지지하는 사람, 이상한 주장을 하는 사람, 이상한 행동을 하는 사람도 많다. 그러나 어쩌겠는가? 그들의 눈에 나도 그렇게 보일 수 있을지 모르고, 원래 세상은 그런 사람들과 어울려 살아가는 것일지도 모른다. 이상한 사람을 볼 때마다 주문처럼 최면을 걸어 보자. 화이부동和而不同, 원융회통圓融會通. 모두 4음절씩이다. 운율에도 맞아 최면 걸기 좋은 사자진언四字眞言이다.

참고 문헌

공지영(2016). 시인의 밥상. 서울: 한겨레출판.

권기완(2017). "탄허선사의 유교 경전에 대한 불교적 해석-『논어』를 중심으로". 한국불교학, 81. 한국불교학회, 215-245.

권영세(2015). 행복이란 무엇인가. 서울: 책과나무.

김성호(2011). 나의 생명수업. 서울: 웅진지식하우스.

김현우(2016). "지역의 창의인력 현황 및 성장 요인". 산업연구원 편. 산업경제 (2016. 8), 33-42.

민태영, 박석근, 이윤선(2011). 경전 속 불교 식물. 파주: 한국학술정보.

박상진(2011). 문화와 역사로 만나는 우리 나무의 세계 2. 파주: 김영사.

박중환(2014). 식물의 인문학: 숲이 인간에게 들려주는 이야기. 파주: 한길사.

박현정(2008). "학습 동기, 자아개념, 학업성취 간 관계의 집단 간 동등성 분석: PISA 2006 결과를 중심으로". 교육평가연구, 21(3), 43-67.

양미경(1992). 질문의 교육적 의의와 그 연구과제. 서울대학교 박사학위 논문.

양종국(2016). 역사학자가 본 꽃과 나무. 서울: 새문사.

오경아(2008). 소박한 정원. 서울: 디자인하우스.

이상태(2010). 식물의 역사: 식물의 탄생과 진화 그리고 생존전략. 서울: 지오북.

이재열(2011). 보이지 않는 질서: 생명 그리고 환경. 대구: 경북대학교출판부.

이차영(2002). "학교선택의 간과된 대안: 가정학교의 도전과 법적 과제". 교육법학연구, 14(2), 145-170.

정민(2011). 삶을 바꾼 만남: 스승 정약용과 제자 황상. 파주: 문학동네.

조승래(2010). 공화국을 위하여: 공화주의의 형성과정과 핵심사상. 서울: 도서출판 길.

키케로 지음. 오흥식 옮김(2002). 노년에 관하여. 파주: 궁리.

한국청소년정책연구원(2009). 한·중·일 고교생의 학습 환경 및 학업 태도에 관한 국제비교조사. 한국청소년정책연구원 보고서.

함승환·김왕준 외(2014). "복지국가 유형과 교육복지의 제도적 모형". 다문화교육연구, 7(3), 135-151.

苅谷剛彦(2001). 階層化日本と教育危機-不平等再生産から意慾格差社會へ. 東京: 有信堂.

Arzt, V.(2009). Kluge Pflanzen. 이광일 옮김(2013). 식물은 똑똑하다. 파주: 들녘.

Attenborough, D.(1995). *The Pivate Life of Plants*. BBC Books. 과학세대 옮김(1995). 식물의 사생활. 서울: 도서출판 까치.

Brosse, J.(1990). *La Magie des Plantes*. 양영란 옮김(2005). 식물의 역사와 신화. 서울: 갈라파고스.

Buhner, S. H.(2002). *The Lost Language of Plants: The ecological importance of plant medicines for life on earth*. 박윤정 옮김(2013). 식물은 위대한 화학자. 서울: 양문.

Cain, S.(2012). *Quiet: The power of introverts in a world that can't stop talking*. New York: Random House. 김우열 옮김(2012). 콰이어트-시끄러운 세상에서 조용히 세상을 움직이는 힘. 서울: 알에이치코리아.

Esping-Andersen, G.(1990). *The Three Worlds of Welfare Capitalism*. 박시종 옮김(2007). 복지 자본주의의 세 가지 세계. 서울: 성균관대학교 출판부.

Etzioni, A.(2011). "On a communitarian approach to bioethics". *Theoretical Medicine and Bioethics, 32*, 363-374.

Florida, R.(2004). *The Rise of the Creative Class and How it is Transforming Leisure, Community and Everyday Life*. New York : Basic Books.

Kierkegaard, S.(1941). *Concluding Unscientific Postscript* (D. F. Swenson and W. Lowrie, trans.). Princeton University Press.

Jonathan Drori. *Around the world in 80 trees*. 조은영 옮김(2020). 나무의 세계. 시공사.

Patricia Wiltshire. *The nature of life and Death*. 퍼트리샤 월트셔. 김아림 옮김(2019). 꽃은 알고 있다. 웅진지식하우스.

Wohlleben, P.(2015). *Das geheime Leben der Bäume*. 장혜경 옮김(2016). 나무수업. 고양: 이마.

경제협력개발기구 홈페이지 http://www.oecd.org/pisa/ (검색일 2017. 7. 30.)
『월간 좋은세상』, 2016. 6.
KBS 라디오 클래식 FM 프로그램 〈노래의 날개 위에〉(2017. 4. 3).
KNS 뉴스통신. 정준희 기자의 "함안군, '아라홍련'의 향연"(2016. 6. 16).

찾아보기

삶의 행복을 꿈꾸는 교육은 어디에서 오는가?

● **교육혁명을 앞당기는 배움책 이야기** 혁신교육의 철학과 잉걸진 미래를 만나다!

한국교육연구네트워크 총서

 01 핀란드 교육혁명
한국교육연구네트워크 엮음 | 320쪽 | 값 15,000원

 02 일제고사를 넘어서
한국교육연구네트워크 엮음 | 284쪽 | 값 13,000원

 03 새로운 사회를 여는 교육혁명
한국교육연구네트워크 엮음 | 380쪽 | 값 17,000원

 04 교장제도 혁명
한국교육연구네트워크 엮음 | 268쪽 | 값 14,000원

 05 새로운 사회를 여는 교육자치 혁명
한국교육연구네트워크 엮음 | 312쪽 | 값 15,000원

 06 혁신학교에 대한 교육학적 성찰
한국교육연구네트워크 엮음 | 308쪽 | 값 15,000원

 07 진보주의 교육의 세계적 동향
한국교육연구네트워크 엮음 | 324쪽 | 값 17,000원
2018 세종도서 학술부문

 08 더 나은 세상을 위한 학교혁명
한국교육연구네트워크 엮음 | 404쪽 | 값 21,000원
2018 세종도서 교양부문

 09 비판적 실천을 위한 교육학
이윤미 외 지음 | 448쪽 | 값 23,000원
2019 세종도서 학술부문

 10 마을교육공동체운동:
세계적 동향과 전망
심성보 외 지음 | 376쪽 | 값 18,000원

한국교육연구네트워크 번역 총서

 01 프레이리와 교육
존 엘리아스 지음 | 한국교육연구네트워크 옮김
276쪽 | 값 14,000원

 02 교육은 사회를 바꿀 수 있을까?
마이클 애플 지음 | 강희룡·김선우·박원순·이형빈 옮김
356쪽 | 값 16,000원

 **03 비판적 페다고지는
세상을 변화시킬 수 있는가?**
Seewha Cho 지음 | 심성보·조시화 옮김
280쪽 | 값 14,000원

 04 마이클 애플의 민주학교
마이클 애플·제임스 빈 엮음 | 강희룡 옮김
276쪽 | 값 14,000원

 05 21세기 교육과 민주주의
넬 나딩스 지음 | 심성보 옮김 | 392쪽 | 값 18,000원

 **06 세계교육개혁:
민영화 우선인가 공적 투자 강화인가?**
린다 달링-해먼드 외 지음 | 심성보 외 옮김 | 408쪽 | 값 21,000원

 07 콩도르세, 공교육에 관한 다섯 논문
니콜라 드 콩도르세 지음 | 이주환 옮김
300쪽 | 값 16,000원

 08 학교를 변론하다
얀 마스켈라인·마틴 시몬스 지음 | 윤선인 옮김
252쪽 | 값 15,000원

 혁신학교
성열관·이순철 지음 | 224쪽 | 값 12,000원

 행복한 혁신학교 만들기
초등교육과정연구모임 지음 | 264쪽 | 값 13,000원

 서울형 혁신학교 이야기
이부영 지음 | 320쪽 | 값 15,000원

 혁신교육, 철학을 만나다
브렌트 데이비스·데니스 수마라 지음
현인철·서용선 옮김 | 304쪽 | 값 15,000원

 대한민국 교사, 어떻게 가르칠 것인가?
윤성관 지음 | 320쪽 | 값 15,000원

 아이들을 어떻게 가르칠 것인가
사토 마나부 지음 | 박찬영 옮김 | 232쪽 | 값 13,000원

 모두를 위한 국제이해교육
한국국제이해교육학회 지음 | 364쪽 | 값 16,000원

 경쟁을 넘어 발달 교육으로
현광일 지음 | 288쪽 | 값 14,000원

비고츠키 선집 시리즈 발달과 협력의 교육학 어떻게 읽을 것인가?

생각과 말
레프 세묘노비치 비고츠키 지음
배희철·김용호·D. 켈로그 옮김 | 690쪽 | 값 33,000원

도구와 기호
비고츠키·루리야 지음 | 비고츠키 연구회 옮김
336쪽 | 값 16,000원

어린이 자기행동숙달의 역사와 발달 I
L.S. 비고츠키 지음 | 비고츠키 연구회 옮김
564쪽 | 값 28,000원

어린이 자기행동숙달의 역사와 발달 II
L.S. 비고츠키 지음 | 비고츠키 연구회 옮김
552쪽 | 값 28,000원

어린이의 상상과 창조
L.S. 비고츠키 지음 | 비고츠키 연구회 옮김
280쪽 | 값 15,000원

비고츠키와 인지 발달의 비밀
A.R. 루리야 지음 | 배희철 옮김 | 280쪽 | 값 15,000원

수업과 수업 사이
비고츠키 연구회 지음 | 196쪽 | 값 12,000원

비고츠키의 발달교육이란 무엇인가?
비고츠키교육학실천연구모임 지음 | 412쪽 | 값 21,000원

비고츠키 철학으로 본 핀란드 교육과정
배희철 지음 | 456쪽 | 값 23,000원

성장과 분화
L.S. 비고츠키 지음 | 비고츠키 연구회 옮김
308쪽 | 값 15,000원

연령과 위기
L.S. 비고츠키 지음 | 비고츠키 연구회 옮김
336쪽 | 값 17,000원

의식과 숙달
L.S 비고츠키 | 비고츠키 연구회 옮김
348쪽 | 값 17,000원

분열과 사랑
L.S. 비고츠키 지음 | 비고츠키 연구회 옮김
260쪽 | 값 16,000원

성애와 갈등
L.S. 비고츠키 지음 | 비고츠키 연구회 옮김
268쪽 | 값 17,000원

흥미와 개념
L.S. 비고츠키 지음 | 비고츠키 연구회 옮김
408쪽 | 값 21,000원

관계의 교육학, 비고츠키
진보교육연구소 비고츠키교육학실천연구모임 지음
300쪽 | 값 15,000원

비고츠키 생각과 말 쉽게 읽기
진보교육연구소 비고츠키교육학실천연구모임 지음
316쪽 | 값 15,000원

교사와 부모를 위한 비고츠키 교육학
카르포프 지음 | 실천교사번역팀 옮김
308쪽 | 값 15,000원

혁신교육 존 듀이에게 묻다
서용선 지음 | 292쪽 | 값 14,000원

다시 읽는 조선 교육사
이만규 지음 | 750쪽 | 값 33,000원

대한민국 교육혁명
교육혁명공동행동 연구위원회 지음
224쪽 | 값 12,000원

독일 교육, 왜 강한가?
박성희 지음 | 324쪽 | 값 15,000원

핀란드 교육의 기적
한넬레 니에미 외 엮음 | 장수명 외 옮김
456쪽 | 값 23,000원

한국 교육의 현실과 전망
심성보 지음 | 724쪽 | 값 35,000원

4·16, 질문이 있는 교실 마주이야기 통합수업으로 혁신교육과정을 재구성하다!

통하는 공부
김태호·김형우·이경석·심우근·허진만 지음
324쪽 | 값 15,000원

내일 수업 어떻게 하지?
아이함께 지음 | 300쪽 | 값 15,000원
2015 세종도서 교양부문

인간 회복의 교육
성래운 지음 | 260쪽 | 값 13,000원

교과서 너머 교육과정 마주하기
이윤미 외 지음 | 368쪽 | 값 17,000원

수업 고수들
수업·교육과정·평가를 말하다
박현숙 외 지음 | 368쪽 | 값 17,000원

도덕 수업, 책으로 묻고 윤리로 답하다
울산도덕교사모임 지음 | 320쪽 | 값 15,000원

체육 교사, 수업을 말하다
전용진 지음 | 304쪽 | 값 15,000원

교실을 위한 프레이리
아이러 쇼어 엮음 | 사람대사람 옮김
412쪽 | 값 18,000원

마을교육공동체란 무엇인가?
서용선 외 지음 | 360쪽 | 값 17,000원

교사, 학교를 바꾸다
정진화 지음 | 372쪽 | 값 17,000원

함께 배움
학생 주도 배움 중심 수업 이렇게 한다
니시카와 준 지음 | 백경석 옮김 | 280쪽 | 값 15,000원

공교육은 왜?
홍섭근 지음 | 352쪽 | 값 16,000원

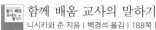
자기혁신과 공동의 성장을 위한
교사들의 필리버스터
윤양수·원종희·장군·조경삼 지음 | 280쪽 | 값 14,000원

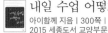
함께 배움 이렇게 시작한다
니시카와 준 지음 | 백경석 옮김 | 196쪽 | 값 12,000원

함께 배움 교사의 말하기
니시카와 준 지음 | 백경석 옮김 | 188쪽 | 값 12,000원

교육과정 통합, 어떻게 할 것인가?
성열관 외 지음 | 192쪽 | 값 13,000원

미래교육의 열쇠, 창의적 문화교육
심광현·노명우·강정석 지음 | 368쪽 | 값 16,000원

주제통합수업,
아이들을 수업의 주인공으로!
이윤미 외 지음 | 392쪽 | 값 17,000원

수업과 교육의 지평을 확장하는 **수업 비평**
윤양수 지음 | 316쪽 | 값 15,000원
2014 문화체육관광부 우수교양도서

교사, 선생이 되다
김태은 외 지음 | 260쪽 | 값 13,000원

교사의 전문성, 어떻게 만들어지나
국제교원노조연맹 보고서 | 김석규 옮김
392쪽 | 값 17,000원

수업의 정치
윤양수·원종희·장군 지음 | 280쪽 | 값 14,000원

학교협동조합,
현장체험학습과 마을교육공동체를 잇다
주수원 외 지음 | 296쪽 | 값 15,000원

거꾸로 교실,
잠자는 아이들을 깨우는 수업의 비밀
이민경 지음 | 280쪽 | 값 14,000원

교사는 무엇으로 사는가
정은균 지음 | 292쪽 | 값 15,000원

마음의 힘을 기르는 감성수업
조선미 외 지음 | 300쪽 | 값 15,000원

작은 학교 아이들
지경준 엮음 | 376쪽 | 값 17,000원

아이들의 배움은 어떻게 깊어지는가
이시이 준지 지음 | 방지현·이창희 옮김
200쪽 | 값 11,000원

대한민국 입시혁명
참교육연구소 입시연구팀 지음 | 220쪽 | 값 12,000원

교사를 세우는 교육과정
박승열 지음 | 312쪽 | 값 15,000원

전국 17명 교육감들과 나눈 교육 대담
최창의 대담·기록 | 272쪽 | 값 15,000원

들뢰즈와 가타리를 통해 유아교육 읽기
리세롯 마리엣 올슨 지음 | 이연선 외 옮김
328쪽 | 값 17,000원

학교 혁신의 길, 아이들에게 묻다
남궁상운 외 지음 | 272쪽 | 값 15,000원

프레이리의 사상과 실천
사람대사람 지음 | 352쪽 | 값 18,000원
2018 세종도서 학술부문

혁신학교, 한국 교육의 미래를 열다
송순재 외 지음 | 608쪽 | 값 30,000원

페다고지를 위하여
프레네의 『페다고지 불변요소』 읽기
박찬영 지음 | 296쪽 | 값 15,000원

노자와 탈현대 문명
홍승표 지음 | 284쪽 | 값 15,000원

선생님, 민주시민교육이 뭐예요?
염경미 지음 | 244쪽 | 값 15,000원

어쩌다 혁신학교
유우석 외 지음 | 380쪽 | 값 17,000원

미래, 교육을 묻다
정광필 지음 | 232쪽 | 값 15,000원

대학, 협동조합으로 교육하라
박주희 외 지음 | 252쪽 | 값 15,000원

입시, 어떻게 바꿀 것인가?
노기원 지음 | 306쪽 | 값 15,000원

촛불시대, 혁신교육을 말하다
이용관 지음 | 240쪽 | 값 15,000원

라운드 스터디
이시이 데루마사 외 엮음 | 224쪽 | 값 15,000원

미래교육을 디자인하는 학교교육과정
박승열 외 지음 | 348쪽 | 값 18,000원

흥미진진한 아일랜드 전환학년 이야기
제리 제퍼스 지음 | 최상덕·김호원 옮김 | 508쪽 | 값 27,000원
2019 대한민국학술원우수학술도서

폭력 교실에 맞서는 용기
따돌림사회연구모임 학급운영팀 지음
272쪽 | 값 15,000원

그래도 혁신학교
박은혜 외 지음 | 248쪽 | 값 15,000원

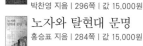
학교는 어떤 공동체인가?
성열관 외 지음 | 228쪽 | 값 15,000원

학교 민주주의의 불한당들
정은균 지음 | 276쪽 | 값 14,000원

교육과정, 수업, 평가의 일체화
리사 카터 지음 | 박승열 외 옮김 | 196쪽 | 값 13,000원

학교를 개선하는 교장
지속가능한 학교 혁신을 위한 실천 전략
마이클 폴란 지음 | 서동연·정효준 옮김 | 216쪽 | 값 13,000원

공자던, 논어는 이것이다
유문상 지음 | 392쪽 | 값 18,000원

교사와 부모를 위한
발달교육이란 무엇인가?
현광일 지음 | 380쪽 | 값 18,000원

교사, 이오덕에게 길을 묻다
이무완 지음 | 328쪽 | 값 15,000원

낙오자 없는 스웨덴 교육
레이프 스트란드베리 지음 | 변광수 옮김
208쪽 | 값 13,000원

끝나지 않은 마지막 수업
장석웅 지음 | 328쪽 | 값 20,000원

경기꿈의학교
진흥섭 외 지음 | 360쪽 | 값 17,000원

학교를 말한다
이성우 지음 | 292쪽 | 값 15,000원

행복도시 세종,
혁신교육으로 디자인하다
곽순일 외 지음 | 392쪽 | 값 18,000원

나는 거꾸로 교실 거꾸로 교사
류광모·임정훈 지음 | 212쪽 | 값 13,000원

교실 속으로 간 이해중심 교육과정
온정덕 외 지음 | 224쪽 | 값 13,000원

교실, 평화를 말하다
따돌림사회연구모임 초등우정팀 지음
268쪽 | 값 15,000원

학교자율운영 2.0
김용 지음 | 240쪽 | 값 15,000원

학교자치를 부탁해
유우석 외 지음 | 252쪽 | 값 15,000원

국제이해교육 페다고지
강순원 외 지음 | 256쪽 | 값 15,000원

교사 전쟁
다나 골드스타인 지음 | 유성상 외 옮김
468쪽 | 값 23,000원

 선생님, 페미니즘이 뭐예요?
염경미 지음 | 280쪽 | 값 15,000원

 시민, 학교에 가다
최형규 지음 | 260쪽 | 값 15,000원

 평화의 교육과정 섬김의 리더십
이준원·이형빈 지음 | 292쪽 | 값 16,000원

 학교를 살리는 회복적 생활교육
김민자·이순영·정선영 지음 | 256쪽 | 값 15,000원

 수포자의 시대
김성수·이형빈 지음 | 252쪽 | 값 15,000원

 교사를 위한 교육학 강의
이형빈 지음 | 336쪽 | 값 17,000원

 혁신학교와 실천적 교육과정
신은희 지음 | 236쪽 | 값 15,000원

 새로운학교 학생을 날게 하다
새로운학교네트워크 총서 02 | 408쪽 | 값 20,000원

 삶의 시간을 잇는 문화예술교육
고영직 지음 | 292쪽 | 값 16,000원

 세월호가 묻고 교육이 답하다
경기도교육연구원 지음 | 214쪽 | 값 13,000원

 혐오, 교실에 들어오다
이혜정 외 지음 | 232쪽 | 값 15,000원

 미래교육, 어떻게 만들어갈 것인가?
송기상·김성천 지음 | 300쪽 | 값 16,000원
2019 세종도서 교양부문

 혁신교육지구와 마을교육공동체는 어떻게 만들어지는가?
김태정 지음 | 376쪽 | 값 18,000원

 교육에 대한 오해
우문영 지음 | 224쪽 | 값 15,000원

 선생님, 특성화고 자기소개서 어떻게 써요?
이지영 지음 | 322쪽 | 값 17,000원

 혁신교육지구 현장을 가다
이용운 외 4인 지음 | 344쪽 | 값 18,000원

 학생과 교사, 수업을 묻다
전용진 지음 | 344쪽 | 값 18,000원

 배움의 독립선언, 평생학습
정민승 지음 | 240쪽 | 값 15,000원

 혁신학교의 꽃, 교육과정 다시 그리기
안재일 지음 | 344쪽 | 값 18,000원

● 살림터 참교육 문예 시리즈 영혼이 있는 삶을 가르치는 온 선생님을 만나다!

 꽃보다 귀한 우리 아이는
조재도 지음 | 244쪽 | 값 12,000원

 선생님이 먼저 때렸는데요
강병철 지음 | 248쪽 | 값 12,000원

 성깔 있는 나무들
최은숙 지음 | 244쪽 | 값 12,000원

 서울 여자, 시골 선생님 되다
조경선 지음 | 252쪽 | 값 12,000원

 아이들에게 세상을 배웠네
명혜정 지음 | 240쪽 | 값 12,000원

 행복한 창의 교육
최창의 지음 | 328쪽 | 값 15,000원

 밥상에서 세상으로
김흥숙 지음 | 280쪽 | 값 13,000원

 북유럽 교육 기행
정애경 외 14인 지음 | 288쪽 | 값 14,000원

 우물쭈물하다 끝난 교사 이야기
유기창 지음 | 380쪽 | 값 17,000원

 시험 시간에 웃은 건 처음이에요
조규선 지음 | 252쪽 | 값 15,000원

교과서 밖에서 만나는 역사 교실 상식이 통하는 살아 있는 역사를 만나다

전봉준과 동학농민혁명
조광환 지음 | 336쪽 | 값 15,000원

남도의 기억을 걷다
노성태 지음 | 344쪽 | 값 14,000원

응답하라 한국사 1·2
김은석 지음 | 356쪽·368쪽 | 각권 값 15,000원

즐거운 국사수업 32강
김남선 지음 | 280쪽 | 값 11,000원

즐거운 세계사 수업
김은석 지음 | 328쪽 | 값 13,000원

강화도의 기억을 걷다
최보길 지음 | 276쪽 | 값 14,000원

광주의 기억을 걷다
노성태 지음 | 348쪽 | 값 15,000원

선생님도 궁금해하는
한국사의 비밀 20가지
김은석 지음 | 312쪽 | 값 15,000원

걸림돌
키르스텐 세롭-빌펠트 지음 | 문봉애 옮김
248쪽 | 값 13,000원

역사수업을 부탁해
열 사람의 한 걸음 지음 | 388쪽 | 값 18,000원

진실과 거짓, 인물 한국사
하성환 지음 | 400쪽 | 값 18,000원

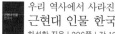
우리 역사에서 사라진
근현대 인물 한국사
하성환 지음 | 296쪽 | 값 18,000원

꼬물꼬물 거꾸로 역사수업
역모자들 지음 | 436쪽 | 값 23,000원

즐거운 동아시아사 수업
김은석 지음 | 240쪽 | 값 15,000원

교과서 밖에서 배우는 역사 공부
정은교 지음 | 292쪽 | 값 14,000원

팔만대장경도 모르면 빨래판이다
전병철 지음 | 360쪽 | 값 16,000원

빨래판도 잘 보면 팔만대장경이다
전병철 지음 | 360쪽 | 값 16,000원

영화는 역사다
강성률 지음 | 288쪽 | 값 13,000원

친일 영화의 해부학
강성률 지음 | 264쪽 | 값 15,000원

한국 고대사의 비밀
김은석 지음 | 304쪽 | 값 13,000원

조선족 근현대 교육사
정미량 지음 | 320쪽 | 값 15,000원

다시 읽는 조선근대 교육의 사상과 운동
윤건차 지음 | 이명실·심성보 옮김 | 516쪽 | 값 25,000원

음악과 함께 떠나는 세계의 혁명 이야기
조광환 지음 | 292쪽 | 값 15,000원

논쟁으로 보는 일본 근대 교육의 역사
이명실 지음 | 324쪽 | 값 17,000원

다시, 독립의 기억을 걷다
노성태 지음 | 320쪽 | 값 16,000원

한국사 리뷰
김은석 지음 | 244쪽 | 값 15,000원

경남의 기억을 걷다
류형진 외 지음 | 564쪽 | 값 28,000원

**어제와 오늘이 만나는 교실
학생과 교사의 역사수업 에세이**
정진경 외 지음 | 328쪽 | 값 17,000원

더불어 사는 정의로운 세상을 여는 인문사회과학 사람의 존엄과 평등의 가치를 배운다

밥상혁명
강양구·강이현 지음 | 298쪽 | 값 13,800원

좌우지간 인권이다
안경환 지음 | 288쪽 | 값 13,000원

도덕 교과서 무엇이 문제인가?
김대용 지음 | 272쪽 | 값 14,000원

민주시민교육
심성보 지음 | 544쪽 | 값 25,000원

자율주의와 진보교육
조엘 스프링 지음 | 심성보 옮김 | 320쪽 | 값 15,000원

민주시민을 위한 도덕교육
심성보 지음 | 500쪽 | 값 25,000원
2015 세종도서 학술부문

민주화 이후의 공동체 교육
심성보 지음 | 392쪽 | 값 15,000원
2009 문화체육관광부 우수학술도서

교과서 밖에서 배우는 인문학 공부
정은교 지음 | 280쪽 | 값 13,000원

갈등을 넘어 협력 사회로
이창언·오수길·유문종·신윤관 지음
280쪽 | 값 15,000원

오래된 미래교육
정재걸 지음 | 392쪽 | 값 18,000원

동양사상과 마음교육
정재걸 외 지음 | 356쪽 | 값 16,000원
2015 세종도서 학술부문

대한민국 의료혁명
전국보건의료산업노동조합 엮음 | 548쪽 | 값 25,000원

교과서 밖에서 배우는 철학 공부
정은교 지음 | 280쪽 | 값 14,000원

교과서 밖에서 배우는 고전 공부
정은교 지음 | 288쪽 | 값 14,000원

교과서 밖에서 배우는 사회 공부
정은교 지음 | 304쪽 | 값 15,000원

전체 안의 전체 사고 속의 사고
김우창의 인문학을 읽다
현광일 지음 | 320쪽 | 값 15,000원

교과서 밖에서 배우는 윤리 공부
정은교 지음 | 292쪽 | 값 15,000원

카스트로, 종교를 말하다
피델 카스트로·프레이 베토 대담 | 조세종 옮김
420쪽 | 값 21,000원

한글 혁명
김슬옹 지음 | 388쪽 | 값 18,000원

일제강점기 한국철학
이태우 지음 | 448쪽 | 값 25,000원

우리 안의 미래교육
정재걸 지음 | 484쪽 | 값 25,000원

한국 교육 제4의 길을 찾다
이길상 지음 | 400쪽 | 값 21,000원
2019 세종도서 학술부문

왜 그는 한국으로 돌아왔는가?
황선준 지음 | 364쪽 | 값 17,000원
2019 세종도서 교양부문

마을교육공동체 생태적 의미와 실천
김용련 지음 | 256쪽 | 값 15,000원

공간, 문화, 정치의 생태학
현광일 지음 | 232쪽 | 값 15,000원

교육과정에서 왜 지식이 중요한가
심성보 지음 | 440쪽 | 값 23,000원

인공지능 시대의 사회학적 상상력
홍승표 지음 | 260쪽 | 값 15,000원

식물에게서 교육을 배우다
이차영 지음 | 260쪽 | 값 15,000원

동양사상과 인간 그리고 사회
이현지 지음 | 418쪽 | 값 21,000원